通证设计

赵甲 等 著

厦门大学出版社 国家一级出版社
全国百佳图书出版单位

图书在版编目(CIP)数据

通证设计/赵甲等著.—厦门:厦门大学出版社,2020.6
ISBN 978-7-5615-7432-4

Ⅰ.①通… Ⅱ.①赵… Ⅲ.①电子商务-支付方式-研究 Ⅳ.①F713.36

中国版本图书馆 CIP 数据核字(2019)第 093682 号

出 版 人	郑文礼
责任编辑	吴兴友
美术编辑	李嘉彬
技术编辑	许克华

出版发行 厦门大学出版社

社　　址　厦门市软件园二期望海路 39 号
邮政编码　361008
总　　机　0592-2181111　0592-2181406(传真)
营销中心　0592-2184358　0592-2181365
网　　址　http://www.xmupress.com
邮　　箱　xmup@xmupress.com
印　　刷　厦门集大印刷厂

开本　720 mm×1 000 mm　1/16
印张　18
插页　5
字数　268 千字
版次　2020 年 6 月第 1 版
印次　2020 年 6 月第 1 次印刷
定价　50.00 元

本书如有印装质量问题请直接寄承印厂调换

厦门大学出版社
微信二维码

厦门大学出版社
微博二维码

联合出品

（排名不分先后）

特别支持

（排名不分先后）

  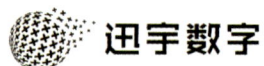 

联合发起社区

（排名不分先后）

联合发起媒体

（排名不分先后）

链得得 CHAINDD　ZN 锌链接　小葱　共享财经 创始于2015 • 专注区块链　世链财经　未来财经

链向财经　羊驼财经　白话区块链 HELLOBTC.COM　哈希热点　链团财经 Liantuan.vip　节点财经

大皮皮虾 DAPPX　猎云财经　耳朵财经　蓝狐笔记　LINK周刊　区块链头条 BLOCK-HUNT

陆基研习社　链动未来　以太财经 www.etaicj.com　三洋财经 sanyangcaijing　TD财经 news.td.ink　鸵鸟区块链 TuoniaoX.com

皮卡财经 PIKA FINANCE　Blocklike　区块浪潮 BLOCK WAVE　道说区块链 Daoshuo Block chain　区块链世界 BLOCKCHAIN WORLD

币海启行 Bihai123.com.cn　布道财经 www.budao24.com　中本财经 www.zbcj123.com　4财经 4lfinancial　星球日报 ODAILY　乐寻坊 SEEKFUNBLOCK

链世纪财经 CHAIN CENTURY FINANCE　FN.COM FINTECH NEWS　U-NEWS U讯　Z话财经　BeiPoP　比特妈妈 BTCMAMA.COM

币达财经　币需说　第1时间 di1news.com　第一站财经　巅峰财经 TOP Finance　和数传媒 链接未来

混序财经 www.hunxu.cn　蓝海财经　链叨叨　链道学社　零度财经　ROOTKEY CAPITAL

马丽大咖谈FM MALI BIG SHOT INTERVIEW　麦田财经 maitiannews.com　米又财经 MIUNEWS　ABTMEDIA 镍媒体　牛吧发　链游资讯

社链财经 SHELIAN FINANCE　深云财经 DEEP CLOUD FINANCE　币报道 www.bibaodao.com　链才网 CHAIN TALENT NETWORK　一枝　铕银财经 www.chain-party.com

hubox　CoinGo区块链社群 100万+币圈优质流量　陨石财经 Yunshi24.com　真牛财经　智合财经 www.zhihecj.com　中椄

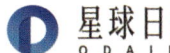

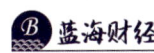

联合发起人

(排名不分先后)

李文革	庄 正	夏泽江	张利文	刘伟生
曹贵模	黄 栋	袁嘉瑜	徐元华	何善国
张征宇	刘文秀	王珊珊	朱小锋	阙应悟
滕亦晓	曾 挺	姜美言	宋嘉康	李羽翔
比特周	赵鹏竹	刘向星	赵云生	杨 峰
黄 宏	李林忠	姜 伟	黄 逸	孙 毅
小 韦	陈思桦	陈章俊	王 伟	数链老师

战略顾问委员会

（排名不分先后）

总顾问

邹　峰

名誉顾问

唐闻七

顾问委员

张　翔　李锦科　朱家慧　肖敦懿　郭　杰　任芊樾

战略支持组织

　　2999社是一个承载组织生命体的自组织生态。传统的公司制经过三百多年的沿用，已逐渐走入黄昏，与当下社会和组织形态的推进不对称。未来是以"个人"为主导的，个人的能量和价值需要展现和释放。我们将逐渐走进自组织化生态，在新的生态模式里，权利分配公平、组织里的每个单位有共同的价值和愿景，体系内的每个人都互助成长并派生出强大的"普世能量"。通过区块链技术在共识层和激励层上的建设，让组织内的每个人都赋予项目的知情权、决策权、分配权，从而实现自组织自治发展和利益共享。

战略支持企业

　　江苏薇米区块链科技有限公司，是一家专业面向区块链平台领域，集产品研发、一体化解决方案定制、销售和咨询服务为一体的高新技术企业。是致力于下一代互联网核心基础设施的构建，依托区块链技术，并以数字化运营系统为核心的创新型科技公司。

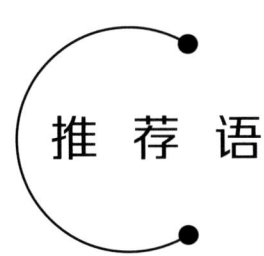

推荐语

　　科技创新是先进生产力和先进文化的内在要求,开创者需要学养历练,追求担当,还必须具有团结协作的群意识。在深圳,我们看到了这种中国希望。

——薛宝生　中共中央信息政策研究室秘书局局长

　　未来区块链技术与 5G 技术、人工智能相结合,必将改变传统的内容传播方式:首先,传播依赖各种数据。基于区块链的分布式存储可以解决数据存储现有的问题,如安全性、加载速度慢和费用过高等问题。其次区块链不可篡改的特性可以使得传播过程中的版权授权与侵权防范问题得到解决,保障知识产权。最后,通证经济提供的激励动力,可以提高作者的参与积极性,使得自媒体发展更好。《通证设计》一书详细阐述了通证的估值、设计、治理等具体问题,具有很强的实践指导意义,值得区块链从业者一读。

——欧阳常林　原湖南电视台台长

　　通证是资产的载体,信誉的载体,身份的载体,通证是通往未来人类社会的高铁且已缓缓发车,请大家尽快坐好,系好安全带,我们一起开往未来。

——王利杰　PreAngel 创始合伙人

　　从原子时代到比特时代,从碳基文明到硅基文明,从实物空间到虚拟空间……人类社会将不可避免地进入数字世界,而通证将成为数字世界价值传输的载体。

——杜均　金色财经创始人

　　通证经济如今已经走到了一个重要的分水岭阶段,能否探索出行之有效的可落地实践模式,决定了通证经济下一阶段的发展方向。《通证设计》以实体经济转型需求为切入点,详细阐述了通证系统模型的建设方法和应用场景,具有

很强的实操性和可行性,带给我们很多有价值的指导和参考。

——王峰　火星财经及共识实验室发起人、蓝港互动集团创始人

以区块链为分合点,人类社会大规模协作方式将产生全面变革,通证经济是一门新兴学科,国内研究书籍凤毛麟角。赵甲先生的《通证设计》一书详述了通证设计的具体方法,具有很强的实战指导意义,是一本区块链从业者的必备读物。

——任芊樾　OK全球市场影响力负责人、原ONE.TOP评级联合创始人

作为科技界最热的投资领域,区块链不负科技革命者之名。而通证无疑是区块链革命赋能时代的第一利器,本书真正将通证经济分析透彻,点燃通证之光。

——刘宣付　身临其境董事长、著名天使投资人

任何一种革命性的信息技术都是一把双刃剑,区块链也不例外。放任与自由存在极大风险,正确的法律法规引导方能使其产生正向作用。完全的去中心化不可能实现,推动去中介化,将金融中介和产业中介变为基础设施,才是区块链真正落地的方向。我们应当借助区块链技术,防范金融风险;借助区块链技术,建立产业共同体。区块链与通证只有在合法合规的前提下,赋能产业实体经济,才是未来通证经济的必由之路。《通证设计》一书详细阐述了通证设计的实战方法,对于推动区块链落地应用,赋能实体产业经济具有积极的指导意义,值得区块链从业者和爱好者一读。

——黄震　中央财经大学教授、金融法学院院长

随着公链技术逐渐成熟,区块链3.0的萌芽逐渐诞生,在这种通证场景越来越多的情况下,真正的通证经济生态如何运行,通证的估值、场景设计与部署,社区的治理及通证生态的激励相容问题,都是非常值得探讨的。《通证设计》一书全面地结合通证经济理论基础,深入系统地理清了通证设计与治理的逻辑体系,是指导当前区块链赋能实体经济发展的重要理论基石。

——袁煜明　火币中国CEO、火币区块链研究院院长

现在公司治理模式是一个去公司化的过程。也就是说任何企业到了区块链时代,都要放弃原来靠规模集中、深度竞争的发展模式。区块链的时代需要

的是价值驱动、跨界创新,要把社会上不同的优秀机构联合形成生态,使之成为通证化的社会创新的实验。

——黎江　区块链专家、原微软中国 CTO

尤瓦尔·赫拉利在《人类简史》里说,"虚构出来的事实"才是智人脱颖而出,建立人类文明的核心原因。"虚构出来的事实"即人类社会的全部权益证明,而这些权益证明都可以用通证来代表和标记。由此可见,从某种意义上讲,通证经济的发展对于人类文明将是一次巨大的推动和翻新。《通证设计》一书深入浅出地介绍了通证在变革传统商业模式中的设计方法,是一本不错的通证设计实战宝典。

——石柱　前中国驻新西兰大使馆商务领事、香港区块链协会
　　　　联合创始人兼共同主席、中国文化基金会主席

通证与区块链的关系是什么?如何保证内容创造者的价值?通证的价格如何确定?通证经济的价值是什么?这些都是通证和通证经济需要回答的问题的一部分。赵甲在这些方面做出了非常深刻和卓有成效的研究,此书值得一读。

——刘世平　中科院金融科技中心主任

很难忘记 2018 年硅谷的那个春夜,我的思想、眼睛,被区块链点亮。后来做的和区块链有关的事,皆是因为在我心中区块链就是一个伟大可敬的朋友,他蒙冤受屈,我必须有所行动。看到赵甲先生的书稿,心里振奋、感动:黎明前的黑夜里,总还是有人识得区块链的真面目,甘心以自己的人格、智商为筹码,为它两肋插刀。得区块链者,未必得天下;失区块链者,十年后必定后悔。在深入了解区块链尤其通证经济的路上,赵老师此书不可不读。

——武卿　奇霖传媒创始人、《环球链》总制片人主持人、《区块链真相》作者

随着区块链技术的发展及业界对于数字金融的探索,通证经济逐渐成为一门显学,关于通证经济模型的设计思路,大家可以读读这本书,应该会得到一定的启发。

——赵大伟　区块链通证经济研究者

通证是什么?能做什么?怎么做通证?未来将如何影响和改变整个世界格局,相信本书会影响当下无数的新一代。

——邵竞文　著名天使投资人

任何时代,企业家从不乏创新精神,管理学大师彼得·德鲁克概括企业家战略:"孤注一掷,攻其软肋,占据生态利基,改变市场经济特征"。爱西欧狂潮,投机者看到数字货币涨跌间的财富效应,企业家看到"Token"变革传统行业的商机。实际上,Token 远不止于"币",它可以承载的权益是多元的,译为"通证"更信达。链改、币改、通证经济便始于斯。然而,市场处于稚嫩的早期,行业认知匮乏,先驱几何,先烈几何?创新需要法门,企业家也需要正确的认知与方法论。在此,我向有志于通证改造的企业家们推荐此书,其中定有你们需要的答案。

——潘越飞　锌财经创始人

区块链是一把双刃剑,技术变革是本质,经济价值是衍生,然而作为区块链经济价值的衍生物通证来说更是一场革命和陷阱的并存体,任何一个优质的通证都要符合高流通、多持有、宽延展三大特性,只有这样才能完成整个通证经济生态的闭环,再加上真正的区块链技术底层,从而诞生出真正意义层面的数字革命。

——蔡晓文　迅宇数字科技联合创始人、MAC 底层开发平台首席技术架构师

通证是数字经济"激励机",通证颠覆财富聚变传统模式,创造加密资产新财富物种。通证是加密项目生命原动力,加密项目竞争本质上就是通证竞争。理解并洞察通证背后的逻辑是把握未来的关键。赵甲先生所著《通证设计》内容全面、案例详实,通证估值和通证部署部分富有启发性,值得认真研读。

——黄小维　中国商品学会虚拟商品与数字经济专委会筹委会专家

区块链正在推动数字经济的发展,基于区块链技术的通证也将重构生产协作方式,对于激发产业经济活力具有重要作用。《通证设计》是赵甲先生的经典之作,也是其多年来通证设计实战经验的精华总结,非常值得从业者一读。

——蔡志川博士　国际数权经济合作联盟轮值主席、亚洲区块链学会会长

区块链技术是一场新技术革命,同时也会推动人类进行一场伟大经济和社会实验。传统经济学理论,已经很难解释区块链经济行为了。传统经济学理论更多地是依据工业革命之后的人类经济实践总结出来的,无法对以大数据为"石油"的信息经济和数字经济行为及经济生态做出理论指导,由此必然产生数字经济学、区块链经济学这样的新的经济理论。

智能化和信息化社会的经济学理论,必然会是全新的,甚至是颠覆性的。在区块链经济学的新体系之中,通证经济学的地位,好比传统经济理论的货币银行学的地位,非常重要。要研究经济一定先从货币入手,同样的道理,要研究区块链经济学一定先从通证(token)入手,通证经济学是入门之学。赵甲的《通证设计》一书具有原创性,比较完整地从严谨的经济学思维角度梳理清楚了通证设计的基本原理。这是一本严肃和认真的区块链经济学的开创性学术著作,对目前的区块链经济实践具有及时雨一样的巨大作用,给处于迷茫之中的链改(区块链经济化改革)实践以理论指导,开启区块链技术赋能传统经济的创新智慧。

——王学宗　链改试验发起人、区块链经济学研究DAO发起人

通证,证万物。而恰恰因为通证本身太强的包容性,将货币、证券、票证等各种属性混杂在一起,大多数人对通证却只有一维的片面的认知,导致在行业早期也出现了各种各样通证设计的失败案例。赵甲深入浅出全方位地展现了通证的各个维度,以及从实操中得出的具体设计方法,对于后来者具有重大借鉴的作用。

——牛顿先生　独立学者、《牛顿先生拆解区块链》主理人

Token和共识是区块链的核心,我在《Token经济设计模式》一书中强调了Token与产业资产和交易结构的融合,这将会是区块链与传统产业结合的关键。产业区块链的核心是产业Token设计,该书围绕通证设计,从基础到原则再到设计和治理,体系化地梳理了通证设计所需要的内容,适合学习运用到产业实践中。

——叶开　汉拓云链创始人、《Token经济设计模式》作者

通证经济必然开启一个新时代商业革命大浪潮,对效率、生产力、财富的结构进行重组,调动市场参与性。在不远的未来,价值时代即将上演,通证将融入人们生活的每一刻。从雇佣时代到合伙人时代,社会市场价值将会指数增长。我们相信,未来的世界将是一个以区块链产业为主流新市场经济体。《通证设计》是市面上难得一见的实战宝典,是赵甲先生多年经验的干货总结。

——周荣杰　SEA Club创始合伙人

我个人非常赞同赵甲老师的看法,比特币的成功是天时、地利、人和所共同打造的。比特币开创的激励机制不仅激励了自己的员工,还激励了用户以及矿工等等,这就是推动比特币价值上升的重点所在。但是,当代市场已经日趋成熟,单单是激励系统仿佛已经不能奏效,如果想要创建一个类似于比特币的"比特币二代"该如何做,这是一个值得思考的问题。

——虞笑江　世链财经 CEO

未来三年,区块链创业将迎来新的浪潮!对于这个领域的创业者来说,缺少的不是创业的激情和技术,而是能够全面指导他们快速创业的教科书。《通证设计》就是这样一本好书,不管是区块链爱好者,还是创业者,都能从这本书中汲取到最权威、专业的知识。这也是作者的良苦用心之处!

——唐世军　A5 创业网总经理

通证解决了激励问题,提高了参与动力,与区块链底层技术相得益彰,对促进实体经济具有重要作用。《通证设计》一书由浅入深,结合实战案例表明了通证设计方法,是一本难得的实战指导宝典。

——戴跃　域名商城创始人

通证经济时代的到来,区块链技术不断的迭代,实体企业未来要有出路,要发展得更好,可能要进行企业的链改计划。要想链改成功,设计得更好,多看几遍这本《通证设计》,会让企业在通证经济时代有更加清晰的规划,才能迎接新一轮财富风口。

——赵梓雄　区块链商业架构师

通证经济的本质是数字世界对现实世界的一个风险对冲体系,是对传统企业一次变革生产关系的实践。目前,现实世界经济正处在一个结构化调整、增速型发展以及新经济变革的环境下。绝大多数的传统企业在发展方向上与行业巨头相比几乎没有任何优势,在量级的影响下已经形成一定的行业固化。而企业通证化则能够很好地突破市场巨头定律,将公司制度向社区制度进化,颠覆原有的传统产业生态体系,构造新的服务提供商与消费者的关系。

《通证设计》系统化地阐述了通证经济的发展核心、市场需求及企业通证化下的思路与逻辑、系统化通证可行性框架等,是传统企业学习运用区块链技术突围的先知性读物，同时也是引领人人通证时代的构思篇章。在未来三年内，企业通证化会发挥新物种爆发性作用。届时再回头翻翻这本书，或许会有更透彻、深层次的理解。

——张逸云　极豆资本创始人、亚洲区块链研究院理事

实体经济转型经历过多个阶段，从"互联网＋"到"区块链＋"，谁可以抢占转型经济红利，取决于企业对转型经济模型的理解和应用，通证经济作为区块链世界的核心支撑性经济理论，可以释放实体经济新的组织、商业及金融活力。赵甲先生对通证经济的理解深刻，本书深度分析了通证的估值原理及设计原则，对实体企业通证化转型极具实战参考意义，非常推荐阅读！

——张倩倩　通证壹姐内参创始人

随着5G、AI、VR/AR等技术的发展，未来人类社会将步入数字世界。通证将作为未来数字世界的资产，承载整个数字世界的底层价值。《通证设计》一书提供了通证设计的实战方法，具有很高的应用价值，值得一读。

——火星人　科银资本创始人

随着区块链技术的发展与普及，作为区块链细分领域的通证经济也逐渐为世人所知。通证经济作为区块链赋能实体最大的武器必然随着时代的发展成为社会主流，任何一位有抱负的企业家都应该通读此书，从而提前拥抱未来。

——张宏彬　Lights Capital 董事长

通证是区块链技术与金融应用的连接点，是区块链的核心价值所在。本书从经济学的角度系统地介绍了区块链系统中通证的设计原则、设计理论和应用案例，将有力地推动区块链在实体经济中落地应用。

——张胜利　深圳大学区块链技术研究中心常务副主任

赵甲先生的《通证设计》是一本很实用的区块链工具书籍，在这本书里他深入浅出地介绍了不同区块链项目在通证模型设计上的优劣，并且为新的区块链项目的通证模型设计提供了参考。

——王腾鹤　微博大V区块链逍遥子、《一本书读懂区块链》作者

用可信方式扩大人类价值的量化边界，再将其价值数字化为更广泛的权益，是区块链技术带给人类的全新思考。而通证作为量化载体，可以用最微小

的价值去量化哪怕最微小的正向行为,从而通过劳动和激励这种最基本的协作模型塑造出更广阔的协同空间,其中的想象力是巨大的!《通证设计》是未来商业社会思维模型建立的基础,而通过这套思维能有效扩大协同力量的企业,将是新时代赢家!

——小逗丁　COOP项目CEO

（以上排名不分先后）

如果把比特币比作一家公司,那么这家公司在十年内,从零开始,创建了一个覆盖数千万人的社群,"股票"升值1300万倍,"流通市值"最高超过3200亿美元,而这一切都是在创始人失踪,没有董事会,没有管理层,没有任何命令化组织和物理资产的情况下完成的。这是人类历史上从没有过的事情。

人们想复制比特币的成功,却又发现不能照搬照抄,于是就分析其成功的因素。有的人认为是区块链技术,有的人认为是其数字货币或者数字资产的特性,这些看法也许都对,但肯定不全面,否则一大堆区块链项目和数字货币、数字资产项目为什么无法取得最起码的成功呢?越来越多的人意识到,有一个因素是不可以忽略的,那就是比特币在其社区中所建立的一套激励体系。这套体系将矿工也就是记账员放在核心的位置上,以"工作量证明(PoW)"的方式"按劳分配"、按"诚实"分配,并激励他们不断扩大比特币的影响力和共识,进而构成了一个有效的正反馈循环,推动比特币价值螺旋式上升。

这种激励机制究竟是什么,行业中还有各种不同的命名。比如趣头条、享物说等一些移动互联网项目,虽然没有建构在区块链上,但被评价为具有所谓的"区块链思维"。而一些新的区块链项目则使用"社区激励""节点挖矿"等不同方式来描述自己的激励机制。我们则以"通证激励系统"或者"通证经济系统"来指代这种以数字通证(token)和智能合约(smart contract)为主要工具,配合传统管理手段,在互联网社群中组织大规模协作的机制。

一旦理解了通证经济制度实际上是一种协作组织机制,就能够立刻确认,提高协作效率是通证经济的根本目的,其他的都是手段。因此,通证经济未必一定需要在区块链上构建，也未必不能灵活修改，更不是必须"去中心化"。之前人们关于通证经济应用的一些"前提"和"教条"，其实并不成立。相反，通证经济倒是有一个实施前提，以前并没有被广泛讨论过，那就是"边际效率递增"。因为通证经济主要是通过有效的激励，把参与协作的人数搞得多多的，把协作水平和积极性搞得高高的。通证经济要可持续发挥作用，其价值创造效率就要随着协作规模的扩大不断提高。否则参与协作的人越来越多，每一个人的激励反而下降，激励分配越来越不公平，则通证经济就不可持续。只有人越多效率越高，系统创造的价值越大，才能让大部分人都更满意，让系统不断发展。这是一个非常苛刻的条件，大多数生产协作不满足这个条件。经济学告诉我们，大多数生产行为的边际效率是递减的，达到一定程度之后，每多投入一分资源，产出增加量会逐渐下降。这是一个普遍的规律。正是因为这个规律的普遍性，通证经济在生产端能够适用的场景是有限的。

　　是不是所有协作体系都是边际效率递减？当然不是。人类最重要的一个协作体系——市场，就是边际效率递增的。市场规模越大，对市场里的每一个人来说，其价值就越大。中国之所以有比较强的经济发展后劲和韧劲，主要就是因为中国有世界上规模最大的单一市场。为什么市场是边际效率递增的？这是个很大的问题。粗略地说，是因为市场是一群自由人在一起相互交易的网络，具有所谓的网络效应。

　　因此，交易网络才是通证经济主要的适用场景。通证经济所组织的协作，本来就不是在生产侧，而是在交易侧。在生产侧，企业这种金字塔型的组织手段，被历史证明是高效的，好的企业几乎具有无限扩张生产的能力。但是在交易侧，传统上大量消费者和交易者一盘散沙，若能加以有效安排，则网络效应的威力彰显，参与的人越多，协作规模越大，交易成本越低，交易效率越高，价值创造的效率就会越高。这便是通证经济的适用前提。社交、游戏、金融、交易、网络通信、营销和品牌传播都符合这个前提。这些领域都是交易网络形态，都具有一个特点，就是随着规模的增大，整个系统的价值都增加。这样一来，只要设计合理的通证激励系统，就会使更多的个体加入协作，从而创造更大的价值。

　　这就是通证经济的幸运了。工业经济以企业和生产为中心，代表过去，数字经济则是以个人和交易为中心,代表未来。虽然通证经济的适用面并不那么广泛,但是它所不适用的领域,恰恰是代表过去的工业经济,而它所适用的领域,恰恰是代表未来的数字经济。

我们研究、实践和发展通证经济的信心来源正在于此。我们相信,不久之后,每一家企业、每一个互联网社群,都至少会考虑一下通证经济的理论和应用,通证经济将成为数字经济当中非常有价值的一门学问。

剩下的问题就是如何设计合理的通证激励系统。这是个难题,到目前为止,我们还在这个领域探索、实践,成功经验有之,失败教训更多,收获不少,问题更多。

赵甲先生的这部著作,在今天这个时间点上,对于通证经济的理论、设计方法和模式,可以说做了最为完整的总结和梳理,也不乏经济学、金融学层面上的深刻思考和创新理论。我从中学到很多,也愿意向对通证经济感兴趣的同好推荐。

孟岩

数字资产研究院副院长、瑞新资本创始合伙人

2019/8/28

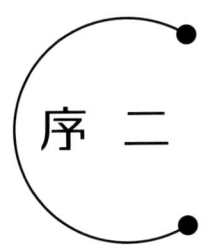

序 二

2008年,一个叫"中本聪"的密码学极客打开"潘多拉"盒子,随后比特币诞生了,其底层的技术——区块链神秘面纱也被掀开。

自比特币诞生伊始,区块链发展已有十余年。几轮牛熊交替,大众对区块链经历了懵懂、怀疑、狂热、深思的态度转变。如今,区块链行业发展愈加成熟,Facebook公布了发行Libra计划,我国央行也即将发行数字货币,深圳市也有望成为未来全球区块链的发展中心。巨头纷纷涌入,未来已来,区块链将改变世界……

众所周知,区块链和与之相联系的加密数字货币,无疑是21世纪"横空出世"的新事物。过去数年,特别是2017年以来,区块链技术及其应用,受到全球范围内的科学家、思想家、经济学家、企业家,以及政府、社会和经济组织的关注、参与和应用,全方位地影响了现存的经济结构和经济行为。

与此同时,随着区块链行业的不断发展迭代,社会对区块链的理解更加深入,区块链最受热议的特性之一就是"去中心化"或者"弱中心化"。从区块链的本质而言,完整的区块链生态可以被拆分成两个部分:区块链底层技术与通证生态架构。

区块链底层技术可以理解为一个基于共识分布式密码学账本,所记下的数据是相关各方所认可的客观事实,它从一定程度上解决了信息不对称的问题。此外,共识机制的建立使人类大规模协作完成工作的成本迅速降低,通过大规模协作的模式建立共识机制。

如果说区块链底层技术是区块链产业的心脏,那么通证系统的构架就相当

于区块链产业的大脑,通证系统的设立从本质上就是通过经济激励或惩罚的手段,让整个通证系统中的每一个节点勇于维护通证体系,不作恶。

可以这么说,每个尝试通证经济的区块链项目,都是试图以其发行的通证作为一种经济激励的工具,促进生态圈内各个角色的协作。贡献越大,得到的通证越多;协作得越好,通证的经济价值越高,所以每个区块链项目都是在试图设计一套完美的通证经济系统。

赵甲曾是全球区块链项目评级机构ONE.TOP的联合创始人,是区块链项目资深研究者,多年来分析研究了各个行业、各种类型的几千个项目的通证模型,对通证经济有深入、系统的研究,对通证设计有一套独到的、完整的、卓越的理论体系。赵甲是通证工程学的提出者和奠基人,是国内区块链非技术研究的佼佼者,具有丰富的区块链项目通证设计经验。《通证设计》一书从概念、工具、案例三个维度深度阐述了通证设计的逻辑,是市面上难得一见的真正讲解通证设计实战步骤的书籍,对区块链项目的通证设计具有里程碑式的指导意义。

区块链正是有了通证,才使得其不同于其他技术。从某种意义上讲,通证是区块链的灵魂。

纵观技术发展的历史,技术路径的选择往往有许多的偶然性。所以,今天我们也很难说,区块链这条技术路线,是否最终会赢得胜利,抑或与其他技术互相妥协、互相融合。但是,我们相信通证会给予区块链不一样的生命力。我们相信,无论过程如何坎坷,这个世界终将因区块链和通证而彻底改变。

黄连金
区块链技术专家
2019/8/27

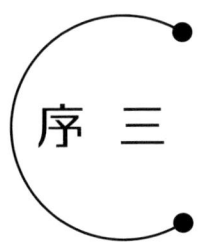

区块链之所以伟大,不仅仅在于其技术,而在于其上的通证。技术解决信任危机,而通证提高参与动力。

币圈投机泡沫散尽,区块链落地应用开始被人们关注。除了区块链底层技术之外,通证设计成了区块链从业者们绕不开的话题。

真正的区块链项目需要社区,社区需要激励,激励需要通证。因为通证,社区才可以有共识;因为通证,社区才可以共建;因为通证,社区才能够实现共治。通证是维系区块链项目从早期到成熟的重要纽带,是区块链项目的灵魂。

当前国内的"通证派"首倡通证赋能实体经济,是一个不错的区块链落地方向。但是大多数"通证派"提倡者都停留的"布道"的层面,他们描绘通证的美好蓝图,畅想通证的伟大应用,憧憬通证的无限前景,很少有具体的通证设计方案和模型。

赵甲曾是ONE.TOP评级联合创始人,也是资深区块链项目投资者,具有极其丰富的项目分析经验。他研究了大量的区块链项目通证设计案例,提出了通证设计的量化模型和实用工具,并形成了《通证设计》一书。《通证设计》可以说是国内乃至全球第一本讲述通证设计实战应用的书籍,对区块链创业者和投资者来讲,具有很大的参考价值。

赵甲认为通证学是一门工程学科,应该称其为通证工程学。通证工程学是利用运筹学、数学、经济学、心理学、组织行为学、博弈论、管理学、计算机、工业工程等诸多学科的知识,对区块链项目通证进行分析、设计、优化的一个过程。这个过程需要量化,需要建模,需要模拟,需要修正,不只是定性分析,而是一个

数据化和定量化的系统工程。

我在 2015 年来到美国,深刻感受到了世界头号强国浓烈的科技创新氛围,我相信区块链及其上的通证必定能够改变世界。

我期盼,未来有一天,区块链一定能够普惠所有人;未来有一天,每一个人都会参与到区块链世界里边来。我的口号是:每一个家庭都应拥有一个比特币!

我们一起期待!

宝二爷郭宏才
知名区块链投资人
2019/4/25 于硅谷

序 四

数字经济时代已经到来,各行各业都面临着如何做数字化转型的挑战。Tokenomics,国内叫通证经济,实质上就是数字经济中的一种与密码学和区块链技术紧密结合的更新的经济模式。数字经济和传统经济有很大的不同,而且由于很新,大多数人还不了解什么叫数字经济,更加不了解怎么做数字化转型。数字经济的很多理论、规律还在探索研究中。通证经济由于既需要了解区块链技术,又要了解经济学的一些基本原理,因此学习门槛更高。目前,市面上还很少有全面阐述通证经济的相关书籍。本书作者做了一个有建设性的尝试,从通证的估值、设计和治理方面给出了作者在这些方面的思考和心得。这是一个值得更多人关注的领域,特别是需要学术界和产业界的积极参与。

历史上中国一直在农耕经济上领先世界各国,系统性的经济学思想早在周朝就形成,代表性的含经济学主张的著作就有《周礼》《尚书》《国语》《管子》,以及后来的《史记·货殖列传》等。到了明代后期,特别是万历之后,中国错过了工业革命的机遇,经济长期落后。传统经济学的成就主要还是来自西方经济学家。而今经过改革开放四十年后,中国已成为世界的第二大经济体,在数字经济发展上并没有落后先进国家太多,而且还具有潜在的大数据的红利,未来具有很大的优势。因此,我们应该呼唤更多的学者、从业者加入到研究数字经济,特别是通证经济领域。在这个技术和经济高度融合的时代,不一定只有经济学家才有资格研究数字经济,更多的需要具跨界能力的复合型人才,既熟悉技术,又能掌握经济学理论和规律。我们相信,中国的学者和数字经济践行者在数字经济的理论和实践上一定能重现昔日的辉煌。

邹均

运通链CEO、中关村区块链联盟副秘书长

2019/8/27

前言

自16世纪东印度公司成立以来,公司制在很大程度上改变了人类社会的协作方式。人们从分散、低效、原始的协作方式逐步演变成中心化的、集中的、高效的协作方式。经过几百年的演进,公司的力量已渗透到人们工作和生活的方方面面。公司已经不仅仅是一种组织,它更是一种制度。公司凝聚了生命个体,让它变成强于任何个人的经济动力。公司使得血缘、地缘联系之外的陌生人之间的合作成为可能。作为至今为止最有效的经济组织形式,公司的出现被称作是"人类伟大的成就"。近年来,互联网的高速发展和大范围应用,大大加速了这一"成就"的升级。

人们在中心的高效调度下展开协作,大大提高了生产效率。然而,随着社会的发展,高度中心化带来的弊端逐渐显现,贫富差距和中心节点的舞弊成为不可避免的产物。

当今的互联网巨头即是数据高度中心化的产物:谷歌、亚马逊、Facebook以及国内的百度、阿里、腾讯分别从搜索、电商、社交三个维度将数据集中了起来,形成了巨头。巨头们基于集中的数据为人们提供服务,让人们享受到了互联网带来的便利,同时也为这些巨头们带来了巨额利润。从本质而言,巨头们的利润来源于中心化的数据库。如果没有了数据,它们将丧失利润,丧失存在的价值。

从整个信息技术的发展历史来看,互联网的高速发展阶段已经告一段落,其技术普及程度已进入"S曲线"的后半段。互联网带来的红利增速已经开始放缓,互联网开始进入了"下半场"。与此同时,以Facebook的数据泄露事件为代

表,中心化数据库的弊端正在逐渐显露。另外,不满足于仅仅传输信息,人们开始对价值传输显示出了浓厚兴趣。区块链的分布式存储技术让互联网传输价值成为可能,互联网将由信息互联网时代过渡到价值互联网时代。

天下分久必合、合久必分。中心化的协作方式必将被去中心化的协作方式所取代,区块链将成为互联网的分合点。

除了变革数据存储方式以外,区块链真正的革命性灵魂在于其上发行的"Token",即"通证"。如果说区块链技术本身改变的是生产力,那么通证改变的则是生产关系。由于通证的诞生和应用,人类社会大规模协作方式将发生根本性的变革。人们将基于可信的共同遵守的某种规则进行劳动协作并获得通证报酬,而不再听命于中心组织者的调度。

尤瓦尔·赫拉利在《人类简史》里说,正是这些"虚构出来的事实"才是智人脱颖而出,建立人类文明的核心原因。人类的文明本质而言是虚构出来的权益数据的集合体,人类社会的历史就是一部权益证明不断演进的历史。人的财富本质上是一种所有权或使用权。从结绳记事开始,人们就在记录自己的权益。如今,如房产证、身份证、驾驶证、银行账户等,无一不是一项权益证明。设想一下,如果这些权益证明全部数字化、电子化,并且以密码学来保护和验证其真实性、完整性和隐私性,那么这对人类文明将是一个巨大的翻新。基于区块链上发行的通证为这一切的实现提供了高度的可能性。

虽然自2018年下半年以来,随着投机泡沫的破裂,区块链行业步入了寒冬,但从事基础技术工作的团队数量仍在不断增加。当适用于许多核心技术领域(计算、文件存储、支付等)的可扩展、安全和分散的解决方案齐备时,应用程序落地的爆发点就要到了。当这个集体临界点发生时,用户习惯将从Web 2.0应用程序(集中式)到快速转换到Web 3.0应用程序(分散式)。到那个时候,所有App(应用)将成为DApp,所有的权益证明将以通证形式存在。

一项革命性的新技术,往往会带来一次商业文明的范式转移。但在这种范式转移真正落地进入我们生活之前,也往往因为被人们误解而被戴上了各种各样的"大帽子",吹起了一个个泡沫。1991年诞生的万维网如此,2009年初露的区块链亦是如此。

随着泡沫的破灭,人们才会回归理性,重新思考区块链的落地应用以及如何赋能传统实体经济。于是通证经济学(Tokenomics)一词应运而生。

自2017年3月以来,"Tokenomics"这个词的谷歌搜索量高速增长,人们对"通证"的关注度日益提高。另外,据行业分析师预测,在未来3到5年内,现有全球股票市场中的25%(20万亿美元)将成为证券通证。通证将拥有超乎想象的巨大市场空间。

自2010年起,已有不少西方国家专家学者对"通证经济"领域进行了研究。在国外的各大内容网站已有相关的学术论文等出版物出现。然而,相比之下,国内对通证进行研究的意见领袖屈指可数,相关出版物也是凤毛麟角。多数通证研究文章和付费课程仍然停留在布道的阶段,没有实战性的指导。相关人员在学完这些理论知识之后,很难用于实践。

本书起笔于2016年,历时三年,是笔者多年从事区块链行业以来的实战经验积累。本书汲取了全球通证设计领域最新的学术研究成果,并融入了笔者多年以来在区块链项目通证设计及运营过程中的实战经验。

本书从基础概念出发,将通证设计的核心思维贯穿区块链项目构思、设计及运营治理整个过程。本书采用由浅入深的写法,全面理清了通证设计的思路和逻辑,结合数学方法和模型构建了通证设计的可行性框架,提供了以通证设计为核心的区块链项目建设方案。本书实战性强,是一本区块链项目方和有意转型的传统企业设计通证机制的必备读物。同时,本书也是对通证设计感兴趣的区块链从业者、大专院校学生的学习资料。

最后,由衷地感谢宝二爷(郭宏才)、孟岩、叶开、赵大伟老师为本书作序,感谢王利杰、张红为本书作推荐语。感谢张秀秀、余维仁、白继忠对本书部分章节的内容支持。感谢厦门大学出版社的编辑老师们为本书的辛勤付出。感谢我的家人尤其是我的太太照顾我的生活,使我有更多的业余时间用于创作。感谢每一位为本书付出的人,正是因为你们的付出,才使得本书能够与广大读者见面。

赵甲
2019/3/30 于深圳

第一部分 基础篇

第1章 基础概念 / 3
1.1 区块链与通证 / 3
1.1.1 区块链浪潮 / 3
1.1.2 万物通证化 / 11
1.2 通证的由来 / 15
1.3 通证发展史 / 17
1.4 通证的分类 / 18
1.4.1 官方分类 / 18
1.4.2 专业机构分类 / 22
1.4.3 综合分类 / 29

第2章 通证设计的知识准备 / 31
2.1 经济学基础 / 32
2.1.1 微观经济学 / 32
2.1.2 宏观经济学 / 34
2.2 博弈论 / 43
2.3 机制设计 / 51
2.4 管理心理学 / 60
2.5 其他学科知识 / 67

第 3 章　通证设计原则

3.1 通证设计的基本原则　/ 69
3.2 通证经济模型　/ 71
3.2.1 初始总估值　/ 71
3.2.2 发行总量及单价　/ 72
3.2.3 发行单价　/ 73
3.2.4 分配比例　/ 73
3.2.5 锁仓设计　/ 74
3.2.6 循环逻辑　/ 74
3.3 双通证设计　/ 75
3.3.1 升值与流通　/ 75
3.3.2 账本与应用　/ 78

第 4 章　通证的估值　/ 79

4.1 通证估值基础　/ 79
4.1.1 费雪方程式　/ 79
4.1.2 Baumol-Tobin 模型　/ 80
4.1.3 梅特卡夫定律　/ 82
4.1.4 贴现率与折现率　/ 83
4.1.5 净现值　/ 85
4.1.6 终值　/ 86
4.1.7 S 曲线　/ 87
4.1.8 Gartner 技术成熟曲线　/ 91
4.1.9 J 曲线　/ 92
4.1.10 基尼系数　/ 94
4.1.11 Bancor 协议　/ 95
4.1.12 戈登模型　/ 104

4.2 通证估值模型 / 105
    4.2.1 通用估值模型 / 105
    4.2.2 货币数量估值法 / 115
    4.2.3 DCF 模型 / 139
    4.2.4 戈登增长模型 / 142
4.3 不确定性模型 / 143
    4.3.1 营收偏离 / 143
    4.3.2 融资表现 / 145
    4.3.3 蒙特卡罗灵敏度模拟 / 147

第二部分　设计篇

第 5 章　通证研究 / 153

5.1 研究输入 / 153
5.2 研究工具 / 154
    5.2.1 问题研究 / 154
    5.2.2 角色研究 / 170
    5.2.3 通证功能框架 / 173
5.3 研究产出 / 175
    5.3.1 基础数据资料 / 175
    5.3.2 用户角色研究 / 176
    5.3.3 通证设计画布 / 176

第 6 章　通证设计 / 177

6.1 设计输入 / 177
    6.1.1 角色定义 / 178
    6.1.2 价值流通 / 182

6.2 设计工具 / 183
6.3 设计过程 / 184
    6.3.1 通证使用场景模拟 / 184
    6.3.2 通证应用属性解耦 / 189
    6.3.3 通证的价值赋予 / 190
    6.3.4 稳定币的稳定原理 / 192
    6.3.5 通证发行机制 / 192
    6.3.6 通证的流通循环与燃烧机制 / 194
    6.3.7 联合曲线 / 196
6.4 关键设计输出 / 207
    6.4.1 项目白皮书 / 207
    6.4.2 通证估值报告 / 208

第7章 通证部署

7.1 小批量验证 / 209
7.2 通证部署工具 / 209
    7.2.1 蒙特卡罗模拟 / 209
    7.2.2 马尔可夫链 / 210
7.3 通证的监控和调控 / 210
7.4 通证首次分配策略 / 211
    7.4.1 挖矿模式 / 211
    7.4.2 分配策略 / 213

第三部分 治理篇

第8章 通证治理

8.1 治理的概念和意义 / 221
    8.1.1 治理的概念 / 221

8.1.2 生态治理的意义 / 222
　　8.1.3 共识机制是治理的基础 / 223
8.2 治理模式 / 226
　　8.2.1 协议规则 / 226
　　8.2.2 治理模式的目的 / 230
　　8.2.3 生态参与者 / 230
8.3 奖励与惩罚机制的制定 / 235
　　8.3.1 系统的激励来源与比例 / 235
　　8.3.2 惩罚机制的设定 / 238
8.4 治理的投票机制 / 238
　　8.4.1 投票方式 / 239
　　8.4.2 投票机制的设计原则 / 240
8.5 明星治理项目案例 / 242
　　8.5.1 Polkadot / 242
　　8.5.2 Tezos / 249
　　8.5.3 Cosmos / 254

PART 1 第一部分

基础篇 ▷▶▷

第1章 基础概念

1.1 区块链与通证

1.1.1 区块链浪潮

正如 20 年前的互联网一样,区块链正在悄然改变着我们的生活。著名物理学家张首晟教授说过:区块链技术是互联网世界新的分合转折点。从比特币诞生之日起,区块链技术即进入大众视野,互联网时代以此为转折点,进入了下半场。

站在历史的维度看,发展区块链已然成为大势所趋,我们将不可避免地迎接这一波前所未有的大浪潮。

(1) 从发展的角度看区块链之"势"

以下分别从信息技术、商业模式、组织协作三个角度对区块链的"势"进行阐述:

①信息技术发展规律

信息技术发展是一个不断建立垄断和打破垄断的重复过程。

如今,Google、Amazon 和 Facebook 以及国内的百度、阿里、腾讯借助互联网占据了绝对的巨头地位。它们入股并购,纵横捭阖,不断蚕食潜在的竞争对手,不断巩固和扩张着自己的商业生态。它们愈来愈强,无坚不摧,无所不能。

然而,商界没有永恒的霸主。那么,谁是它们的颠覆者呢?

唯有站在历史长河的角度，我们方能看到未来的趋势。Monegro 在其一篇文章中描述了信息技术行业过去近 80 年的发展史。在文中，这段历史被称作一部关于扩张、巩固和打破中心化权威的循环反复的历史。从本质而言，这部历史就是一个不断建立垄断和打破垄断的重复过程。

一些极具前瞻性眼光的企业利用新技术的发展迅速确立了自己的垄断地位，然后在下一轮技术革命浪潮中被后来者打破。与此同时，新兴的颠覆者成为新的垄断巨头。这一过程，周而复始。

如图 1.1 所示，信息技术发展史大概分为四个阶段：

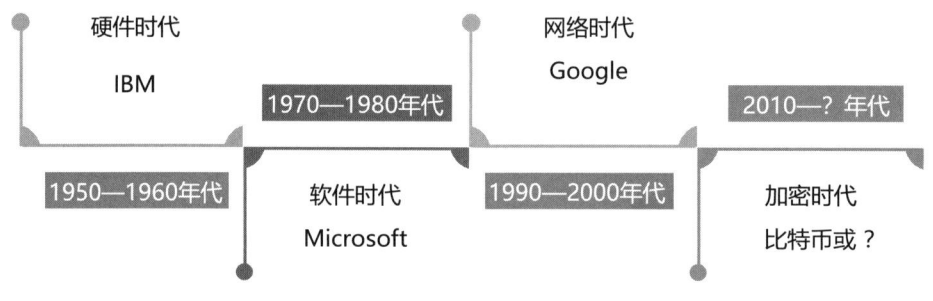

图 1.1　信息技术发展阶段图

a.信息技术的第一个时代是 1950—1960 年代的硬件时代，以 IBM 公司为代表。

晶体管的诞生，使得信息科技成为一个行业。它的出现，大幅度降低了早期电脑的成本。在这个过程中，IBM 公司借助晶体管的标准化，在 20 世纪 50—60 年代发展了电脑业务，并迅速垄断了市场，成为世界上最大的电脑公司。

b.信息技术的第二个时代是 1970—1980 年代的软件时代，以微软公司为代表。

随着个人 PC 的迅速发展和普及，软件应用的需求迅速扩大。微软以其占据了操作系统 80％ 的市场份额的绝对优势，获取了高额利润。从某种意义上讲，微软等同于个人电脑软件行业本身。这个阶段，IBM 影响力减弱，微软成为行业新霸主。

c.信息技术的第三个时代是 1990—2000 年代的互联网时代，以 Google 公司为代表。

随着 TCP/IP 成为互联网协议标准，信息技术进入互联网时代。1991 年，

Tim Berners-Lee 向公众宣布了 WWW 的诞生,互联网商业化应用自此拉开序幕。

虽然互联网泡沫在 2000 年破裂,大多数公司就此消失,但泡沫之后,留下了最好的互联网公司,如 Google、Amazon、Facebook 等。紧接着,在 2000—2010 年这十年里,互联网用户人数从 4 亿增长到超过 20 亿,覆盖了全世界 30％的人口。与此同时,在中国和国外,形成了分别在搜索、电商、社交三个维度独霸天下的巨头。

当前,我们正处于被 BAT 和 Google、Apple、Facebook 和 Amazon 等巨头中心化整合的时代。它们利用其海量数据优势,绑架用户并压制和干预初创企业。中心化的风险和弊端已经逐步显露出来,用户和互联网巨头的矛盾日益突出。

d.信息技术的第四个时代是自 2010 年代起的区块链时代。

尽管几经繁荣和泡沫交替,但区块链依然展现出了其茁壮的生命力。我们大胆预测,自 2020 年起,区块链行业将进入真正良性的发展时期。区块链解决了互联网无法解决的价值传输和信任问题,区块链上的通证更是能够促成大规模的高效协作,因此其可以从根本上改变当前的商业范式。

综上所述,区块链很好地充当了打破互联网巨头垄断的颠覆者角色,从基因上改变和革新了商业模式,将在不远的未来引领信息技术新时代。

② 主流公司商业模式

如图 1.2 所示,主流公司商业模式转变大概分为四个阶段。总体来看,世界巨头公司的商业模式转变轨迹为从无中心到中心化,再从中心化到去中心化。

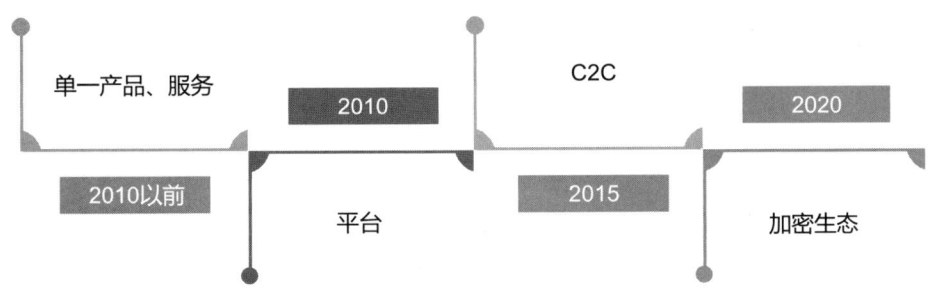

图 1.2　主流公司商业模式演变图

在2010年以前,市场上的主导企业是那些提供单一产品和服务的公司,如诺基亚、索尼等。这个时代,各个企业各自为政,处于一个无中心的状态。

2010年之后,苹果构建了iTunes和App Store,平台类的公司成为主流(国内平台公司以阿里巴巴为典型)。它们为销售产品和购买产品的双方提供了交流的渠道,将买卖双方链接了起来,解决了信息不对称的问题。这个时代,中心化平台形成,并具有相当的话语权。

2015年,共享经济兴起,Uber、AirBnB、滴滴打车等C2C组织快速发展,又掀起了一股互联网经济热潮。它们让C与C之间发生了多向联系,产生了指数级的价值。这个时代,中心化平台对用户的限制相对变弱,鼓励用户在同一规则下自由发生关系。

2020年以后,生态系统中的基础设施由区块链完成,一切规则和信任基于代码。用户基于不可篡改的规则在生态系统内活动,组织边界进一步放大,网络效应增强,每个生态系统用户获得的利益和权利变得更多。

图1.3为2008年到2018年全球巨头公司的类别变化,从图中可见,2018年平台类公司数量剧增。

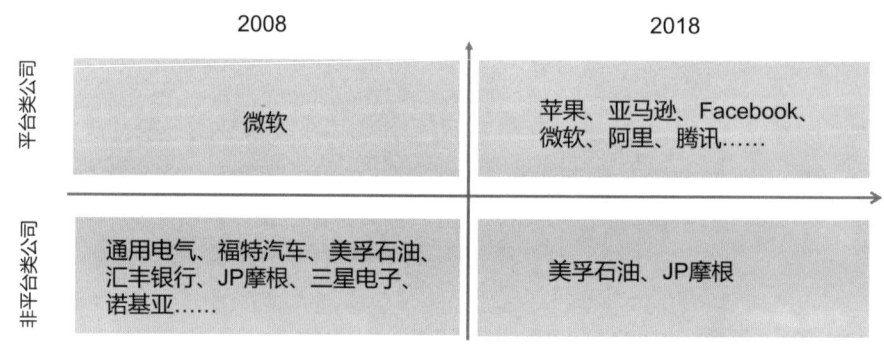

图1.3 巨头公司类别变化图

由此可见,整个商业生态模式将趋向于去中心化。当然,去中心化是未来的理想状态。所以,我们预测在未来5～10年将会有以下三种商业生态模式并存,如图1.4所示。

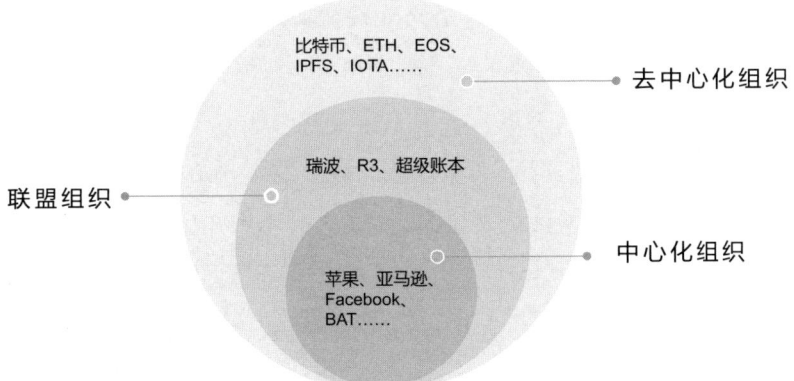

图 1.4　未来商业生态模式图

a.中心化巨头

巨头仍然具有很大的影响力,不会马上消亡。正如在微软称霸的时代,IBM 仍然具有很强实力一样。随着区块链的发展,巨头的影响力会逐步减弱,但在相当长一段时间内,仍然是商业模式的主体。

b.联盟链

由行业联盟开发的或者服务于某一行业联盟的区块链网络,如 R3 和瑞波币。

c.去中心化生态

基于公链的各类 DApp 应用。在未来一段时间,部分领域的 DApp 将逐步取代 App,为用户所熟知和使用。

③人类社会协作方式

人类社会协作的历史,是一部由分到合的历史。人类社会协作方式正在从分散向集中转变,高度集中之后必将向分散转变,如图 1.5 所示。

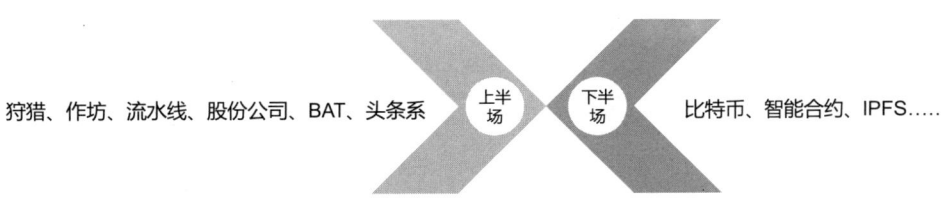

图 1.5　人类协作方式演变图

人类社会最早的协作方式是人类社会诞生之初的狩猎活动。原始人为了果腹，三五成群或整个部落协作来完成狩猎活动，共同分享猎物。这种协作方式简单且分散，从某种意义上讲是一种去中心化的协作方式。

随着生产力的发展，人类进入了手工作坊的时代。手工作坊的协作方式具备了中心化的雏形。由此开始，人类社会的协作方式开始向中心化演进。

随着公司的出现，流水线的普及，人类社会的协作开始变得高度中心化。

紧接着，互联网的出现和广泛应用提升了沟通协调效率，极大地加速了协作方式的进一步中心化。国外的 Google、Facebook、Amazon 以及国内的 BAT 等互联网巨头的出现就是协作方式高度中心化的产物。

笔者预测，随着互联网的持续发展，互联网巨头将更加中心化，搜索、社交、电商三个维度的巨头们将合为一体。未来，一统江湖的巨无霸将会出现。

中心化协作方式极大地提高了效率，在生产力水平不高的情况下是一种非常有效的协作方式。未来，生产力高度发达，物联网、人工智能等高新科技发展成熟，人们对信任和公平的需求变得更加突出。到那个时候，基于区块链技术的底层设施的分散协作生态将成为未来商业的主要形态，分散式协作将成为人类社会主要的协作方式。

（2）区块链具备"势"的特征

以上从发展的角度阐明了区块链作为未来之"势"的必然性。接下来，我们再看一下区块链是否具备"势"的特征。

什么是势呢？势就是未来。什么是未来呢？能够颠覆现在的就是未来（见图1.6）。什么是颠覆呢？需符合以下两大条件：

图 1.6 "势"与"颠覆"

①颠覆必须是被主流人群所深恶痛绝的

那些轻易就能理解和接受的技术和概念,是谈不上颠覆性和破坏性的!真正的颠覆,开始的时候一定是让人充满怀疑的、本能地排斥的,甚至深恶痛绝的!

比特币自诞生之日起就遭受了众多知名人士的反对。被世人顶礼膜拜的"股神"巴菲特对比特币充满怀疑,他认为"比特币是泡沫而已";大名鼎鼎的郎教授对比特币本能地排斥,他曾在参加电视节目时表示"你送我比特币,我不会要的";还有某自媒体名人对比特币深恶痛绝,他在录制的短视频中对比特币破口大骂。

从这一点上看,比特币及其底层技术区块链具备了"颠覆"的特质。

②颠覆必须与巨头的既得利益相冲突

要想颠覆巨头,必须在基因上与巨头相斥。如果跟巨头的基因是一样的,商业模式一样、市场一样,那么,早晚会被巨头消灭或者并购。

柯达,曾经是胶卷行业巨头,也是数码相机技术的率先发明者(见图1.7)。柯达公司选择了掩盖数码相机技术,因为它难以舍弃传统胶卷市场的巨大利益。这一致命的决策失误导致其被数码时代所淘汰。柯达当时的选择没有错,没有谁会愿意舍弃庞大的既得利益。可是,正是因为不舍,巨头们眼睁睁地看着自己被颠覆,却无可奈何。

在区块链出现之前,一个问题一直困扰着人们:像BAT这样的互联网巨头把微软、诺基亚这些传统巨头给颠覆了,那么谁来颠覆BAT呢?

图1.7　柯达照相机

曾经，人们有一些猜想，他们认为颠覆者将是360、小米、京东或者是其他一些如陌陌、今日头条这样的后起之秀。诚然，这些黑马公司具有极强的颠覆性和生命力。但是，我们仔细分析后不难发现，这些公司的背后都有巨头的身影。由于基因一致性，BAT或其背后的资本通过并购入股等手段，不断壮大自己的生态。如此一来，强者越强。

区块链的出现使得巨头被颠覆成为可能。区块链是一个异类，它的去中心化基因与互联网巨头的中心化基因极度相斥，水火不容。巨头一旦公开数据库，让中心化数据变为分布式存储，则将丧失数据控制权，也就丧失了巨额利润。所以，巨头不可能这么做，巨头背后的资本也不容许它们这么做。

由以上分析可见，区块链具备了"势"的特征。

（3）区块链的发展阶段

区块链的发展分四大阶段，如图1.8所示，它们分别是：

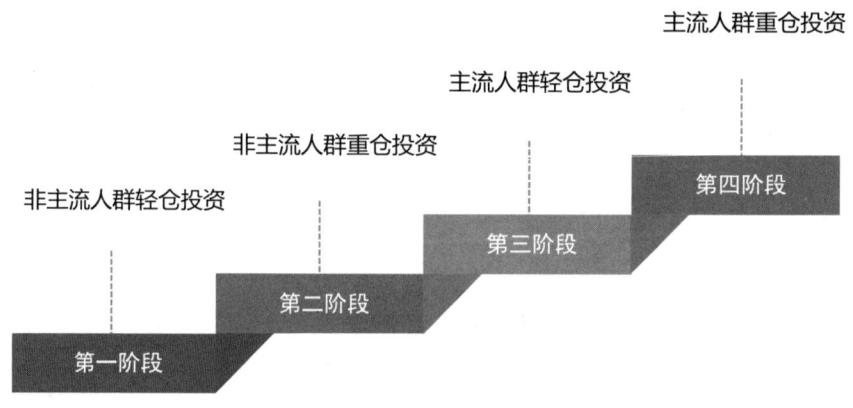

图1.8　区块链的发展阶段

①非主流人群轻仓投资

非主流人群指的是一些极客、社会中下层等没有掌握社会主要财富的人，如曾经的币圈传奇烤猫、大空翼、国外的"比萨哥"等。这个阶段是行业萌芽的早期阶段，这些非主流人群进行尝试性的投资。

②非主流人群重仓投资

当非主流人群认识到比特币和区块链将是一个重大趋势,或者他们深信其会带来高额回报。这个阶段,非主流人群开始重仓进入,比如币圈名人"宝二爷"将全部身家投入了比特币和矿场。这个阶段进入的人将是把握先机并享受行业最大红利的人。

③主流人群轻仓投资

主流人群指的是传统产业精英,比如房地产行业老总、煤老板、大型企业高管等高净值人群。在这个阶段,这类人群拿出很少比例的财富尝试性投资,比如李嘉诚用1个亿投资比特币支付公司等。值得说明的是,主流人群的轻仓投资量级远大于非主流人群重仓投资。在这个阶段,入场资金的增量将是指数级。

④主流人群重仓投资

第四个阶段,主流人群开始认识到趋势的到来,果断重仓布局。此时,对于非主流人群来讲,很难再有投资机会。

在这个阶段之后,也就是当主流人群入局后,基数庞大的非主流大众开始醒悟,纷纷跟进,成为行业最后一波接盘者。此时,行业红利期已经结束,投资机会已经不在。

总体来看,区块链发展的第二阶段基本结束,即将进入第三阶段,即主流人群轻仓投资的阶段。当前,区块链不断受到主流社会的关注,一些传统企业主纷纷对区块链行业表现出了浓厚兴趣。这预示着主流人群即将入局,区块链行业正在进入全面爆发的新起点。

1.1.2 万物通证化

(1)通证是区块链的灵魂

①区块链不仅仅是技术

区块链不仅改变生产力,更能改变生产关系,见图1.9。我们研究区块链,应将其分成两个部分:一部分是底层技术,一部分是通证(token)。底层技术可以归结为技术层面,与人工智能、生物科技、航天技术等类似。而通证可以理解为生产关系的层面,因为它将改变人类的协作方式。区块链之所以极具颠覆性和革命性,正是因为其上的"通证"。

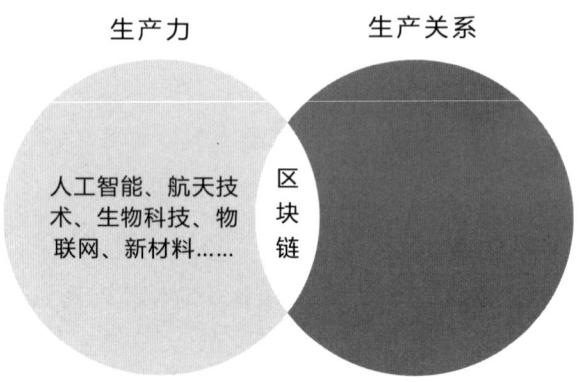

图1.9 区块链与其他技术对比图

区块链使得互联网从信息互联网时代过渡到价值互联网时代,而通证就是价值传输的载体。通过使用基于区块链的分布式存储技术的通证,达成共识的价值得以传输,解决了传统信息互联网的"双花"问题。除此之外,链上的数据不可篡改,形成了基于代码而非中心化机构的信任机制。

联盟链和私链以及其上的智能合约具有一定的应用场景,可以被商业巨头或行业机构使用,虽然能够解决一定的痛点,但是,与通证所能带来的激励机制和通证可以重构生态参与者之间的协作关系这一创举相比,具有一定局限性。

②通证不依赖区块链而存在,但区块链能为通证提供最佳信任载体

通证作为一种权益证明,在区块链出现之前就已经存在。从广义上讲,游戏币、积分、优惠券等都是通证。以Q币为例,它可在腾讯生态内流通,具有通证的属性。不同于区块链上的通证,这些通证所依赖的信用载体是中心化公司,比如Q币的信任背书是腾讯公司。

由此可见,当用户对中心化机构足够信任时,或者中心化机构愿意公开账本获得用户信任时,通证是有效且可行的。但是,除非是政府或大型商业巨头,否则利用中心化的方式解决信任问题非常困难。

区块链的分布式特性为通证提供了天然的信任基石，区块链上的数据通过多个账本同步备份，没有任何一个节点可以篡改，同时获得了所有参与节点共同信任。区块链作为一个解决信任问题的基础设施，使得存在于其上的通证具备了天然的信任基因。所以从狭义的角度讲，基于区块链的通证才能称为真正的通证。

（2）通证赋能实体经济

区块链技术可以降低信任成本，而其上的通证可以提高参与动力。通证的激励作用可以改变人类社会现有的协作方式，激活每一个个体参与生态的动力。因此，现有的传统实体经济可以通过通证获得进一步的赋能，正如当年互联网给实体经济带来的增长一样。

TokenX社区发起人赵大伟认为：通证经济通过构建基于通证的价值互联网和基于通证的分布式协作组织，可以重塑传统金融体系，并且重塑传统经济的组织形态。

①基于通证的价值互联网将重塑传统金融中介

金融中介是指在金融市场上资金融通过程中，在资金供求者之间起媒介或桥梁作用的人或机构。金融中介一般由银行金融中介及非银行金融中介构成，具体包括商业银行、证券公司、保险公司以及信息咨询服务机构等中介机构。

当前，以委内瑞拉、阿根廷等国的恶性通货膨胀为代表的全球货币系统问题正在日益显现，以美元霸权为核心的世界金融系统不断割全世界的"韭菜"。比特币之所以大受欢迎，根本原因在于其为终结美元霸权提供了希望，而这也正是中本聪创立这个点对点的电子支付系统的初心。

通证化带来的自金融能力，会进一步实现"金融平权"。每个通证创造者都可以根据自己的基础资产（比如知识产权）的预期收益发行通证，并与他人进行交换，更好地支持自身当下的发展。

通证让记账权成为社会基础设施，而不是由少数人垄断。所谓记账权实际就是货币发行权。金融系统提供的记账服务本身就是货币。若拥有记账权，并以某项资产（如黄金、土地、厂房设备等）为抵押，则获得发行货币权。发行货币一方提供记账服务,享受货币在时间上产生的收益:利息差或投资收益。若借款人没有记账权,并把资产抵押给银行系统,银行系统发行货币,再把货币借给借款人,借款人就要承担货币在时间上产生的成本。

②基于通证的分布式协作组织

人类社会存在的基础是协作。正是因为协作,才使得人类不同于自然界的其他动物,人才能被称为"人"。人类社会的协作方式变迁大致分为四个阶段:

A.狩猎

在与大自然的斗争中,人类摸索出了协作的生存方式,那就是狩猎。这是人类最早的协作活动。

B.作坊

基于作坊的分工合作使得人类协作有了巨大的进步。作坊生产的产品更加丰富,使得人类社会的"商业"发展起来。

C.生产大分工

技术发展推动的生产大分工带来了新的协作高度,福特最先采用的流水线生产就是典型案例。生产大分工大大提升了生产力,人类真正进入工业化社会。大分工同时也带来了人类社会的高度组织化。

D.组织协作

基于组织结构的协作是工业时代的重要特征,因为分工的管理需要,金字塔形的公司组织结构成为必然产物。

总体来看,人类社会的协作方式由最开始的分散式逐步向中心化演变,而互联网的高速发展使得这一进程不断加快。从哲学的角度来讲,物极必反,高度的中心集中之后必将迎来分散的时代。当前,区块链逐步被广大主流人群所熟知,人们逐渐认识到了中心化组织协作的弊端,这些状况都在预示着分散化时代的到来。

③通证经济赋能实体经济

通证经济赋能实体经济主要体现在以下方面:

A.通证改造促进组织生态变革。通证改造可以打破原有组织边界、信任边界,可以让组织变成一种自组织、自生态,很大程度上有利于组织的持续创新和发展。

B.通证改造促进资产证券化。通证改造可以实现企业从股改到链改,从上市到上链,上市周期缩短,企业的资产证券化,成为证券型通证,而且通证的流通都被详细地记录在每个区块,不可篡改,真实可信。

C.通证改造建立激励经济。实体企业基于通证化改造,可以实现激励对象的透明化,解决人才留存难、获客成本高、品牌推广慢的问题。同时,激励的透明可以促进优化产业结构,节约产业成本,提升产业效率,促进产业优化。

D.通证改造降低管理成本。企业只需要做好本职的生产或者平台搭建工作,让每个参与者都通过通证的获取而成为生态建设者和利益获得者。

1.2 通证的由来

(1)从加密货币开始说起

在比特币出现之前,就已经有很多加密货币(cryptocurrencies)存在了。加密货币是一种使用密码学加密的数字或者虚拟化的货币。密码学指的是利用加密技术来确保和验证交易转移。

比特币代表了首个利用区块链技术发行的去中心化加密货币,通过一个公开的分类账本,也就是区块链技术,按照时间顺序记录和验证所有的交易。由于其首创的分布式和去中心化的特性,它的出现是加密货币领域的一个重要里程碑。从某种意义上讲,比特币才是真正的加密货币。

所以,在一般情况下,加密货币指的是比特币出现之后的,包含比特币在内的一系列加密数字货币。

(2)数字货币和山寨币

在比特币出现之后,陆续出现了Litecoin(莱特币)、Dogecoin(狗狗币)等一系列参照比特币的方式发行的加密货币。于是加密货币社区认为比特币是唯

一数字货币（Coin），其他的称为山寨币（Alcoin）。

（3）数字货币和通证

以太坊出现之后，基于其智能合约可以发行加密货币。这类加密货币具有与网络通讯中"通证"类似的作用，于是加密货币社区将此类加密货币称为"通证"。

为了简便区分，将数字货币和山寨币统称为数字货币，与其对应的是通证。

我们参考 Coinmarketcap 网站的做法，进行简单划分。将加密货币分为数字货币和通证两类：

数字货币是指拥有自己独立的区块链平台的基础链项目所发行的加密货币，具备货币属性。

通证是指基于某个基础链系统层面的区块链应用项目的加密货币，具有"权益凭证"的属性。

（4）Token 和通证

"Token"最开始翻译为"代币"。自 2017 年以来，全球数字货币资产暴涨，财富效应引发各阶层跑步进入区块链世界，躁动、争议、妖魔化也随之而来，"代币"一词被更多地蒙上了负面色彩。而且，"代币"一词不能全面概括 Token 的属性。

2017 年，国内孟岩首次把 Token 翻译成为"通证"，意思是"可流通的加密数字权益证明"。"通证"的译法在国内得到了广泛认可。孟岩认为通证可以包含很多的种类：

第一，证件类通证，比如身份证、出生证、毕业证这些不可交易的凭证。

第二，功能类通证，比如说包含虚拟商品，如积分、折扣券、代金券、门票，这些东西的特点是，拿着它你还可以在某一个场景下消费、使用。

第三，权益类的通证，如债券、期权、股票等。

功能类和权益类的通证，通常是可以交易的，因为它的流动性远远高于我们现在知道的任何一种金融品，或者是除了现金之外，比我们现在所知道的任何一种财富表达符号的流动性都更高。

通证有三个要素:证、通、值,含义分别如下:

证:通证是权益证明,它代表某种权益;

通:通证必须能够流通,能够在用户之间相互转让;

值:通证必须具有经济价值。

1.3 通证发展史

通证的发展大概分为三个阶段,见图1.10:

图1.10 通证发展阶段图

(1)令牌环网阶段

令牌环网(token-ring network)最早在1970年代由IBM公司建立,是IBM的网络标准。令牌环网的传输方法在物理上采用星形拓扑结构,但逻辑上仍是环形拓扑结构,可以称之为物理星形逻辑环形拓扑。

在令牌环网中有一个令牌(token)沿着环形总线在入网节点计算机间依次传递,令牌本身不包含任何信息,仅用来控制信道的使用,确保在同一个时刻只有一个节点能够占用该信道。

令牌在工作中有两种状态:"闲"和"忙"。"闲"时说明令牌没有被占用,即网络中没有计算机在传输信息,则令牌会环绕行进;"忙"时表示令牌已经被占用,即网络中有信息正在发送。

令牌的作用就是保证数据在网络中传输时不会发生碰撞,提高数据的传输效率。令牌在这里就相当于权利,有了令牌就有了传输信息的权利,就可以在网络中传输信息。

（2）以太坊出现后的爱西欧阶段

在这个阶段，Token代表了权力和利益。在ERC20出现后，开发者可以基于以太坊发行自己的Token。Token最大的作用就是募资。

作为募集以太坊的凭证，Token实现了爱西欧（首次代币发行，ICO）流程的自动化。项目方通过智能合约进行设定，每投入一定量的以太坊，就会按照一定的比例发放项目Token。这里的Token就是未来项目上线后的投资证明，代表升值权和分红权。

在这个阶段，Token的作用是权益的证明。投资者通过爱西欧获得了Token，该Token就是投资者对该项目的一次投资，等该项目落地后投资者可以拿Token置换成权益。也正是因为如此，Token才发展为可以在交易所直接交易的资产。

（3）通证概念出现后的Token

在这个阶段之前，人们都把Token称为"代币"，在"通证"这个概念诞生之后，Token就进入了第三个阶段。此时，通证已经不局限于令牌或者代币，还具有使用权、转让权以及收益权等多种属性。

在这个阶段，通证被赋予了能够赋能实体经济的产业属性。从广义的角度讲，任何具备信任基础的符号或凭证都可以作为通证，只是区块链技术是解决信任问题的最佳机制和方案而已。区块链的加密技术保障了所有不可篡改的符号都可以作为通证。

1.4 通证的分类

1.4.1 官方分类

据Cointelegraph报道，加密资产金融会议的相关分析师对爱西欧所筹集资金的前100名国家进行了研究,并根据其公开数据和启动项目数量进行了全球排名。

该研究表明,美国、瑞士和新加坡被评为最有利于发行通证国家的前三名。以下对美国、瑞士和新加坡三个国家的通证分类方法进行说明。

(1)美国

美国证监会(SEC)将通证分为两类,一类是证券型通证(security token),一类是功能型通证(utility token),如图1.11。

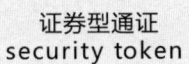

图1.11 SEC通证分类图

美国证监会提出,凡是具有证券属性的TGE(即security token)必须在相关部门注册,交易相关TGE通证的交易所也需要进行注册。

美国SEC对证券型或功能型类通证的区分需要经过Howey测试,该测试主要针对以下四个问题进行判别:

①该通证的发行是否需要一定量的资本投入?即投资人是否需要支付一定的对价从而获得该通证?这里的投入可以是货币、股权、物资等。

②是否投资于一个共同的事业?即是否所有投资人与发起人一样追求同一个事业的收益?

③投资人投资于该通证,是否出于未来卖出该通证获取溢价收益的目的?即投资人购买该通证后是为了等通证升值卖出获取收益还是购买或换取其他服务、商品?

④投资人是否不参与经营,仅通过发行人或第三方的努力获取收益?即通证的价值仅跟发行人或特定第三方机构相关,投资人在整个过程中无法对该通证的升值提供帮助或创造价值。

综合上述 4 个问题,若答案偏向于"是",则该通证将被定义为证券型通证,若答案更多是"否",则属于功能型通证。

(2)瑞士

瑞士金融市场监督管理局(以下简称为"FINMA")在《爱西欧指引》和"法律框架"中指出:根据通证的用途,将其分为三个类别:支付型通证(payment token)、功能型通证(utility token)及资产型通证(asset token),见图 1.12。

图 1.12 FINMA 通证分类图

①支付型通证

与比特币等数字资产类似(包括比特币现金、比特币黄金等分叉币和莱特币等变体等),仅作为支付工具使用的通证,通常使用方和接收方不构成合约关系。另外,如果通证是作为各个区块链项目系统内的购买商品或服务的支付方式,或系统内的价值转移方式,且不涉及合约的权利义务关系,也属于支付类通证。

功能类通证和资产类通证也有可能带有支付属性,这种情况下可称其为"混合类通证"(hybrid token)。

②功能型通证

持有人可以访问某个区块链平台或某项应用,并享受其提供的服务及便利。它们与代金券或筹码一样,可根据设定的规则来兑现所欠服务。功能型通证在一些场景下可能被用作该区块链系统中的支付手段,此时它也具有支付型通证的性质,在监管上需与支付型通证一致。另外,需要注意的是,如果通证的发行是为平台开发融资,且在平台上线之前无法提供服务的,在发行时该通证不属于功能型通证,而是资产型通证,因为通证发行方本质上是在融资,而通证购买方是在投资,监管上的处理方式与资产型通证一致。

③资产型通证

资产型通证是一种资产凭证,代表着对实物、公司、收益、参与分红或利息支付的权利等。资产型通证是标准化的,可被用于大规模的标准化交易。在经济功能上,它类似于股票、债券或衍生品,其投资性质涉及区块链之外的现实资产。

除了基于通证的性质为其分类,FINMA还基于《金融市场基础设施法案》(Financial Market Infrastructure Act,FMIA)给出了各类通证是否属于"证券"的判断:FMIA定义下的"证券"只包括标准化证券、认证或非认证的证券、衍生品和间接持有证券四种类别,且需要与资本市场有关联。其中"标准化"体现为该证券以相同的结构和面额发行、可供大众公开交易;"非认证证券"(uncertificated securities)载明大批量生成且相互无差异、可替换的权利,发行方仅关心数量和面额,对持有人没有特殊要求,通常没有公开交易。

对于不同类型的通证,其法律认定各有千秋。

①FINMA认为支付类通证的主要目的是用于支付,其功能与传统证券不同,因此支付类通证不是证券(例如比特币和以太坊)。

②FINMA对于功能型通证是否属于证券区分了不同情形:如果功能型通证的唯一目的是用于ICO项目开发的应用程序或者服务的凭证,并且功能型通证实际上已经可以以这种方式使用(开发之前已经设计的功能,并非后来技术开发添加的功能),则这类功能型通证不会被认定为证券。如果功能型通证在发行时部分或者仅具有投资目的,则这些功能型通证将被视为证券。

③FINMA认为资产类通证属于证券。

此外,FINMA认为如果通过ICO进行预融资,向投资者预售通证,同时这类通证是标准化的并且适用于大规模的标准化交易,则该通证将被视为证券。

一旦通证被视为证券,则要受到瑞士证券法的监管。发行类似于股票或债券的通证要遵守《瑞士民法》中关于招股说明书的规定。如果通证的发行具有债务资本的特点(例如承诺保本返息),则募集的加密数字货币将会被视为存款,除非有例外的情况,否则需要遵守《银行法》获得经营许可证。如果爱西欧募集的资金由第三方机构托管,则需要适用《集体投资计划法》的规定。无论爱西欧项目在募集前还是募集后,只要支付类通证可以在区块链基础设施上进行转让,这些通证就符合了《反洗钱法》中对于支付的要求,受到《反洗钱法》的管辖。

根据 FINMA 在其官方网站上发布的指南,对于功能型通证而言,只要发行的通证是为基于区块链技术开发的应用提供访问权,则不适用于《反洗钱法》。

(3)新加坡

新加坡金融管理局(MAS)根据通证的属性,将通证分类为:支付型加密数字货币(payment token)、功能型通证(utility token)、证券型通证(securities token),见图 1.13。

图 1.13 MAS 通证分类图

证券型通证对金融市场认可的现有资产,如股票、债券或者房地产等的拥有权,进行数字化和碎片化,解决前两类通证因为没有资产背书或者担保,作为"虚拟"资产,不被传统金融市场接纳的痛点和发展瓶颈。证券型通证从某种意义上讲实现了"虚拟"资产的金融化。

1.4.2 专业机构分类

(1)Smith+Crown 的通证框架

Smith+Crown 是一家海外的区块链项目研究机构,在其提出的通证分类框架中,将通证赋予其持有者的权利进行分解,如下图 1.14。

图 1.14　Smith + Crown 通证分类图

① 支付

通证是网络内唯一的支付方式。

简单来说,用户想要获得某平台的服务或是在平台内交易,都需要使用平台特有的通证。

优势:创造明确的通证使用场景且看起来更像是货币而非投资合同。这种方式很容易实现,且无须设计经济机制。

劣势:仅仅用作支付手段,会使得区块链项目没有竞争力。区块链项目的真正魅力来自社区早期贡献者对项目生态价值的期许,而通证升值才可以为早期贡献者带来回报。此外,如果通证价格波动较大,会在很大程度上影响其流通,从而减弱其支付作用,使得生态活跃度降低。

② 访问网络

通证提供使用平台的权利。

通证主要用于获取网络访问权限,这类通证同时也会具有支付交易 Gas 费(手续费)的作用,但并不是平台上的唯一付款方式。典型的例子如以太坊,平台通证 ETH 只需用来支付 Gas 费,用户仍旧可以转移基于 ERC20 发行的通证。另外一个例子是 Melon,Melon 接受多种类型的通证作为其网络中的支付费用,但是网络内的交易费用需要使用 Melon 通证支付。

优势:接受多种支付方式为平台提供了较大的灵活性,同时平台也保持着类似证券的功能。

劣势：通常来说交易费用的总和低于平台间流转的支付费用。如果仅仅依靠支付需求而提升通证价值是不可能的。

③利润

持有通证可以获得分享利润或营收的权利。

持有通证的用户使用网络即可获得部分收益或利润。尽管持有者未必具有投票权利，但通证与公司的股票具有相似性。例如：ICONOM项目的通证持有者并不能开除ICONMO的CEO或要求不同种类的分红。

优势：通证价值很好理解，很容易评估，且无须设计通证经济。平台的增长与通证价值增长间有清晰明确的关系。

劣势：通证看起来像未注册的证券，且通证募集资金阶段所积累的用户是投资者而非真实产品用户。

④贡献

通证在平台或应用中做出贡献并获得奖励的权利。

许多通证允许持有者在维护网络方面贡献力量（不含为区块链创建区块）。这些贡献权利并不是统治权，它们并不涉及决定平台整体方向或协议特征的权利，仅仅是针对平台特定用户的行为权利。

行使这些权利往往涉及用户行为而不仅仅依靠后台软件。在First Blood中，持有者可以扮演见证者，与创造区块不同的是，他们运营软件用以支持网络。

他们还充当陪审团成员，在出现争议时做出裁决——人工审查证据，在此过程中做出决定。

通证持有者通常有权获得一部分通货膨胀溢价或一部分网络交易费用，或者两者兼有。

优势：按照智能合约设定，做出贡献的用户可以自动获得通证奖励，通过这一过程可以迅速建立起社群。

劣势：参与门槛较高，且核心网络维护活动集中在少数参与者中。

⑤创建区块

通证持有者具有创建区块的权利。

基于POS共识机制的通证一般都具有创建区块的权利，通证持有者将有机会验证区块,这个机会与其拥有通证的数量相关联。以太坊目前采用 PoW(工作量证明)共识机制,但是未来,以太坊计划向 PoS(权益证明)方向转换。因此,我们在定义这个概念时,不仅指通证给予持有者创造区块的权利,也指持有者拥有指定由谁来创造区块的权利。以 Lisk 为例,Lisk 属 PoS 的共识机制,持有者可以为共识节点投票,且他们的投票权重取决于 Lisk 持有量。

优势:人们可以参考"股票",对通证做出价值预估。

劣势:通证持有者未必是使用者,同时过度的锁仓可能会减少网络上的交易量。

⑥治理

通证持有者参与生态治理。

拥有此权利的通证持有者有影响平台或协议方向的权利,参与生态的重大决策。这是分布式自治组织的基本特征。

优势:持有者可以参与自治过程,高度自治有助于建立真正的区块链社区。

劣势:在已有案例中,这一权利设计用户参与度低且体验不佳。反之,如果没有这种设计,开发人员就得花费时间对社区进行治理,而这种方式会被用户质疑。

(2) Untitled INC 的通证分类框架

Untitled INC 是一家致力于分布式经济和区块链的网络组织,其团队开发出了一个比较完善的分类架构通证(token classification framework,TCF)。

图 1.15 分别从通证的目的、功能、法律地位、基础价值和技术层面五个维度对通证进行了分类。

①目的

在生态内设计通证的主要目的是什么?并不是所有的通证都可以称为加密货币,通证不仅仅是用作货币的。一般情况下,通证的目的是实现特定的网络生态并促进其快速增长,或者只是作为投资凭证。

②功能

"功能通证"(或"效能通证")这个词已经变得很常见。功能通证存在多种类型。在应用层上,提供的应用程序主要有两种方式:通过访问网络或服务功能(usage token,效用通证)或允许通证持有者积极地为系统贡献工作(work token,工作通证)。有些通证可以同时执行这两种方式,我们称之为混合型通证(hybrid token)。

③法律地位

各国政府对不同类型的通证持不同的监管态度,依照各国的监管政策可以从法律层面对通证进行分类。由于各国对通证的监管态度不同且在不断变化之中,所以在从法律角度分类时取主流国家的共性观点。当前,国际上主流国家和地区的监管态度是:不能明确定义为实用程序的通证(即作为访问网络的手段或其有服务功能)或者不是纯加密货币的通证都归类为证券,受到现行的证券监管政策监管。比如美国、瑞士、新加坡等。

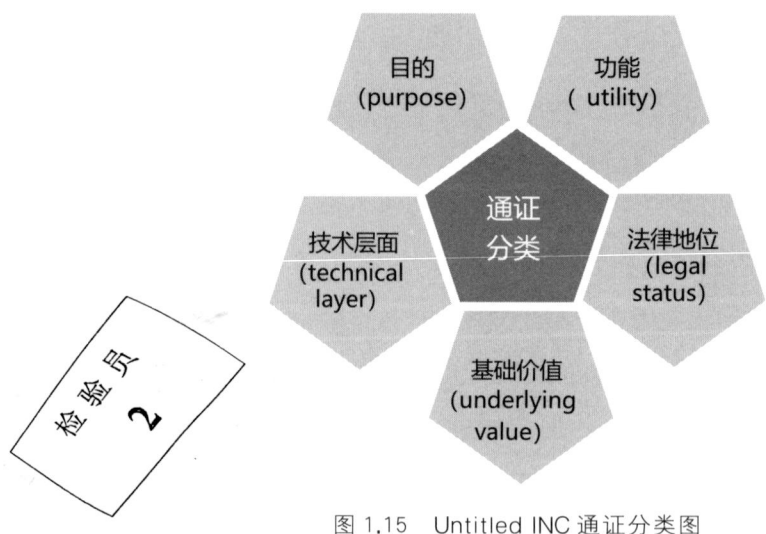

图1.15 Untitled INC通证分类图

④基础价值

大部分通证具有货币价值,但它们的核心价值来源各不相同。第一种通证具有可以依托的实物资产,具有发行实体,锚定实物价值,是一种资产的证券化。第二种通证与网络价值相关联,不依赖于实体。第三种是其他被项目方或社区赋予的某种价值的通证。

⑤技术层面

通证可以基于不同的区块链系统技术层实现。第一种是作为链上的原生通证(底层)，第二种是作为加密协议层的一部分(中间层)，第三种是应用通证，也就是DApp。

以下以Augur项目为例，利用TCF框架进行分析，见图1.16：

Augur	技术层面	目的	基础价值	功能	法律地位
	底层	加密货币	传统资产	效用通证	功能型
	中间层	网络令牌	网络价值	工作通证	证券型
	应用层	投资凭证	其他	混合通证	货币型

图1.16 Augur分析图

在使用以上通证模型对通证分类后，Untitled INC团队发现，不同类型的通证之间存在很多相关性。例如，许多网络令牌型通证(按目的划分)同时也是中间层通证(按技术架构划分)，即它们的价值与它们在其中使用的网络的价值相关联。同样，投资凭证型通证基本上不会是网络价值型通证，而是具有资产背书的通证。

Untitled INC团队研究了这些模式并得出了一些原型，每个原型的描述如下：

①加密货币

a.具有价值储藏及支付功能。

b.非由中心化机构所发行。

c.可挖矿或预挖矿。

②通证化资产

a.赋予对某个资产的使用权，类似黄金。

b.所连接的标的资产必须为通证发行方所持有。

c.跟加密货币相比,通证化资产存在交易风险。

③通证化平台

a.非单一个体或组织所运作的网络平台。

b.过去平台用户所扮演的角色比较单一,而今在通证化平台上,每个参与者可同时扮演多种角色。

c.财务价值(使用价值)在网络中自由流动。

④权益型通证

a.通证化的证券,代表投资者的投资权益,具有股权和货币的特性(例如用爱西欧取代传统 IPO 的方式)。

b.迅速涌现的新形态权益,如可通过智能合约编程实现的权益。

c.当前监管政策不确定的前提下,具有很大的不确定性。

Untitled INC 团队认为,加密通证并不是作为独立的个体存在,它只是分布式账本系统中的一个组成要素而已。虽然在整个系统中,通证在建立加密经济生态过程中扮演着关键的角色,但通证层也只是分布式账本系统分层中的一层。另外两层分别是治理层和科技层,它们之间通过通证层进行连接。

分布式账本系统的分层状况详见图 1.17。

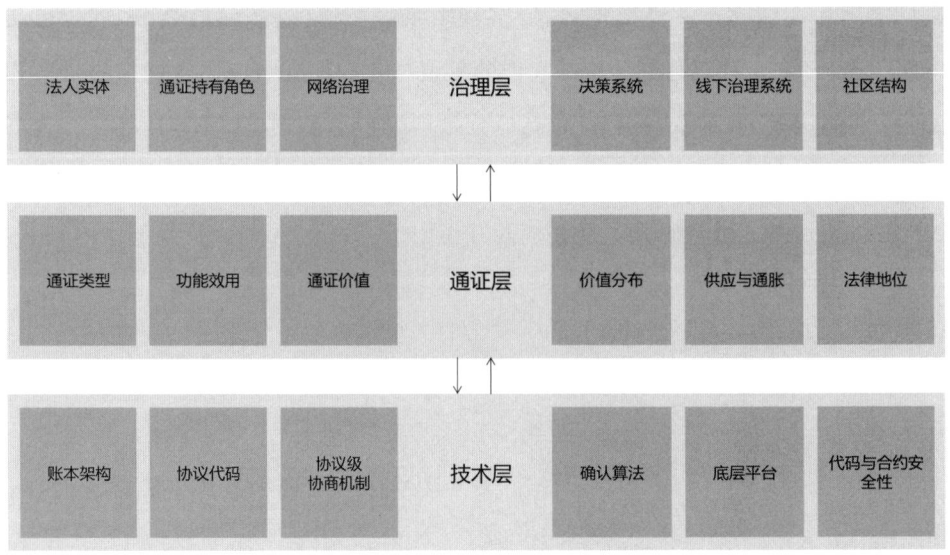

图 1.17　Untitled INC 通证分层图

由图 1.17 可见,Untitled INC 团队认为,在评估一个分布式账本技术项目时,通证绝对不是唯一的关注点,我们应当全面考量整个系统。

1.4.3 综合分类

笔者在结合以上分类方法的前提下,结合近年来通证设计实战当中的问题,对通证类型进行了综合划分,形成了通证分类的"五行八卦图"。

图 1.18 中"八卦"的中心表示了通证的两个大类,也是通证设计须遵循的"二元悖论",即升值和流通。从通证的主要用途来讲,一类是用来当作货币流通,一类是当作权益来升值,两个功能相互制约,此消彼长。

在八卦中心的周围,是从五个维度对通证进行的分类。五个维度分别是:现金流入、分割属性、技术层面、功能效用、基础价值。

从现金流入的维度可以分为有现金流和无现金流两类。有现金流的通证为可产生业务利润的项目,比如分布式存储、预测等提供某项收费服务的项目。无现金流的通证为没有现金流产生的项目,比如以太坊这种仅为提供网络访问权限的通证。

图 1.18 通证分类的"五行八卦"图

从分割属性的维度可以分为同质化通证和非同质化通证。同质化指属性完全一样的可以分割的通证，比如基于以太坊 ERC20 开发的通证。非同质化通证指的是每一个都是独一无二的且不可分割的通证，比如基于以太坊 ERC721 开发的代表游戏道具、奖品等的通证。

从技术层面的维度可以分为基础层通证、协议层通证和应用层通证。基础层通证为部署在区块链底层上的通证，比如以太坊。协议层通证指的是链接底层和应用的中间层上的通证，比如做跨链沟通的 Polkadot、去中心化交易所的 0X 等。应用层通证指的是直接面向用户使用的 DApp 上的应用。

从功能效用的维度可以分为支付类、效用类和证券类。支付类通证指的是具有支付功能的通证，在生态内承担价值流通的角色，比如瑞波币等。效用类通证指的是具有使用权限的通证，比如以太坊等。证券类通证指的是具有股票证券属性的通证，它们具有分红权，代表的是对于相关"基础资产"的未来收益权，因此持有人可以在未来定期或不定期地获得特定收益。

从基础价值的维度可以分为实物资产和数字资产两大类。实物资产对应着现实中的某种金融资产或权益，比如公司股权、债权、黄金、房地产投资信托等。数字资产指的是没有实物资产和金融资产对应的新应用场景的通证。

第2章 通证设计的知识准备

通证学是一门新兴的学科,有人称之为"通证经济学"(Tokenomics),意图将其归为经济学范畴。他们认为通证设计及运行当中涉及诸多经济学原理,故而称其为"通证经济学"。自 2017 年 5 月以来,"Tokenomics"一词的谷歌(Google)搜索量极速增长,全球对"通证经济学"的关注日益增多,见图 2.1。

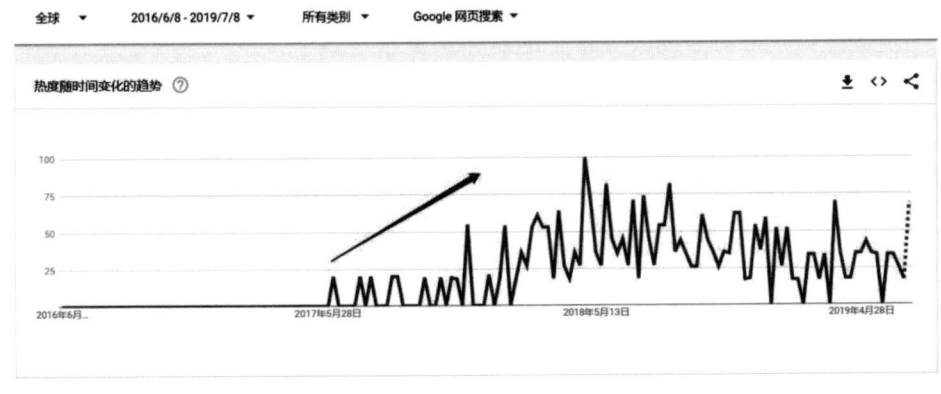

图 2.1 "Tokenomics"一词的 Google 搜索量趋势

笔者认为,通证学不仅仅涉及经济学原理,而是一个涉及博弈论、运筹学、心理学、数学、工业工程、系统工程、组织行为学、社会学等多门学科的综合学科。通证设计不仅仅依照经济学和货币理论设计,而且应当建立量化模型,进行严谨的模拟和验证,是一门工程学科。所以,笔者在国内首次提出了"Tokengineering"(通证工程学)的概念。

2.1 经济学基础

2.1.1 微观经济学

（1）价格的决定

①边际效用与价格

价格：在现象上表现为标价，即换取某种商品和服务使用或占有权所要支付的货币代价。

价格的决定：一般而言，价格由价值决定。而所谓价值，简单的解释，就是一个物品或服务对于使用者的有用程度，即效用。

效用分为：总效用和边际效用。

总效用：消费物品或服务带来的总体满足水平。

边际效用（marginal utility）：每增加一个单位物品或服务消费所带来的效用增加量。

消费者所愿意支付的价格是由商品的边际效用决定的。

②边际效用递减规律

边际效用递减规律：在其他条件不变的情况下，在一定时期内消费者消费某种物品或服务，随着消费数量的不断增加，其边际效用不断递减。这是一个经济学基本规律。

从需求角度看，其他条件相同时，物品或服务越多，稀缺度越低，它能提供给消费者的边际效用越低，消费者愿意支付的货币代价越低，因此价格越低。反之亦然。

这就是现代经济学中最重要的一个研究方法论：边际分析。

（2）需求曲线

需求：消费者（家庭、厂商、政府等）在一定价格上愿意并且能购买商品和劳务的数量。需求有两个要点：一是需要和愿望；二是购买能力，即包含商品价格和购买者预算约束因素。所以，需求曲线研究的是有效需求。

需求通常与价格呈反向变化。从图形上看，是向右下方倾斜的曲线，见图2.2。

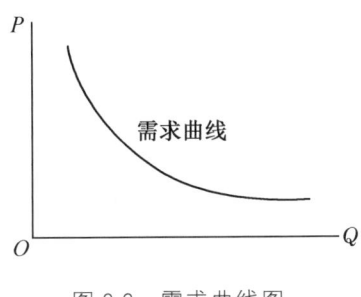

图2.2　需求曲线图

（3）供给曲线

供给：指厂商或家庭在一定价格下愿意并能够出售的商品和服务的数量。供给有两大要点：一是出售愿望；二是供应能力。所以，供给曲线研究的是有效供给。

另外需要注意的是，供给量既包括新生产的产品，也包括过去生产尚未出售的存货。

供给通常与价格成正向变化。从图形上看，是向右上方倾斜的曲线，如图2.3。

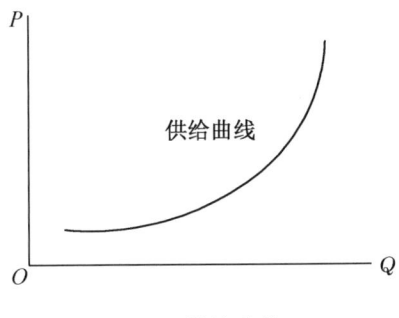

图2.3　供给曲线图

（4）供求均衡与均衡价格的确定

均衡是经济事务中有关变量在一定条件的相互作用下达到的一种相对静止的状态。

见图2.4，影响供求的各方面条件不变的静态背景下，供求曲线的交点E是均衡点，与之对应的(P^*)价格与数量(Q^*)为均衡价格与均衡数量。

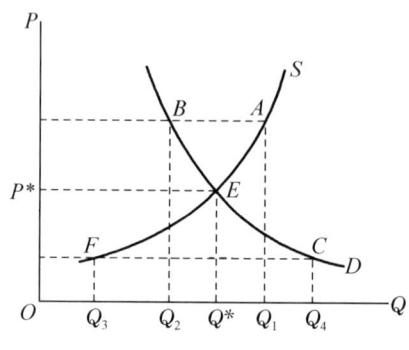

图2.4 供求均衡图

供求均衡决定价格。现实中的价格由供求两方面因素决定，供给和需求函数包含的因素变动会导致价格变化。

价格对供求的反作用。价格变动反过来对供求关系也具有调节作用，使供求趋向新的均衡状态。

价格的本质功能。揭示资源相对稀缺程度。价格与供求存在互动关系，对资源配置发生机制性作用。价格是资源配置的信号。

2.1.2 宏观经济学

（1）货币

①货币的定义

马克思对货币定义为：货币是固定充当一般等价物的特殊商品。

西方经济学对货币的定义为：货币是商品或劳务的支付中或债务的偿还中

被普遍接受的任何东西。

②货币的功能

a.流通手段

流通手段即交易媒介。

如果没有货币作为交易媒介,在物物交换的经济社会中,只有满足"需求的双重偶合",交易才能成功,交易成本非常高。

如果有了货币作为交易媒介,需求的双重偶合问题可以避免,从而降低交易成本,提高交易效率。每个人可以将节省的时间用于做最擅长的事情,整个经济体系的效率由于专业化水平的提高而提高。

任何行使货币交易媒介功能的商品必须满足以下条件:

(a)便于标准化,价值易于确定;

(b)被广泛承认和接受;

(c)易于分割,以方便找零;

(d)便于携带;

(e)不易变质。

人类历史上满足以上条件的货币有很多种形式,如美洲土著人使用的贝壳、美洲殖民者使用的烟草和威士忌,二战战俘集中营里使用的香烟,我国隋唐丝绸之路使用的丝绸,宋朝用的瓷器,明朝的香料、琉璃等。

b.价值尺度

价值尺度即计量单位。

为了用货币来衡量商品价值量的大小,必须给货币本身确定一种计量单位。如人民币的"元",英镑的"镑"等。货币作为价值尺度,可以衡量商品和劳务的价值,这项功能非常重要。

c.价值贮藏

货币作为价值贮藏手段,是一种超越时间的购买力的贮藏。它可以将我们取得收入的时间和支出时间分离开来,使我们的支出在时间上更具灵活性。因为我们大多数人都不希望在获得收入的时候立即消费,而是愿意在有时间或者更需要的时候再消费。

货币作为价值贮藏手段的优劣取决于物价水平。在通货膨胀比较严重的时期,货币价值迅速下降,持有货币的成本急剧上升,货币不再能够发挥价值贮藏手段的功能。所以,在通证设计中,某些情况下,不考虑货币的价值贮藏功能。

③货币的计量

货币被定义为在购买商品和劳务时能够被普遍承认和接受的东西,表明货币通过人们的行为来定义。因此,某种资产能否成为货币取决于人们是否相信它可以履行交易媒介或支付手段的功能。

作为货币资产应具备两个基本属性:流动性和稳定性。

资产的流动性即资产转化为交易媒介的难易程度及速度。资产的流动性是资产的变现速度和变现的交易成本的结合。

资产的稳定性即价值的稳定性,也即安全性。根据流动性和稳定性的不同可以大致将货币划分为:现金货币 M_0、狭义货币 M_1、广义货币 M_2。

一般把 M_0 确定为基础货币,广义货币 $M_2=M_1+$ 定期存款+储蓄存款,狭义货币 $M_1=M_0+$ 商业银行活期存款。

(2)货币流通速度的模型

①交易型的货币数量模型

原始货币数量论认为经济中货币需求量与所需满足的商品交易量成正比,用公式表示就是费雪方程式:

$$MV=PQ$$

其中 M 为货币数量,V 为货币流通速度,P 为商品价格,Q 为商品交易量。PQ 乘积即为某一时期内的商品交易额。由此可见,货币流通速度最早的定义乃是指年度内单位货币被使用的平均次数,因而又被称为货币交易流通速度。

②收入型货币数量模型

20 世纪 60 年代到 70 年代以弗里德曼为首的货币主义学派发展了货币数量论,新的货币数量论方程式如下:

$$MV=PY$$

其中PY指名义货币收入,伴随这一转变货币流通速度亦有了新的含义:一定时期内单位货币周转(这里所指的周转包括再生产的全过程)的平均次数。因而又被称为货币收入流通速度。

从上述模型可以看出,两种货币数量模型在原理上基本统一。它们的区别主要在于前者是以货币作为交易手段的职能来解释货币流通速度,而后者则是从货币贮藏手段(永久性收入)的职能来解释。根据货币均衡理论,货币市场均衡的条件为$M_s = M_d$,所以货币的流通速度V和货币的供给量具有直接的关系。

众所周知,M_2是由M_1和准货币(M_2-M_1)构成的,其中M_1对应货币的交易职能,准货币对应货币的贮藏职能。把二者加以综合,可以得出货币流通速度的一般公式为

$$M_2 V = GDP$$

(3)宏观经济变量

主要宏观经济变量包括:国民生产总值、国内生产总值、消费量、投资量、储蓄率、货币供应量、政府预算、失业率、通货膨胀率、利率、汇率等。利用这些表示经济活动特点的概况性指标,经济学家能够对宏观经济变动的大致轮廓给以描述和分析。

①国内生产总值(gross domestic products,GDP)

国内生产总值是国民收入账户的核心概念,它度量一定时期(通常是一个季度或一年)内,一国经济生产的最终产品和服务的市场价值总和。

②国内生产净值(net national products,NNP)

国内生产净值等于国内生产总值减去固定资产折旧。

固定资产折旧不是新创造的价值,而是以前创造的价值在生产过程中所发生的价值转移。因此,从理论上讲,与GDP或GNP相比,NNP是更为可取的反映一定时期生产活动最终成果的总量指标。然而,由于折旧占GDP或GNP比例一般来说相对稳定,用GDP或GNP与NNP在表示经济活动总量的变动时,差别不大,人们一般更习惯采用GDP或GNP概念。

③国民收入(national income,NI)

广义国民收入泛指GDP、GNP等经济活动总量。宏观经济学中"国民收入核算""国民收入决定"指广义国民收入。

(4)宏观经济政策

①货币政策工具及其作用

货币政策是中央银行实施的通过改变货币供应量和信用条件来影响总需求的政策。主要的货币政策工具有：公开市场业务、再贷款与再贴现、存款准备金、窗口指导。

a.扩张性与紧缩性货币政策

扩张性货币政策是促使货币供给量上升或利率下降的货币政策。

积极的货币政策指的是在总需求不足时采用的策略。货币供给量上升、利率下降，将导致居民消费需求和投资需求的上升。

紧缩性货币政策指的是促使货币供给量下降或利率上升的货币政策。该政策通常是在总需求超过总供给、经济过热的形势下使用，效果表现为总需求水平下降，从而抑制经济过热。

b.公开市场操作

公开市场操作是指通过买进或卖出债券来增加或减少货币供给量的操作。如认为总需求过大和经济过热，需要减少货币供应量，则央行可以在市场上出售债券以回笼货币。

商业银行向央行购买100万元的债券，并以支票兑现，则意味着它在中央银行的储备减少了100万元。这意味着基础货币供给减少了100万元，实际货币供应量减少等于基础货币改变量除以准备金率或乘以准备金率的倒数。如准备金率为1/10，则实际货币供应量减少量等于100万元乘以10即1000万元。

如认为金融市场资金短缺，经济总需求不足，因而需要扩大货币供给量时，央行就买进债券以增加基础货币。

当中央银行通过公开市场从一家或若干家银行买进债券时，实际上它对商业银行开具了一张支票。得到支票的银行要求中央银行解付，中央银行就将该笔付款记入相关银行在中央银行的准备金账户，从而增加了准备金规模，银行可以依据准备金率扩大贷款规模，货币供给量得以增加。

在多数发达国家，公开市场操作是中央银行吞吐基础货币，调节市场流动性的主要货币政策工具，通过中央银行与指定交易商进行有价证券和外汇交易，实现货币政策调控目标。

c.再贷款与再贴现

中央银行通过再贷款与再贴现，向商业银行提供资金。

再贷款指的是中央银行为解决商业银行的资金头寸不足而对其发放的贷款。

再贴现指的是金融机构为了取得资金，将未到期的已贴现商业汇票再以贴现方式向中央银行转让票据的行为，是中央银行的一种货币政策工具。

商业银行资金短缺时，中央银行通过再贷款与再贴现向商业银行提供资金。反之，流动性过剩时，中央银行通过收紧再贷款与再贴现减少向商业银行提供的资金。

中央银行还可以提升或者降低再贷款利率或再贴现利率来表达政策意向。

d.存款准备金

存款准备金，是指金融机构为保证客户提取存款和资金清算需要而准备的资金，金融机构按规定向中央银行缴纳的存款准备金占其存款总额的比例就是存款准备金率。

存款准备金制度，是在中央银行体制下建立起来的，美国最早以法律形式规定商业银行向中央银行缴存存款准备金。

存款准备金制度的初始作用，是保证存款的支付和清算，之后才逐渐演变成为货币政策工具。中央银行通过调整存款准备金率，影响金融机构的信贷资金供应能力，从而间接调控货币供应量。

央行通过调整法定存款准备金率来改变货币供应量。

中央银行认为需要收紧货币供给时，它可以提高存款类金融机构存款准备金率，比如2007年自1月5日起，中国人民银行一年内十次提高存款准备金率,从9.5%提高到14.5%。商业银行需要依据新比率调整信贷规模,整个银行体系的存款、信贷规模和货币供给量都会缩减。于是,利率上升,信用条件紧缩,投资下降,总需求减少。

反之,降低法定存款准备金率,使得银行更有可能扩大贷款规模,从而有助于扩大货币供给量,刺激总需求。

②财政政策工具及其作用

财政政策是通过改变政府财政收入和支出来影响总需求的政策。财政政策的主要工具:财政预算、政府支出、税收、国债等。

A.财政预算是财政政策手段中的基本手段,它全面反映国家财政收支的规模和平衡状况,综合体现各种财政手段的运用结果,制约着其他资金的活动。

B.政府支出

政府支出有两类,一是购买性支出,二是转移性支出。

购买性支出是总支出的一部分,其变动直接影响总需求。

其他条件相同时,政府购买性支出上升将会导致均衡产出的提高。通过增加政府财政支出以提高总需求的政策,被称为扩张性财政政策(pro-active fiscal policy)。

政府购买性支出下降将导致均衡产出的下降。其目标在于抑制总需求水平,所以被称为紧缩性财政政策(tight fiscal policy)。

a.购买性支出的挤出效应

政府支出的增加,一方面直接导致对于私人投资的替代,另一方面通过利率中介变动导致私营部门支出降低。

由于存在挤出效应,政府支出增加带来的总需求和均衡产出水平上升,要比利率不变情形下的作用显著减小。显然,挤出效应越大,财政政策效果越弱,反之亦然。

b.转移性支出

政府转移性支出的支付对象大都是收入较低居民,而低收入阶层通常消费倾向较高。因此,转移性支付一般也能对总支出产生影响。在其他条件不变时,转移性支出上升将增加居民消费;反之,转移性支出下降将导致总需求下降。

转移性支出对总需求的影响是通过转移性支出的支付对象（即居民）的消费倾向发生作用，因而作用具有间接性。转移性支出的主要政策目标是实现公平和提供社会安全网，调节短期需求是次要的考虑。

C．国债

政府通过发行国债，增加政府财政收入，为财政赤字融资，减少总需求。国债的利率对于市场利率有一定的引导作用。现在稳定币的设计方案当中有一种类似发放国债的方案，用于引导市场行为，保证币价稳定。

D．税收

政府还可以通过调整税收来实施财政政策。

在政府支出水平不变的条件下，降低税率和减少税收，一方面能够为居民留下更多可支配收入，提升居民消费需求；另一方面使厂商收益提高，刺激投资需求，因而从消费和投资两方面拉动总需求来增加均衡产出。

反之，在政府支出水平不变的前提下，提高税率和增加税收，则会降低居民消费和厂商投资需求，从而减少总需求。

税收相当于公链当中的 Gas 费。

（5）通货膨胀与通货紧缩

一般价格水平的持续上升被称为通货膨胀。

①通货膨胀的货币供求论解释

货币供求论认为，货币像其他商品一样，当货币的供应超过了对于货币的需求时，货币就会贬值。

货币供求均衡：货币的供给有其特殊性，只能由中央银行决定，因此在图像上表现为一条垂直的供给曲线。而货币的需求由市场决定，表现为一条正常的需求曲线。

在货币需求没有改变的条件下，增加货币供给，将导致供给曲线外移，均衡利率下降，即通货膨胀。

②通货膨胀的货币数量论解释

货币数量论（quantity theory of money）指的是：

给定货币流通速度大体不变或趋势比较平稳的条件,长期来看,货币供给量与价格水平成正比例关系。

货币数量论认为,货币供给量决定了物价水平,因而货币量增长是通货膨胀的主要原因。现代货币学派代表人物弗里德曼有一句名言:"通货膨胀永远而且到处是一种货币现象。"

从货币数量角度解释价格变动的一个前提是假定货币流通速度大体稳定。这一假定符合实际与否,经济学家对此进行了大量实证研究。结果表明,各国不同时期货币流通速度有的确实比较稳定,有的虽然存在长期下降趋势,但是短期内波动不大。

③经济货币化

经济货币化,指以货币作为交易媒介的经济活动在整个经济活动中所占的比例逐渐提高。

过去 40 多年中国经济高速增长,同时经历体制转型。货币的供给,既要满足真实产出和价格上升对媒介手段的需要,还要满足经济货币化进程对货币额外增加的需要。仅看名义 GDP 增幅与货币增幅关系,就会发现二者出现越来越大差距,形成货币流通速度下降现象。

未来,会像经济货币化一样,证券将实现通证化。

④通货膨胀的种类

根据通货膨胀成因,可以分为四类:

a.需求拉动型

总需求迅速上升,导致供不应求。

b.成本推进型

成本提高,推动价格上涨。

c.结构调整型

产业结构、产品结构调整带来商品价格的上涨。

d.外部传递型

国际商品价格上涨,带动国内同类商品价格的上涨。

⑤通货紧缩

当市场上流通货币减少,人们的货币所得减少,购买力下降,物价下跌,造成通货紧缩。长期的货币紧缩会抑制投资与生产,导致失业率升高及经济衰退。

对于通货紧缩的含义,在国内外还没有统一的认识,从争论的情况来看,大体可以归纳为以下三种观点:

第一种观点认为,通货紧缩是经济衰退的货币表现,因而必须具备三个基本特征:

一是物价的普遍持续下降;二是货币供给量的连续下降;三是有效需求不足,经济全面衰退。这种观点被称为"三要素论"。

第二种观点认为,通货紧缩是一种货币现象,表现为价格的持续下跌和货币供给量的连续下降,即所谓的"双要素论"。

第三种观点认为,通货紧缩就是物价的全面持续下降,被称为"单要素论"。从上面的介绍可以看出,尽管对通货紧缩的定义仍有争论,但对于物价的全面持续下降这一点却是有共识的。

在通证设计时,为了促使通证升值,往往采用通货紧缩模型。该模型使得通证购买力上升,相对而言即是生态物价全面下降(生态内商品和服务相对通证而言,物价下降;相对于法币而言,物价上涨)。

如果把区块链项目生态比作一个国家经济体,那么显而易见,通缩模型将会带来生态的经济衰退。这个问题一直以来是诸多区块链项目的致命缺陷。为解决这一缺陷,越来越多的新区块链项目采用双通证模型,以稳定币来构建通货膨胀模型,促进生态繁荣。

2.2 博弈论

博弈论(game theory)是一门研究如何做决策的学科。具体来说,博弈论研

究的是决策主体的行为在直接相互作用时,如何进行决策,以及这种决策如何达到均衡的问题。

博弈论既是现代数学的一个新分支,也是运筹学的一个重要学科。博弈论主要研究公式化了的激励结构间的相互作用,是研究具有斗争或竞争性质现象的数学理论和方法。博弈论考虑博弈中的个体的预测行为和实际行为,并研究它们的优化策略。

博弈论已经成为经济学的标准分析工具之一。在生物学、经济学、国际关系、计算机科学、政治学、军事战略和其他很多学科都有广泛的应用。生物学家使用博弈理论来理解和预测进化论的某些结果;各国外交家们利用博弈论制定外交策略;经济学家利用博弈论设计经济体制和政策等。

区块链杀手级应用比特币就是基于博弈论建立的。比特币的挖矿机制建立了一个从利己角度出发,保证合作的利益比背叛的利益要高的机制。博弈论可以广泛应用在通证设计当中。

我们知道,矿工在最长链挖矿成功,可以获得比特币的奖励。如果矿工在其他的小链挖矿,就会造成分叉,甚至可以发动攻击去篡改最长的链。但如果要达成目的,需要51%的算力才能更改主链,在如今的比特币网络中,这样的经济成本巨大。同时,社区也可能会不承认这笔交易,导致攻击失败。因此,权衡之下,所有人都安分守己地在最长的链上挖矿了。

比特币利用博弈论建立的激励机制可以让互相不认识,互相不信任的矿工做出有利于整个网络的选择。

我们要进行通证设计,必须了解博弈论的知识。

(1)基本要素

①局中人:在一场竞赛或博弈中,每一个有决策权的参与者称为一个局中人。只有两个局中人的博弈现象称为"两人博弈",而多于两个局中人的博弈称为"多人博弈"。

②策略:一局博弈中,每个局中人都有实际可行的完整的行动方案,即方案不是某阶段的行动方案,而是指导整个行动的方案,局中人可行的自始至终全

局筹划的行动方案,称为该局中人的策略。如果在一个博弈中局中人总共有有限个策略,则称为"有限博弈",否则称为"无限博弈"。

③得失:一局博弈结局时的结果称为得失。每个局中人在一局博弈结束时的得失,不仅与该局中人自身所选择的策略有关,而且与全局中人所取定的一组策略有关。所以,一局博弈结束时每个局中人的"得失"是全体局中人所取定的一组策略的函数,通常称为支付(payoff)函数。

④对于博弈参与者来说,存在着一个博弈结果。

⑤博弈涉及均衡:均衡是平衡的意思,在经济学中,均衡意即相关变量处于稳定值。在供求关系中,某一商品市场如果在某一价格下,想以此价格买此商品的人均能买到,而想卖的人均能卖出,此时我们就说,该商品的供求达到了均衡。所谓纳什均衡,它是一种稳定的博弈结果。

(2) 博弈类型

博弈的分类根据不同的基准也有不同的分类。

一般认为,博弈主要可以分为合作博弈和非合作博弈。合作博弈和非合作博弈的区别在于相互发生作用的局中人之间有没有一个具有约束力的协议,如果有,就是合作博弈,如果没有,就是非合作博弈。

从行为的时间序列性,博弈论进一步分为静态博弈、动态博弈两类:

静态博弈是指在博弈中,局中人同时选择或虽非同时选择但后行动者并不知道先行动者采取了什么具体行动;动态博弈是指在博弈中,局中人的行动有先后顺序,且后行动者能够观察到先行动者所选择的行动。通俗的理解为:"囚徒困境"就是同时决策的,属于静态博弈;而棋牌类游戏等决策或行动有先后次序的,属于动态博弈。

按照局中人对其他局中人的了解程度分为完全信息博弈和不完全信息博弈。完全信息博弈是指在博弈过程中,每一位局中人对其他局中人的特征、策略空间及收益函数有准确的信息。如果局中人对其他局中人的特征、策略空间及收益函数信息了解得不够准确,或者不是对所有局中人的特征、策略空间及收益函数都有准确的信息,在这种情况下进行的博弈就是不完全信息博弈。

经济学家所谈的博弈论一般是指非合作博弈,由于合作博弈论比非合作博弈论复杂,在理论上的成熟度远远不如非合作博弈论。非合作博弈又分为:完全信息静态博弈、完全信息动态博弈、不完全信息静态博弈、不完全信息动态博弈。

与上述四种博弈相对应的均衡概念为:纳什均衡(Nash equilibrium)、子博弈精炼纳什均衡(sub-game perfect Nash equilibrium)、贝叶斯纳什均衡(Bayesian Nash equilibrium)、精炼贝叶斯纳什均衡(perfect Bayesian Nash equilibrium)。

博弈论还有很多分类,比如:按博弈进行的次数或者持续长短可以分为有限博弈和无限博弈;按表现形式也可以分为一般型(战略型)或者展开型;按博弈的逻辑基础不同又可以分为传统博弈和演化博弈。

(3)纳什均衡

纳什均衡,又称为非合作博弈均衡,是博弈论的一个重要术语,以约翰·纳什命名。

纳什均衡指的是在一个博弈过程中,无论对方的策略选择如何,局中人一方都会选择某个确定的策略,则该策略被称作支配性策略。如果两个博弈的局中人的策略组合分别构成各自的支配性策略,那么这个组合就被定义为纳什均衡。在一策略组合中,所有的局中人面临这样一种情况,当其他人不改变策略时,他此时的策略是最好的。在纳什均衡点上,每一个理性的局中人都不会有单独改变策略的冲动。

以下用三个经典案例说明:

①囚徒困境

囚徒困境是一个非零和博弈,指的是两个嫌疑犯甲和乙私入民宅联手作案,被警方逮捕但未获证据。警方于是将两个嫌疑犯分开审讯。警官分别告诉两个囚犯,如果你招供,而对方不招供,则你将被判刑3个月,对方将被判刑10年;若两人都不招供则因未获证据但私入民宅将各拘留1年;如果两人均招供,每人将被判刑5年。于是,两个人同时陷入招供还是不招供的两难处境。结果是,尽管甲不知乙是否招供,但他认为自己选择"招供"最好,因而甲会选择"招供",同样乙也会选择"招供",两人各判5年。而两人都选择不招供,虽证据不足但因私入民宅将各拘留1年的结果是不会出现的。

表2.1 囚徒困境

策略		囚犯甲	
		招供	不招供
囚犯乙	招供	判刑5年	甲判刑10年;乙判刑3个月
	不招供	甲判刑3个月;乙判刑10年	判刑1年

在上述囚徒困境例子中,两个囚犯符合自己利益的选择是坦白招供。这种两人都选择坦白的策略因此被判刑五年的结局就是"纳什均衡"。

② 智猪博弈

经济学中的"智猪博弈"讲的是:假设猪圈里有一头大猪、一头小猪。猪圈的一头有猪食槽,另一头安装着控制猪食供应的按钮,按一下按钮会有10个单位的猪食进槽,但是按按钮者在去往食槽的路上会有2个单位猪食的体能消耗。

若大猪先到槽边,大小猪吃到食物的收益比是9∶1;同时行动(去按按钮),收益比是7∶3;小猪先到槽边,收益比是6∶4。那么,在两头猪都有智慧的前提下,最终结果是小猪选择等待。

"智猪博弈"由纳什于1950年提出。实际上小猪选择等待,让大猪去按控制按钮,而自己选择"坐船"(或称为搭便车)的原因很简单:在大猪选择行动的前提下,小猪选择等待的话,小猪可得到4个单位的纯收益,而小猪行动的话,则仅仅可以获得大猪吃剩的1个单位的纯收益,所以等待优于行动。在大猪选择等待的前提下,小猪如果行动的话,小猪的收入将不抵成本,纯收益为-1单位;如果小猪也选择等待的话,那么小猪的收益为0,成本也为0。总之,选择等待要优于选择行动。

用博弈论中的收益矩阵可以更清晰地刻画出小猪的选择,见表2.2:

表 2.2 智猪博弈

策略		小猪	
		行动	等待
大猪	行动	5,1	4,4
	等待	9,−1	0,0

从矩阵中可以看出：

大猪选择行动的时候，小猪如果行动，其收益是1。

大猪选择行动，小猪等待的话，小猪收益是4。

大猪选择等待的时候，小猪如果行动的话，其收益是−1。

大小猪都等待的话，大小猪收益都是0。

综合来看，无论大猪是选择行动还是等待，小猪的选择都将是等待，即等待是小猪的占优策略。

③美女的硬币

一位陌生美女主动过来和你搭讪，并邀请你一起玩抛硬币游戏。美女提议："让我们各自亮出硬币的一面，或正或反。如果我们都是正面，那么我给你3元，如果我们都是反面，我给你1元，剩下的情况你给我2元就可以了。"听起来不错的提议。如果你是男性，无论如何你是要玩的，不过我们站在经济学的角度进行分析，这个游戏真的够公平吗？博弈结果如表2.3所示。

表 2.3 美女的硬币

绅士或美女	女正面	女反面
正面	3,−3	−2,+2
反面	−2,+2	1,−1

假设我们出正面的概率是 x，反面的概率是 $1-x$。为了使利益最大化，应该在对手出正面或反面的时候我们的收益都相等，不然对手总是可以改变正反面出现的概率让我们的总收入减少，由此列出方程就是 $3x+(-2)\times(1-x)=(-2)\times x+1\times(1-x)$。

这个方程通俗地说就是在对手一直出正面你得到的利益和对手一直出反面你得到利益是一样的且最大。解方程得 $x=3/8$，也就是说平均每 8 次出示 3 次正面，5 次反面是我们的最优策略。而将 $x=3/8$ 代入到收益表达式 $3×x+(-2)×(1-x)$ 中就可得到每次的期望收入，计算结果是 $-1/8$ 元。

同样，设美女出正面的概率是 y，反面的概率是 $1-y$，列方程 $-3y+2(1-y)=2y+(-1)×(1-y)$。

解得 y 也等于 3/8，而美女每次的期望收益则是 $2(1-y)-3y=1/8$ 元。这告诉我们，在双方都采取最优策略的情况下，平均每次美女赢 1/8 元。其实只要美女采取了 (3/8,5/8) 这个方案，不论你再采用什么方案，都是不能改变局面的。如果全部出正面，每次的期望收益是 $(3+3+3-2-2-2-2-2)/8=-1/8$ 元。如果全部出反面，每次的期望收益也是 $(-2-2-2+1+1+1+1+1)/8=-1/8$ 元。而任何策略无非只是上面两种策略的线性组合，所以期望收益还是 $-1/8$ 元。但是当你也采用最佳策略时，至少可以保证自己输得最少。否则，你肯定就会被美女采用的策略套牢，从而赔掉更多。

（4）Fomo 3D 与"1 美元拍卖实验"

曾经火爆一时的 Fomo 3D 游戏玩法设计的理论基础是著名博弈论专家马丁·舒比克的"1 美元拍卖实验"。

一张 1 美元钞票，竟然能够拍卖出 66 美元，谁会相信呢？但事实却不止一次出现了。而且，这张 1 美元钞票，既不具有由于错版而导致的意外收藏价值，又不具有特殊的历史纪念意义。

这个拍卖案例由著名博弈论专家，耶鲁大学教授马丁·舒比克所设计，并在很多场合做了实验。

在大学课堂上，教授马丁·舒比克拿出 1 张 1 美元钞票，请大家给这张钞票开价，每次叫价的增幅以 5 美分为单位，出价最高者得到这张 1 美元，但出价最高和次高者都要向教授支付出价数目的费用。

这样别开生面的美元拍卖引起了大家浓厚的兴趣。"10 美分"，人群中有人出价。"15 美分"，"20 美分"，"30 美分"……叫价之声此起彼伏。当叫价喊出

"50美分"时,节奏逐渐慢了下来,只有几个人继续叫价。

最后,全场只剩下彼得和马克还在叫价。"95美分",彼得叫出了最新出价。"100美分",马克立刻做出回应。拍卖人看了看彼得,只见彼得毫不犹豫地喊出了"105美分"。这时,马克咬咬牙,叫出了"205美分",然后默默地盯着彼得,眼神里流露出希望彼得退出的神情。彼得迟疑半晌,无可奈何地退出了竞价。

拍卖的结果是马克以205美分获得那张100美分大钞,净损失105美分;彼得付出了105美分,但什么也没得到。教授从马克和彼得那里得到支付总和310美分,除去1美元作为成本,净赚210美分。

值得思考和分析的是,在这番博弈当中,当马克叫出100美分时,为什么彼得还要叫出105美分呢?这是因为如果彼得不叫出105美分,那么钞票归马克,彼得什么都得不到却要付出95美分的代价,而叫出105美分如果能获得100美分钞票,则净损失只有5美分。那么,马克为什么又叫出了205美分,而不是叫出110美分呢?这是因为马克已经明白滑入了陷阱,被迫决定付出一个沉重代价来结束这场拍卖,从而避免更大的损失。为什么叫出205美分可以终止拍卖呢?这是因为,在这个价格上,如果彼得继续喊价,则至少需要喊210美分,这样彼得以210美分获得那1美元钞票,也相当于净亏损110美分;而彼得如果不继续喊价而退出,则他虽然得不到1美元,却只需要付出105美分。

因此,理性的彼得将不会继续叫价,从而马克通过一个沉重的代价即净损失105美分来结束了拍卖,以避免更大的损失。但是,在彼得喊出95美分时,马克怎么不退出呢?这是因为此时马克仍然存在侥幸心理,希望自己喊出100美分时令彼得退出,这样自己的亏损就是0美分而不是90美分。但是,彼得这时也无法停下来,因为他停下来就会亏损95美分,不如叫出105美分获得1美元,这样就只会亏损5美分。

结果,两人都可能持续抬高价格,希望以此迫使对手退出,从而减少自己的损失。但是,他们很快就发现越是抬高价格就越是让双方付出沉重代价,而最终必须要由获胜的一方付出沉重代价来结束这场博弈。在这里,马克还算比较明智,他发现自己越陷越深,就果断地在205美分的价格上停止继续竞价。

实际上,在这场拍卖中,最好的策略就是不参加。因为一旦参加就意味着必然付出成本了，这时人们就很想通过击退对手来减少自己损失甚至获得好处。但是，其实对方也会这样想，于是价格就持续抬高而难以控制。这如同一个沼泽陷阱，滑落其中越是挣扎就陷得越深，结果是不能自拔。

在1美元拍卖的多次实验中，研究者发现：最初人们的出价也许只是觉得有趣，但是随着价格的攀升，人们逐渐意识到掉入了一个陷阱，但已经难以全身而退；这时候就试图通过继续加价来迫使对手退出，但每个人都这么想，结果价格不断攀升；最后，当价格非常高时，竞争者变得焦虑不安，并且深深后悔，觉得自己很荒唐，但是已经难以自拔。这正是人类在很多现实状态下心理的一个折射。例如，有的人只是想体验乐趣而参加赌博，结果不幸输了一些钱，于是又继续加注希望在下一局赢回来，但结果是越赌越输，越输就越想从赌博中捞回，进入恶性循环状态，直至最后输得精光。

1美元拍卖在哈佛大学、耶鲁大学等高校进行了多次实验，最终的报价在20美元到66美元之间。以远远大于1美元的代价去竞买1美元似乎不是明智之举，但假设这些名校的学生是傻瓜，恐怕也不具有说服力。

现实生活中有很多"1美元拍卖"的事例。或许现在就有不少人正在为"1美元拍卖"在认真地报价，为的可能就是博取区区"1美元"的胜利。学生为了获得硕士、博士的入学资格，历经多次名落孙山，可能为此耗费了大量的时间与金钱；一些人为了追逐区区名利，往往花费数倍代价而乐此不疲，当其实现了孜孜以求的目标时，却失去了更为重要的机会。

2.3 机制设计

机制设计理论是研究在自由选择、自愿交换、信息不完全及决策分散化的条件下，能否设计一套机制（规则或制度）来达到既定目标的理论。

机制设计是微观经济学和博弈论的一个子领域，由2007年的诺贝尔经济学奖得主、俄裔美国经济学家莱昂尼德·赫尔维茨（Leonid Hurwicz）最先提

出。机制设计的目标由一个社会选择函数来定义。给定参与人的类型,该函数选择最优的结果。机制设计问题是试图实施一个博弈规则,以实现社会选择函数的解。如果把区块链项目生态比作一个微型社会,那么机制设计理论可以很好地应用到通证设计当中。

概括地说,经济机制理论所讨论的问题是,对于任意给定的一个经济或社会目标,在自由选择、自愿交换的分散化决策条件下,能否并且怎样设计一个经济机制(即制定什么样的法律、法规、政策条例、资源配置等规则)使得经济活动参与者的个人利益和设计者既定的目标一致。设计者可以成为整个经济社会的制度设计者,他的目标是社会目标,小到只有两个参与者的经济组织管理的委托人,他的目标是自己的最优利益。

经济机制理论包括信息理论和激励理论,并用经济模型给出了令人信服的说明。经济机制理论的模型由四部分组成:a.经济环境;b.自利行为描述;c.想要得到的社会目标;d.配置机制(包括信息空间和配置规则)。

机制设计理论主要解决两个问题:一是信息成本问题,即所设计的机制需要较少的关于消费者、生产者以及其他经济活动参与者的信息和信息运行成本。二是机制的激励问题,即在所设计的机制下,使得各个参与者在追求个人利益的同时能够达到设计者所设定的目标。在很多情况下,讲真话不满足激励相容约束,在别人都讲真话的时候,必然会有一个人,他可以通过说谎而得到好处。

任何机制设计,都必须考虑激励问题。我们要实现某一个目标,首先要使这个目标是在技术可行性范围内;其次,我们要使它满足个人理性,即参与性。如果一个人不参与你提供的博弈,因为他有更好的选择,那么你的机制设计就是虚设的;最后,它要满足激励相容约束,要使个人出于自利目的自愿实现制度的目标。

在通证设计中,激励问题是一个核心问题。我们必须依照机制设计理论,制定一套能够真正调动每一位参与者参与动力的激励机制,这样才能促进区块链项目生态发展和繁荣。

（1）贝叶斯机制

贝叶斯机制是依照贝叶斯博弈设计的机制。贝叶斯博弈指的是博弈局中人对于对手的收益函数没有完全信息（incomplete information），因此贝叶斯博弈也被称为不完全信息博弈。

在约翰·海萨尼的研究框架下，我们可以将 A 作为一个局中人引入贝叶斯博弈中。A 将一个随机变量赋予每个局中人。这个随机变量决定了该局中人的类型，并且决定了各个类型出现的概率或是概率密度函数。在博弈进行过程中，根据每个局中人的类型空间所赋的概率分布，A 替每个局中人随机地选取一种类型。海萨尼的这一方法将贝叶斯博弈从不完全信息转化为不完美信息。局中人的类型决定了该局中人的收益函数。

（2）激励相容

什么是激励相容呢？我们知道，现代经济学的一个基本假定是每个人在主观上都追求个人利益，按照主观私利行事。机制设计理论在信息不完全的情况下将该假定进一步深化，认为除非得到好处，否则参与者一般不会真实地显示有关个人经济特征方面的信息。

赫尔维茨（1972）给出了著名的"真实显示偏好"不可能性定理，他证明了即使对于纯私人商品的经济社会，只要这个经济社会中的成员的个数是有限的，在参与约束条件下（即导致的配置应是个人理性的），不可能存在任何分散化的经济机制（包括竞争市场机制）能够在新古典类经济环境下导致帕累托最优配置并使每个人有动力去真实报告自己的经济特征。当经济信息不完全并且不可能或不适合直接控制时，人们需要采用分散化决策的方式来进行资源配置或做出其他经济决策。这样，在制度或规则的设计者不了解所有个人信息的情况下，他所要掌握的一个基本原则，就是所制定的机制能够给每个局中人一个激励，使局中人在最大化个人利益的同时也达到了所制定的目标。这就是机制设计理论的激励相容问题。

具体来说，激励相容就是假定机制设计者（委托人）有某个经济目标作为社会目标，比如资源帕累托最优配置、社会福利最大化或者是某个经济部门或企业主追求的目标。设计者要考虑的是采用什么样的机制或者制定什么样的游戏规则就能保证在局中人参与，并且满足个人自利行为假定的前提下，激励局中人(包括企业、家庭、政府等)实现这个目标。

很显然，机制设计理论提出的激励相容概念是非常重要的。因为个人利益与社会利益不一致是一种常态，并且信息不完全、个人自利行为下隐藏真实经济特征的假定也是符合现实的。

赫尔维茨从一般意义上证明了在个人经济环境中，在参与性约束条件下(即导致的配置应是个人理性的)，不存在一个有效的分散化的经济机制(包括市场竞争机制)能够导致帕累托最优配置，并使人们有动力去显示自己的真实信息。也就是说，真实显示偏好和资源的帕累托最优配置是不可能同时达到的。因而在机制设计中，要想得到能够产生帕累托最优配置的机制，在很多时候就必须放弃占优均衡假设，这也决定了任何机制设计都不得不考虑激励问题。

由此，激励相容成为机制设计理论，甚至是现代经济学的一个核心概念，也成为实际经济机制设计中一个无法回避的重要问题。如果做一个简单的概括，机制设计理论就是在把机制定义为一个信息交换系统和信息博弈过程之后，把关于机制的比较转化成对信息博弈过程均衡的比较。

我们以一个军队的案例通俗地说明激励相容问题：

在战争中，将军与士兵的目标既有一致的地方，也有相异之处。打赢战争，减少伤亡，是将军与士兵的共同愿望。相异之处在于目标的排序：将军以赢得战争为第一，减少伤亡为第二，而士兵则以自身安全为第一，赢得战争为第二。

此类问题也存在于企业或其他类型的组织中，例如在目标排序上，经营者阶层视企业生存和长期发展为第一目标，将员工收入和脑体力支出列为其次，而员工的目标排序则与此相反，将自己收入的提高和安逸甚至是"偷懒"视为第一，将企业长期发展视为第二。军队是一个特殊的组织，存在于其中的目标冲突及解决办法，企业或其他类型的组织也可以借鉴。

一支军队作为一个整体，在战争中只有人人向前，英勇奋战，不避艰险，不畏牺牲，才能赢得胜利，减少伤亡。只有这样，才能从总体上既满足将军的目的,也符合士兵的愿望。因此,从战争的总体目标出发,人人都应该奋勇向前才是。但从士兵的角度看,一马当先或奋勇向前则意味着自己不伤即亡,若伤亡在即,胜利于我何益?况且作为个体,士兵只能控制自己的战斗行为:如果我往前冲,别人向后撤,则我亡人存;如果我往后撤,别人也往后撤,全员皆退,那就要比比脚下的功夫,看谁撤得快。所以作为个体,一个理性的选择是:他人在前我在后,他人先冲我后上;他人迟疑不前,我就悄悄地开溜;如果大家都想溜,我就捷足先溜。如果人人都持定这样的想法,则兵将均亡,满盘皆输,个人的理性选择招致了集体的灾难。为解决这一矛盾,军队开出的药方与其他组织并无二致,即赏罚并用。规范地说,是正激励与负激励措施相结合,差异只在于表现形式不同。

①正向激励

战前及战争中的鼓动作用是非常重要的。我国古代作战最讲求士气的调动,就是说除了战争的硬件条件外,还要注重软件建设,即重视战争主体——人的作用,所谓"一鼓作气"说的就是这个道理。在毛泽东的政治军事思想体系中,人在战争中的作用被提升到了一个极为重要的地位,如战争胜利愿景的描绘,军队中设立政治委员,支部建在连上,强调政治思想工作,强调政治宣传的作用,注重政治思想觉悟的提高,战前动员大会,爱国主义教育,战前忆苦和讨伐声势的营造等,凡此种种,无不在他运筹帷幄的战争艺术中,被发挥得淋漓尽致。

战后奖励的形式更多,如表彰英雄、按功行赏、加官晋级、抚慰战争遗孤等。军队中的各级长官都或多或少地享有一些特权,从某种程度上说,这些特权也扮演着正激励的作用。因为升迁与否,是与战争绩效紧密挂钩的,况且,升迁之后,在战争中伤亡的可能性就会大大降低。这与士兵减少伤亡,打赢战争的目标排序是吻合的。

②负向激励

体罚、打骂是一种较为常见的负向激励形式。古代军队中的割耳、鞭笞、差遣苦役等,现代军队中的批评、教育、警告、记过、关禁闭等,都是负向激励措施。死刑是负向激励的最高形式,古今中外的军队都设有不同形式的督战队,对逃逸和开小差的士兵,都无一例外地施以极刑。所以,开溜的想法是断不可有的,只能奋勇向前;左右都是一死,何不来得壮烈些,或许还会福荫家人。

"置之死地而后生",是一种将正负最高激励形式都演绎到极限的一种战法。它为全军模拟了一种死期逼近的环境,生机只在奋勇向前。但此法的适用条件较为苛刻,一旦失败,战争成本较高。

"置之死地而后生"的战法原理既适用于组织,也适用于个人。有人考托福雅思,不惜大事张扬,搞得全单位人人知晓,既拉开了一种不成功决无退路的架势,也巧逼单位提供种种备考的便利,可谓一举两得;也有的人,遮遮掩掩,生怕考不好辱没了声名,无颜面对父老乡亲。相比较之下,前者将鼓足风帆,一路向前,而后者则欲步越趄,甚至中途见弃。

人们通常认为,军服或为草绿,或为米黄,或为迷彩,只是一种便于伪装的保护色而已。其实,军服也是一种区别敌友的标志。在战败之际,不同的服饰使溃散之敌暴露在光天化日之下,有利于对方识别、清剿。不胜则败,不进则亡,军服在溃败之际也发挥着一种负激励的作用。

军队作战只是一个极端的例子。在现实经济生活中此类现象可谓举目皆是,我们手中可以"驭人"的武器(正向激励和负向激励)也始终没有发生变化。不论我们在人生的舞台上扮演什么样的角色,领导者、老板、经理、中层干部,为人夫或为人妻,为人父母或为人师长,概莫能外,只是激励的形式和程度不同而已。

(3) 占优策略

每一个博弈中的企业通常都拥有不止一个竞争策略,其所有策略的集合构成了该企业的策略集。在企业各自的策略集中,如果存在一个与其他竞争对手可能采取的策略无关的最优选择,则称其为占优策略(dominant strategy),与之相对的其他策略则为劣势策略。

占优策略是博弈论中的专业术语,所谓的占优策略就是指无论竞争对手如何反应都属于本企业最佳选择的竞争策略。显然,在公司的商务竞争过程中,具有占优策略的一方拥有明显的优势,处于竞争中的主动地位。占优策略有时是显而易见的。

（4）VCG 机制与拍卖

VCG 机制指的是 Vickrey(1961)、Clarke(1971)和 Groves(1973)三篇文章中的观点形成的一系列机制。其中的拍卖机制可以很好地运用在通证的销售中。

VCG 机制分为以下三个部分：

①Vickrey 拍卖

Vickery 在 1961 年发表在 *Journal of Finance* 上的名为"Counter speculation, auctions and competitive sealed tenders"的文章中提出了 Vickrey 拍卖。

每个人的真实需求是很难"显示"出来的。比如吴亦凡的演唱会，如果采用统一价格，将有大量消费者剩余由消费者保留，如果小本特别喜欢吴亦凡，但是小聪不那么喜欢，假设票价为 500 元，那么很可能小本的心理价位是 800 元，而小聪的只有 600 元。如果以统一价格 500 元成交，那么小本的消费者剩余是 800－500＝300 元，小聪是 600－500＝100 元，但在统一价格下，这个真实的需求是无法显示出来的。

经济学上比较常用的办法就是拍卖。通过拍卖来揭示商品在每个人心中的真实价格，而通过不同的拍卖规则设计，也会达到不同的效果。

拍卖从大体分类上看，可以分为明拍和暗拍。以下是几种常见的拍卖方式：

a.英式拍卖（English auction）

英式拍卖也称公开拍卖，是一种增价拍卖。其形式是：在拍卖过程中，拍卖标的物的竞价按照竞价阶梯由低至高依次递增，当到达拍卖截止时间时，出价最高者成为竞买的赢家（即由竞买人变成买受人）。拍卖前，卖家可设定保留价，当最高竞价低于保留价时，卖家有权不出售此拍卖品。当然，卖家亦可设定无保留价，此时，到达拍卖截止时间时，最高竞价者成为买受人。

b.荷兰式拍卖（Dutch auction）

荷兰式拍卖亦称"减价式拍卖"，是一种特殊的拍卖形式。有不少区块链项目的通证销售时采用荷兰式拍卖。荷兰式拍卖是指拍卖标的的竞价由高到低依次递减直到第一个竞买人应价(达到或超过底价)时击槌成交的拍卖。减价式拍卖通常从非常高的价格开始,高得有时没有人竞价,这时,价格就以事先确定的降价阶梯,由高到低递减,直到有竞买人愿意接受为止。如有两个或两个以上竞价人同时应价时,转入增价拍卖形式。在大部分减价式拍卖中,实际上有许多竞价。因为减价式拍卖经常用于拍卖品具有多样品质的场合,如质量上的不同,第一个出价最高的竞买人可以买走全部物品,但往往只以最高价买走这些物品中最好的,然后拍卖继续,价格下降,当另有竞买人愿意接受竞价,他也有同样的选择,也是买走余下中最好的,然后拍卖又继续。在这种情况下,虽然竞买人大部分时间都沉默不语,但是在竞买者之间确实存在持续的竞争。

减价拍卖最大的优点在于:成交过程特别迅速,尤其是使用表盘式无声拍卖方式,使拍卖过程机械化、电子化,交易速度大大加快。但是,叫价递减过程往往导致竞买人坐等观望,企盼价格不断减低,因而现场竞争气氛不够热烈。

c.第一价格密封拍卖(first-price sealed auction)

第一价格密封拍卖是一种"密封"式拍卖,并且买方出价是同时性,而非序惯性;众多买方以书面投标方式竞买拍卖品,出价最高者将以其出价水平获取拍卖品。第一价格密封拍卖是多单位同质商品的拍卖,称作"歧视性拍卖",即不同单位的拍卖品由该单位的最高出价者以最高出价购买。在竞价过程中,竞买人不知道参加竞拍的总人数及标的价格,通常竞买人的报价往往会比自己的估价要稍低一些。

第一价格密封拍卖要求投标人数足够多,否则,就失去了"竞价"的基础,投标人的出价会低于真实价格。实际情况表明,竞价人越多,出价离真实的均衡价格越接近。

d.第二价格密封拍卖(second price sealed auction)

第二价格密封拍卖,即 Vickrey 拍卖,也叫次高价拍卖,属于第 K 高价暗拍拍卖的一种(当 $K=2$ 时即为此种方式),是 VCG 机制在拍卖中的一种现实应用。

在密封拍卖中,由出价最高的人来实际支付出价第二高者的价格。如 A、

B、C三人参与拍卖,A出10元,B出8元,C出5元,由于是密封拍卖,谁也不知道别人的出价,那么最后A胜出,但实际支付的是8元。这种机制比直接支付最高价格时,竞拍人更容易暴露自己的真实价格。这是在多次重复博弈的条件下进行的。假设A出10元,B出8元,A会赢得此次竞价,如果按照其出价来收费,会收取A 10元。当这一拍卖(即博弈)重复时,A会调整自己的出价,直到8.01元(假设精确到小数点后两位),此时可能会拍不到。假设又有一个局中人C加入,那么以此类推,C在不断调整后将会出价直至8.02元,市场的收入也就是8.02元。

为了避免此类探底行为的发生,可以采取另外一种方式:比如我们在A出10元,B出8元时,并不对获胜的A收10元,而是收取其下一名即B的出价8元,那么A就没有动力调低其出价了。那么当D加入时,就需要出价10元以上才可以赢得竞价,市场的收入也就变成了10元(不论D出价多少,我们都按其下一位即A的出价来收费)。这样的拍卖就叫作第二价格密封拍卖。在现实中,VCG机制的逻辑在搜索引擎和社交广告栏位的拍卖中经常会用到。

② 克拉克税

克拉克税是由克拉克(Clarke)在1971年发表在 *Public Choice* 上的名为 "Multipart pricing of public goods"文章中提出的。克拉克税是指对影响社会决策的关键人物征税的一种税制机制,所征税额等于该关键人物参与决策给其他人造成的净损失。虽然主要是用来处理公共品的可持续性和搭便车问题,但其机制,也可以使局中人主动揭示自己的真实类型。

再举刚才演唱会的例子:不同的是,克拉克税是用来解决公共品问题的。也就是说,变成了小本和小聪共同凑钱邀请吴亦凡来开演唱会,所以很明显也可以用于众筹。小本仍然认为演唱会门票值800元,小聪认为值600元,如果每个人出500元邀请,那么对小本来说,效用是800−500=300元,对小聪来说,效用是600−500=100元,但如果小本先报价,报800元,那么小聪只需要报200元就可以了,这也就是搭便车问题。克拉克税这时候就有用了,公众或者政府(在区块链中可以是基金会)对小聪说,由于你报的价格太低,使演唱会无法召开,于是要对你征税,所征的数额为小本的效用,即300元,显然此时小

聪是不愿意交的(当小聪的真实效用是－300元的时候,他就愿意交这个税,但考虑到吴亦凡的演唱会还是很好看的,所以这种情况基本上不存在)。于是他就会给出一个报价,使得自己不需要交克拉克税,又能更多地获得消费者剩余,此例中为1000－800＝200元。

③Groves机制

Groves机制由Theodore Groves 1973年在期刊 *Econometrica* 上发表的"Incentive in Teams"论文中提出。Groves机制解决这样一个问题:目标是从一个离散的结果集合中选择一个结果,以最大化所有参与人的总价值。Groves机制是分配有效率的和策略防护(strategy-proof)的。

2.4 管理心理学

管理心理学在西方又称为工业与组织心理学,是研究组织管理活动中人的行为规律及其潜在心理机制的一门学科。它属于心理学的研究范畴,是心理学的一个重要分支。

管理心理学中的激励理论对通证设计涉及的激励设计具有重要的指导意义。

激励理论是指通过特定的方法与管理体系,将员工对组织及工作的承诺最大化的过程。激励理论是关于如何满足人的各种需要、调动人的积极性的原则和方法的概括总结。激励的目的在于激发人的正确行为动机,调动人的积极性和创造性,以充分发挥人的智力效应,做出最大成绩。

(1)内容型激励理论

内容型激励理论,是指针对激励的原因与起激励作用的因素的具体内容进行研究的理论。这种理论着眼于满足人们需要的内容,即:人们需要什么就满足什么,从而激起人们的动机。

内容型激励理论重点研究激发动机的诱因。主要包括马斯洛的"需要层次理论"、赫茨伯格的"双因素论"和麦克利兰的"成就需要激励理论"、奥德弗的"ERG 理论"等。

①需要层次理论

亚伯拉罕·哈罗德·马斯洛(Abraham Harold Maslow)于1943年初次提出了"需要层次理论",他把人类纷繁复杂的需要分为生理的需要、安全的需要、友爱和归属的需要、尊重的需要和自我实现的需要五个层次,见图2.5。

五个层次的含义分别如下：

a.生理需要：维持人类生存所必需的身体需要；

b.安全需要：保证身心免受伤害的需要；

c.社交需要：包括感情、归属、被接纳、友谊等需要；

d.尊重需要：包括内在的尊重如自尊心、自主权、成就感等需要和外在的尊重如地位、认同、受重视等需要；

e.自我实现的需要：包括个人成长、发挥个人潜能、实现个人理想的需要。

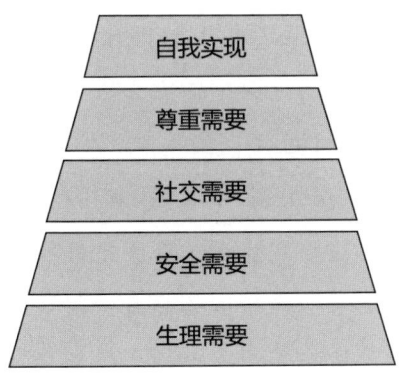

图2.5 马斯洛需要层次图1

1954年,马斯洛在《激励与个性》一书中又把人的需要层次发展为七个,由低到高分别为：生理需要、安全需要、友爱与归属需要、尊重需要、求知需要、审美需要和自我实现需要,见图2.6。

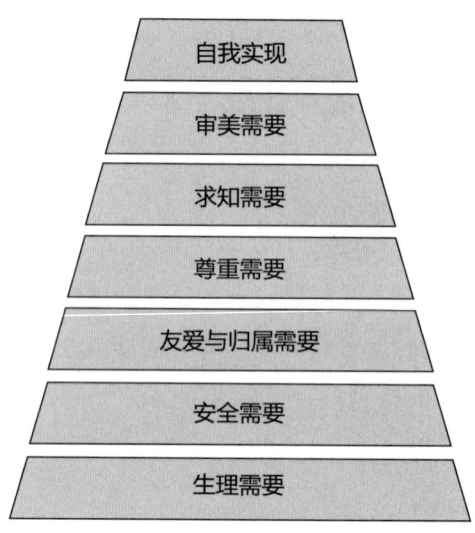

图 2.6　马斯洛需求层次图 2

马斯洛认为,只有低层次的需要得到基本满足以后,高层次的需要才有可能成为行为的重要决定因素。七种需要是按次序逐级上升的。当下一级需要获得基本满足以后,追求上一级的需要就成了驱动行为的动力。但这种需要层次逐渐上升并不是遵照"全"或"无"的规律,即并非一种需要100%得到满足后,另一种需要才会出现。事实上,社会中的大多数人在正常的情况下,他们的每种基本需要都是部分地得到满足。

马斯洛把七种基本需要分为高、低二级,其中生理需要、安全需要、友爱与归属需要属于低级的需要,这些需要通过外部条件使人得到满足,如借助于工资收入满足生理需要,借助于法律制度满足安全需要等。尊重需要、自我实现需要是高级的需要,它们是从内部使人得到满足的,而且一个人对尊重和自我实现的需要,是永远不会感到完全满足的。高层次的需要比低层次需要更有价值,人的需要结构是动态的、发展变化的。因此,通过满足社区成员的高级需要来调动其生产积极性,具有更稳定、更持久的力量。

②双因素论

双因素理论是美国的行为科学家弗雷德里克·赫茨伯格(Fredrick Herzberg)提出来的,又称激励—保健理论。

20世纪50年代末期,赫茨伯格和他的助手们在美国匹兹堡地区对200名工程师、会计师进行了调查访问。访问主要围绕两个问题:在工作中,哪些事项是让他们感到满意的,并估计这种积极情绪持续多长时间;又有哪些事项是让他们感到不满意的,并估计这种消极情绪持续多长时间。赫茨伯格以对这些问题的回答为材料,着手去研究哪些事情使人们在工作中感到快乐和满意,哪些事情造成不愉快和不满意。结果他发现,使职工感到满意的都是属于工作本身或工作内容方面的;使职工感到不满的,都是属于工作环境或工作关系方面的。他把前者叫作激励因素,后者叫作保健因素。

保健因素的满足对职工产生的效果类似于卫生保健对身体健康所起的作用。保健从人的环境中消除有害于健康的事物,它不能直接提高健康水平,但有预防疾病的效果;它不是治疗性的,而是预防性的。保健因素包括公司政策、管理措施、监督、人际关系、物质工作条件、工资、福利等。当这些因素恶化到人们认为可以接受的水平以下时,就会产生对工作的不满意。但是,当人们认为这些因素很好时,它只是消除了不满意,并不会导致积极的态度,这就形成了某种既不是满意,又不是不满意的中性状态。

那些能带来积极态度、满意和激励作用的因素就叫作"激励因素",这是那些能满足个人自我实现需要的因素,包括:成就、赏识、挑战性的工作、增加的工作责任,以及成长和发展的机会。如果这些因素具备了,就能对人们产生更大的激励。从这个意义出发,赫茨伯格认为传统的激励假设,如工资刺激、人际关系的改善、提供良好的工作条件等,都不会产生更大的激励;它们能消除不满意,防止产生问题,但这些传统的"激励因素"即使达到最佳程度,也不会产生积极的激励。按照赫茨伯格的意见,管理者应该认识到保健因素是必需的,不过它一旦和不满意中和以后,就不能产生更积极的效果。只有"激励因素"才能使人们有更好的工作成绩。

赫茨伯格及其同事以后又对各种专业性和非专业性的工业组织进行了多次调查,他们发现,由于调查对象和条件的不同,各种因素的归属有些差别,但总的来看,激励因素基本上都是属于工作本身或工作内容的,保健因素基本都是属于工作环境和工作关系的。但是,赫茨伯格注意到,激励因素和保健因素都有若干重叠现象,如赏识属于激励因素,基本上起积极作用;但当没有受到赏识时,又可能起消极作用,这时又表现为保健因素。工资是保健因素,但有时也能产生使职工满意的结果。

赫茨伯格的双因素理论同马斯洛的需要层次论有相似之处。他提出的保健因素相当于马斯洛提出的生理需要、安全需要、社交需要等较低级的需要;激励因素则相当于尊重需要、自我实现的需要等较高级的需要。当然,他们的具体分析和解释是不同的。但是,这两种理论都没有把"个人需要的满足"同"组织目标的达到"这两点联系起来。

③成就需要理论

成就需要理论也称激励需要理论,是 20 世纪 50 年代初期,美国哈佛大学的心理学家戴维·麦克利兰(David C. McClelland)集中研究了人在生理和安全需要得到满足后的需要状况,特别对人的成就需要进行了大量的研究,从而提出了一种新的内容型激励理论。

麦克利兰认为,在人的生存需要基本得到满足的前提下,成就需要、权利需要和合群需要是人的最主要的三种需要。成就需要的高低对一个人、一个企业的发展起着特别重要的作用。该理论将成就需要定义为:根据适当的目标追求卓越、争取成功的一种内驱力。

该理论认为,有成就需要的人,对胜任和成功有强烈的要求,同样,他们也担心失败,他们乐意甚至热衷于接受挑战,往往为自己树立有一定难度而又不是高不可攀的目标,他们敢于冒风险,又能以现实的态度应对冒险,绝不以迷信和侥幸心理应对未来,而是对问题善于分析和估计。他们愿意承担所做工作的个人责任,但对所从事的工作情况希望得到明确而又迅速的反馈。这类人一般不常休息,喜欢长时间地工作,即使真出现失败也不会过分沮丧。一般来说,他们喜欢表现自己。成就需要强烈的人事业心强,喜欢那些能发挥其独立解决问题能力的环境。在管理中,只要对他提供合适的环境,他就会充分发挥自己的能力。权利需要较强的人有责任感,愿意承担需要的竞争并且能够取得较高社会地位的工作,喜欢影响别人。

该理论还认为,具有归属和社交需要的人,通常从友爱、情谊、人际交往中得到欢乐和满足,并总是设法避免因被某个组织或社会团体拒之门外而带来的痛苦。他们喜欢保持一种融洽的社会关系,享受亲密无间和相互谅解的乐趣,随时准备安慰和帮助危难中的伙伴。合群需要是人们追求他人的接纳和友谊的欲望。合群需要强烈的人渴望获得他人赞同,高度服从群体规范,忠实可靠。

成就需要激励理论的主要特点是它更侧重于对高层次管理中被管理者的研究。由于成就需要激励理论的这一特点,它对于企业管理以外的科研管理、干部管理等具有较大的实际意义。

(2)过程激励理论

过程激励理论重点研究从动机的产生到采取行动的心理过程。主要包括弗罗姆的"期望理论"、亚当斯的"公平理论"、斯金纳的"强化理论"、海德的"归因理论"和波特的"综合激励理论"等。

①期望理论

这是心理学家维克多·弗罗姆提出的理论。期望理论认为,人们之所以采取某种行动,是因为他觉得这种行动可以有把握地达到某种结果,并且这种结果对他有足够的价值。换言之,动机激励水平取决于人们认为在多大程度上可以期望达到预计的结果,以及人们判断自己的努力对于个人需要的满足是否有意义。

②公平理论

公平理论又称社会比较理论,它是美国行为科学家亚当斯在《工人关于工资不公平的内心冲突同其生产率的关系》《工资不公平对工作质量的影响》《社会交换中的不公平》等著作中提出来的一种激励理论。该理论侧重于研究工资报酬分配的合理性、公平性及其对职工生产积极性的影响。

③强化理论

强化理论是美国心理学家和行为科学家斯金纳等人提出的一种理论。强化理论是以学习的强化原则为基础的关于理解和修正人的行为的一种学说。所谓强化,从其最基本的形式来讲,指的是对一种行为的肯定或否定的后果(报酬或惩罚),它至少在一定程度上会决定这种行为在今后是否会重复发生。

根据强化的性质和目的,可把强化分为正强化和负强化。在管理上,正强化就是奖励那些组织上需要的行为,从而加强这种行为;负强化与惩罚不一样,惩罚是对一些错误的行为采取的一些使人受挫的措施,负强化是告知人们某种行为是不可取的,如果做了这种行为会受到什么惩罚,从而削弱这种行为。

④归因理论

归因理论是美国心理学家海德于1958年提出的,后因美国心理学家韦纳及其同事的研究而再次活跃起来。

归因理论是探讨人们行为的原因与分析因果关系的各种理论和方法的总称。归因理论侧重于研究个人用以解释其行为原因的认知过程,亦即研究人的行为受到激励是"因为什么"的问题。

⑤综合激励理论

综合激励理论的代表者是美国心理学家和管理学家波特和劳勒,他们于1968年提出一个"综合激励模型"。说此理论综合是因为该模型吸收了需要理论、期望理论和公平理论的成果,使其更为全面、更为完善。

2.5 其他学科知识

(1)数学

通证的估值和通证建模均需要一定的数学知识,包括微积分、线性代数、概率论、回归分析等。高等数学知识是通证设计的基础。

(2)运筹学

运筹学是近代应用数学的一个分支,主要是将生产、管理等事件中出现的一些带有普遍性的运筹问题加以提炼,然后利用数学方法进行解决。

运筹学的具体内容包括:规划论(包括线性规划、非线性规划、整数规划和动态规划)、库存论、图论、决策论、对策论、排队论、可靠性理论等。

运筹学以整体最优为目标，从系统的观点出发，力图以整个系统最佳的方式来解决该系统各部门之间的利害冲突。运筹学对所研究的问题求出最优解，寻求最佳的行动方案，所以它也可看成是一门优化技术，提供的是解决各类问题的优化方法。

利用运筹学，我们可以以生态最优为目标，以最佳的方式来解决生态系统内部各类节点之间的利害冲突。利用图论、决策论、排队论等一系列方法来对生态的通证机制进行优化。

（3）组织行为学

组织行为学是研究组织中人的心理和行为表现及其客观规律，提高管理人员预测、引导和控制人的行为的能力，以实现组织既定目标的科学。

人是管理的主体，也是管理的对象，研究人的行为规律便成为管理学的重要内容。社会的进步促使组织中的管理者必须重视对人的管理，组织管理学、人事管理学这些管理学的分支越来越显示出在管理体系中的地位，组织行为学就是在此基础上产生和发展起来的。

在区块链项目生态中，人是参与的主体，研究参与者的心理和行为表现对于生态的机制设计具有重要意义。

（4）工业工程

工业工程是对人、物料、设备、能源和信息等所组成的集成系统，进行设计、改善和实施的一门学科，它综合运用数学、物理和社会科学的专门知识和技术，结合工程分析和设计的原理与方法，对该系统所取得的成果进行确认、预测和评价。

区块链项目本质上是一个集成了硬件节点、软件系统、普通用户、开发者、项目方等各个要素的系统，可以借鉴一些工业工程的分析工具进行量化研究和分析，从而使得区块链项目运行成果可以被预测和评价。

（5）金融学

金融学是从经济学中分化出来的应用经济学科,是以融通货币和货币资金的经济活动为研究对象,具体研究个人、机构、政府如何获取、支出、管理资金及其他金融资产的学科。

区块链将率先颠覆金融行业,而且通证本身具有很多金融属性。所以,在研究通证设计之前,必须学习金融学知识。

第3章 通证设计原则

3.1 通证设计的基本原则

（1）流通与升值不可兼得

一个通证不能同时被赋予升值和流通两项功能。升值指的是通证价值的上升（我们认为价格围绕价值波动），流通指的是通证在生态内作为支付手段的利用状况（不含二级市场的交易）。

如图3.1所示，流通和升值是一对天然的矛盾体，如果某个通证升值太快，其很难在生态内流通；如果某个通证流通太快，其很难实现升值。举个简单的例子，假如以太坊以每天50%甚至更快的速度涨价，那么使用以太坊开发应用的开发者势必会大量减少，因为持有以太坊即可获取高额利润，没有人愿意去

图3.1 通证的二元悖论

开发尚不一定能盈利的应用。反过来讲,如果一个通证流通很快,用户短暂持有之后立刻转出,则其升值困难。以某跨境支付通证为例,付款方和收款方在使用通证之后立刻换成本国法币。在这个过程中,通证流通速度很快,使得其不具备价值上升的动力。

(2) "免费+增发"优于收费

人们都喜欢免费的东西,免费模式比收费模式更能吸引用户。在互联网时代,免费模式大行其道,让很多产品获得了大批用户和流量,比如360公司的成功在很大程度上就是得益于其免费策略的成功运用。

天下没有免费的午餐,有人享受免费服务,就得有人付出劳动。互联网免费模式下的免费服务由资本买单,最终通过其他方式获得回报。区块链项目的免费模式使用户可以享受免费服务,同时,系统增发通证给服务提供者进行奖励。以EOS为例,生态用户免费享受服务(抵押EOS即可开发应用),超级节点提供服务器维护生态运行,并获得通证奖励。再如Steem项目,用户可以免费阅读内容,生态奖励通证给优质内容提供者。

总体而言,"免费+增发"模式优于收费模式。但是"免费+增发"模式一般情况下仅适用于包含免费服务的项目,增发的通证用于奖励提供免费服务的人。如果是一般的区块链项目为了活跃生态而采用增发模式,那么必须注意:增发速率不能大于生态增长速率,否则,增发会造成通证被稀释,引发通证价值下跌。

(3) 生态做大与通证升值无必然联系

很多人认为,如果项目生态做大了,其通证自然会升值,这种说法是片面的。某些情况下,生态发展速度与通证价值大小没有必然联系。

我们用费雪方程式对其进行解释:

公式$MV=PQ$中,M为货币供应量,V为货币流通速度,PQ相当于生态GDP。我们以某跨境支付通证R为例,R与国际大银行合作,生态做得很大,也就是说PQ很大。但是R的流通速度很快(跨境支付完成后,持币者迅速换回法币），所以说 M（R 所代表的美元价值）就不会变大。所以说 R 的价值就不会有太快的增长。

3.2 通证经济模型

3.2.1 初始总估值

初始总估值即项目发行时的原始估值，俗称总"盘子"。初始总估值是通证经济模型设计的基础。

（1）初始总估值设定原则

①初始总估值不能太高

很多项目方认为自己的项目应该获得高估值，因为项目有很广阔的市场，有顶级的团队，有丰富的资源。其实不然，过高估值的项目会将投资者挡在门外。区块链项目，尤其是早期的区块链项目，少不了投资者的参与。即使对于那些不进行爱西欧的项目，早期投资者持有通证并期望其升值本质上仍然是一种投资。项目过高的估值使得项目未来发展的空间变小，从而使得项目通证升值空间变小。因此，项目初始总估值必须控制在合理范围内。

著名天使投资人王利杰认为，即使硅谷顶尖项目团队发起的项目，初始估值也不应超过 5000 万美元。笔者统计分析了投资回报率排名前 500 的区块链项目，对其初始总市值进行散点图分析，发现绝大多数投资回报率较高的项目集中落在了 2000 万～3000 万美元之间。因此，我们可以得出结论：一般区块链项目总估值的指导区间为 2000 万～3000 万美元。

②初始总估值应满足融资需求

初始总估值的最低限度是其应该满足最少融资额的需求，确保在出售适当比例通证的前提下获得足够的前期开发费用。一般情况下以融资 200 万美元，出让10%通证作为基石轮融资为宜。按融资200万美元，出让10%通证计算，项目的初始总估值为2000万美元。具体项目可按实际情况适当调整，以满足最低融资需求为原则。

基石融资比例建议为10%左右，不超过15%。

（2）初始总估值设定方法

①相对法

相对法指的是选取同一行业或领域的龙头项目，对照该龙头项目的当前市值来确定目标项目的初始总市值。

以某内容版权项目为例，初始总市值设定方法为：

选取内容版权行业龙头项目，假如其当前总市值（可按流通市值及流通比例折算）为2亿美元。我们取期望投资回报率为10倍（投资爱西欧的普遍期望值），则可以得到该项目的初始总估值为2亿美元/10＝2 000万美元。

②绝对法

绝对法指的是根据项目所在行业的市场空间，以及项目未来能达到的市占率来预估项目的初始总估值。以某闲置物品电商项目为例，初始总市值设定方法为：

调查闲置物品电商行业的市场空间，假如其为100亿美元（市场空间数据可从专业机构报告查到）。同时，预估项目团队在2年后将可获得1%市场空间，则5年后该项目市值为1亿美元。我们取期望2年的投资回报率为10倍，则项目初始总估值为1亿美元/10＝1 000万美元。

3.2.2 发行总量及单价

笔者对全球投资回报率排名前500的区块链项目的发行总量进行了统计分析并绘制散点图。分析结果显示，优质项目的通证发行总量集中落在了20亿～30亿美元区间。因此发行总量的指导区间为20亿～30亿美元。

3.2.3 发行单价

结合发行单价的散点图分析,发行单价参考指导区间为 0.1~0.5 人民币。此外,发行单价的制定需考虑用户体验,尽量取整数量级,以免造成换算困难。比如 1 枚通证＝0.1 元,相差 10 倍量级,用户直接进行 10 倍换算即可。持有 10 枚,则价值为 1 元;持有 257 枚,则价值为 25.7 元,换算方便。如果设定 1 枚通证＝0.5237 元,则持有 257 枚的用户是很难在短时间内换算出 0.5237×257 等于多少的。

3.2.4 分配比例

（1）创始团队（10%~20%）

创始团队付出努力创造了通证,应当获得一定的回报。另外,如果创始团队持有通证,则其个人财富将与项目的表现相关联,这将使用户对项目充满信心。当然,创始团队持有的通证应当锁仓,于未来 2 年内一次性或逐步解锁。

笔者对投资回报率排名前 1000 的项目的团队通证占比进行了统计分析,团队持有比例为 10% 的项目占比 33.3%,团队持有比例为 15% 的项目占比 16.7%,团队持有比例为 20% 的项目占比 11.1%。因此我们认为,创始团队通证分配比例按 10%~20% 较为合理。

（2）法律合规（3%~5%）

绝大多数国家的区块链项目均受到官方不同程度的监管,因此需要聘请专业律师解决项目的合规问题。同时,获得法律支持的项目更容易得到用户的信任。

（3）平台维护（10%~15%）

平台维护指的是产品升级和迭代。几乎所有的产品不可能一次性做到完美无瑕,总是需要修复错误和打补丁。这部分通证也可以由基金会持有。

（4）生态激励（5%～10%）

首先，在产品问世之初，需要一部分通证来激励早期参与者和贡献者，比如为白皮书翻译、项目运营推广，甚至技术代码做出贡献的人。其次，在产品投入运营之后，需要建立激励机制来奖励对生态做出贡献的人，比如做任务或成为超级节点的人等。

（5）销售/空投（50%～60%）

销售的目的是通过个人和机构筹集资金，一般分为基石轮、天使轮和爱西欧轮。当然，为了配合监管和运营，一部分项目采用"基石＋空投"或全部空投的做法，将通证大范围分散发放到目标用户手中。

一般情况下，出于对币值管理的考虑，团队及基金会应持有不低于30%的通证，销售给个人或机构的通证不超过50%。

3.2.5 锁仓设计

一般情况下对基石和天使投资者的通证进行锁仓，防止项目上所后大规模抛售带来的负面影响。该部分通证的锁仓期为3个月到1年不等，一般在项目第一轮利好释放时解禁。

另外一部分是对团队所持有通证的锁仓，一般1～3年不等。该设计的目的是使得团队个人财富与项目紧密挂钩，保证项目开发进度，增强投资者对项目的信心。

3.2.6 循环逻辑

通证的流通分为通证产生、通证交易、通证回收三大部分，见图3.2。通证产生是通证的第一次分配，通证从原始地址流动到投资者、空投用户、项目团队手中。通证交易是通证的第二次分配，通证在生态中流通，在二级市场流通，通证持有者不断变化。通证回收是通证的第三次分配,通证以平台费或回购的形式流入平台。接下来是通证的第四次分配,平台以奖励或增发的形式将通证分到了用户手中。

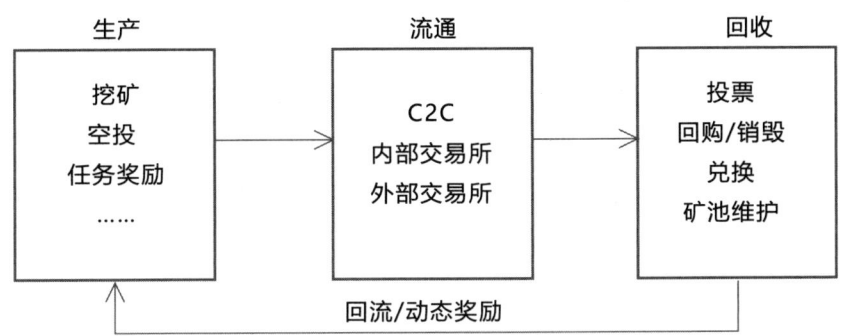

图 3.2　通证流通循环图

3.3 双通证设计

3.3.1 升值与流通

依照经济学原理,当经济活动增加时,为满足需要,市场当中的流通货币应当增加。根据费雪方程式 $MV=PQ$,当生态中经济活动增多,商品数量增加时,如果货币量不变,则会导致物价下跌(这里假设 V 不变)。物价下跌会导致人们消费意愿减弱,经济陷入通货紧缩。

随着生态参与者不断加入,生态的 GDP(PQ)不断增大,如果 M 保持不变,会使得生态中通证对法币的价格不断升高。这时生态中的用户选择持有生态通证等待升值,而不去交易,这种情况严重阻碍了生态发展。

升值和流通是一对天然矛盾体,尤其对于公链生态而言,当通证价格上涨过快时,必然使其流通性下降。因此,设立"升值币+稳定币"的双币系统是一个不错的方案。

（1）升值币（取代号为 R）设计原理

R 是生态激励经济的核心，为生态的参与者提供参与动力。R 作为一种奖励分发给生态早期参与者，只有 R 升值，早期参与者才可以获得回报。R 只有具备升值逻辑才能吸引更多的参与者参与到生态当中来，从而使得生态网络效应增强，实现指数式的价值增长。

所以，R 设计的核心要求是不断赋予其价值。赋予价值的方式是：不断鼓励用户长期持有。一方面刺激需求，另一方面降低流动性，这样会使得在总量恒定的情况下，市场上 R 极度稀缺，从而提升其价值。R 在交易所的价格是用户对 R 价值预期的心理博弈，价格将围绕价值波动。

区块链项目运营的核心本质就是通证生态建设，不断赋予生态通证以价值和权益。可赋予生态通证的权益主要有以下几类：

①工作权

工作权指的是可以访问网络服务的权限，比如 Augur 参与预测的权限、Filecoin 可以提供存储服务的权限、EOS 上开发 DApp 的权限等。获得此类权限需要抵押或者消耗通证。

②折扣权

折扣权指的是持有生态通证达到一定数量可以享受在支付商品或服务费用时打折的权利。

③治理权

参与投票等生态治理活动的权利。

④分红权

获得生态利润分红的权利。

⑤其他权利

（2）稳定币（取代号为 S）设计原理

当前稳定币的稳定机制主要有抵押和算法央行两种，其中抵押分为法币抵押和数字资产抵押。综合考虑市场上稳定币的表现、用户体验、实施难度以及风险控制等因素，较为合理和可行的机制为法币抵押和算法央行两种。

①法币抵押的发行和调节机制

S使用托管账户，为持有人提供定期审计和法律保护。任何通过了KYC/AML验证的账户和机构在法律上有权以1∶1汇率换回美元（需要扣除手续费）。S的法律框架可以让用户和机构直接在托管账户操作美元，不需要经手项目团队。此外，托管账户会持续公布专业审计报告。

采用抵押方式发行稳定币的价格调控方式为：如果S价格高于1美元，可通过增发S对其价格进行调节，增发方式可以官方公开售卖方式进行。当官方公开售卖1美元的S时，二级市场高于1美元的买单会自动减少，S价格向1美元回归。如果S价格低于1美元，S的二级市场卖单减少，R转换为S的行为增多，平台回收S并销毁，S供应量减少，价格回升。

②算法央行的发行和调节机制

S不需要抵押，用户可以用S进行兑换。S本质上是一种债券，会向持有者发放利息，利率则根据负债率由系统调控。如果S交易价格低于1美元，系统会提高利率，鼓励更多人持有S，使S价格上涨。相反，如果S交易价格高于1美元，用户会将S转换为R在市场上出售获利，使得S价格下降。

单一的法币抵押机制有中心化的风险，单一的算法央行有极端情况下系统崩溃的风险。为了使得项目生态稳定币方案切实可行，加强用户信任并防止黑天鹅事件发生，建议使用法币抵押和算法央行相结合的稳定机制。

③法币抵押和算法央行相结合的稳定机制实施方案

在S发行总量确定的前提下，采用法币准备金率制度，将总量的50%以法币抵押方式发行，另外的50%以算法央行的方式发行。

在S发行时，同时开放法币兑换和R兑换S的双通道，引导用户采用法币兑换方式进行。引导方法有加大法币兑换折扣，加速法币兑换速度等，如R兑换S按1美元等值R＝1S计算，法币兑换S按0.98美元＝1S兑换；R兑换S需24小时到账，而法币兑换S只需10分钟到账。以此方式维持S总量最低50%以法币抵押方式发行。

在S回兑时，亦同时开放法币兑换和R兑换S的双通道，但引导用户采用

R兑换S通道。引导方法为将S兑换到账时间设定为即时到账,提高S兑换法币到账时间和兑换最低额度,比如一周后到账和满1000元方可申请提现等。

如果S价格高于1美元,平台开启法币兑换通道,可平抑币价。

如果S价格低于1美元,系统会提高利率,鼓励更多人持有S,使S价格上涨。系统在S发行时会控制S总体发行量,以应对市场上所有R集中兑换S的挤兑事件发生时,仍然有足够的S可以兑换。

如果发生极低概率的"黑天鹅"事件,S被集中兑换且S价格短时间暴跌时,启用法币准备金,平抑币价,稳定用户信心,避免系统崩溃。

3.3.2 账本与应用

根据应用场景的不同,通证可以分为账本通证和应用通证。

账本通证指的是基于底层公链的通证,此类通证较多适用于矿工、开发者为主的生态角色。应用通证为建立在公链基础上的DApp上的通证,生态角色主要为C端用户。

很多区块链项目为包含底层公链和旗舰应用的综合型项目,如果采用单一通证会出现激励不相容的情况。所以,针对此类项目设置双层通证体系是一个不错的解决方案。

账本通证的设计方案基于底层共识机制,形式较为简单,主要以激励开发者为主。而其上的应用通证应用场景较多,设计方案较为细腻和复杂。以人工智能类项目PAI为例,分别设计生态通证和积分,是一个不错的双层币案例。

第4章 通证的估值

4.1 通证估值基础

4.1.1 费雪方程式

费雪方程式亦称交易方程式,由耶鲁大学经济学教授费雪在 1911 年《货币购买力》一书中提出并得名,是首先对物价水平同货币数量之间的关系作出的系统阐述。

费雪的货币量方程 $MV=PT$(也作 $MV=PQ$)被认为是经济学的 $E=MC^2$,是现代货币银行学的基础。

在费雪之前,货币需求理论中所考察的货币主要是贵金属。费雪方程式建立的时候,金币本身在大众视野中已不再占有重要的地位,而存款通货则已经受到重视。费雪认为,假设以 M 为一定时期内流通货币的平均数量(是交易、流通中的货币数量,因此,费雪方程式亦称为交易方程式);V 为货币流通速度;P 为各类商品价格的加权平均数;T 为各类商品的交易数量,则有:

$$MV=PT \text{ 或 } P=MV/T$$

这个方程式是一个恒等式,其中 P 的值取决于 M、V、T 这三个变量的相互作用。费雪分析认为,在这三个经济变量中,M 是一个由模型之外的因素所决定的外生变量;由于制度性因素在短期内不变,因而 V 可视为常数;交易量 T 对产出水平常常保持固定的比例,也是大体稳定的。因此,只有 P 和 M 的关系最重要。所以，P 的值主要取决于 M 数量的变化。

费雪虽然关注的是 M 对 P 的影响，但是反过来，从这一方程式中也能导出一定价格水平之下的名义货币需求量。也就是说，由于 $MV=PT$，则：

$$M=PT/V$$

这说明，仅从货币的交易媒介功能考察，全社会一定时期一定价格水平下的总交易量与所需要的名义货币量具有一定的比例关系。这个比例是 $1/V$，即货币流通速度的倒数。

费雪方程式是一种适合底层公链的估值测算方法。以太坊创始人曾在博客和 Twitter 上多次提到这一对区块链项目估值的方法，他认为这是一种非常适合交易媒介类通证的估值方法。

使用费雪方程式，我们可以测算一个通证的流通市值 $M(M=PQ/V)$。以某项目通证为例，假设其价格为 1 元，总供应量为 1 亿枚，换手率为 10%。代入公式可得该项目市值为 10 亿人民币。假设该项目当时市值为 5 亿人民币，则该项目具有一倍的升值空间。因此，估值与实际价格的价格差可以作为投资时的一个重要参考。

4.1.2 Baumol-Tobin 模型

（1）Baumol-Tobin 模型概述

Baumol-Tobin 模型（中文称鲍莫尔-托宾模型）的研究结论是：交易需求层面货币需求对利率是敏感的。这个模型的基本观点是人们持有货币是有机会成本的，即持有货币的替代资产债券的利息收入。

在货币理论中，利率被认为是一个重要因素。同时，由于货币的各种不同替代物包括各种债券都具有不同程度的风险。因此，利率和风险成为人们对于货币需求所考虑的重要因素。不少经济学家通过提出更为精确的理论来解释凯恩斯理论的货币持有动机。Baumol-Tobin 模型就是其中的一个理论。

众所周知，货币需求的最佳水平是由各种成本决定的。一个人维持货币存量面临着一个两难选择：那就是如果一个人要维持更多的货币存量，那么他就要面对如果把这部分货币转化为生息资产而带来的利息收入的损失；如果他保持较少的货币，那么他就要忍受为了满足日常货币需求而频繁地把生息资产转化为货币而带来的交易成本。因而维持多少货币存量的问题就转化为如何使利息收入损失和交易费用两种成本之和最小的问题。

接下来，以某用户 A 为例说明：

首先，A 每次去银行有往返费用。

其次，A 持有货币还有机会成本，即平均货币持有量所损失的利息收入。

再次，A 面临如下的问题：M 越大，往返银行的次数（V）就越少，但一个月内损失的利息却越大。A 若在月初提取一大笔款项 M，使其能满足整月支出的需要，就能把往返银行的成本降至最小，但是这个很大的 M 会使 A 在一个月内的利息损失增加到最大。

最后，A 必须在频繁往返银行的成本（劳动成本）与放弃利息（机会成本）之间找到一个平衡点。

（2）Baumol-Tobin 模型的数学表达式

Baumol-Tobin 模型的数学表达式为：

$$M_D = \sqrt{\frac{bT_0}{2i}}$$

M_D 表示愿意持有的现金额，T_0 表示每期开始时个体收入，b 表示债券的交易费用，i 表示债券利率。这个模型又称平方根法则。基于此公式，我们可以得出以下结论：

- 收入 T_0 增加，货币需求增加；
- 交易费用 b 增加，债券需求减少，货币需求增加；
- 债券利率 i 增加，债券需求增加，货币需求减少；
- 价格的变动使 b、T_0 同时变动，结果使 M_D 作同比例的变动。

（3）Baumol-Tobin 模型推论

①对货币的需求就是对其购买力的需求

相比于货币的名义价值，人们更在乎所持有货币的购买力。用公式表示就是，如果价格水平 P 提高 n 倍，而其他变量（i、T_0、b）保持不变，对 M 的需求也

将相应增加 n 倍。也就是说,价格水平的变化对所需要的名义货币持有量产生相同程度的影响,但实际货币需求不会发生变化。货币需求的这种特点通常被称为"缺乏货币幻觉"。

②收入、利率和固定成本 b 对货币需求有重要影响

实际收入 T_0 增加会提高货币的持有量。收入水平的提高会导致支出增加,为了满足更大的交易量需求,用户将增加平均货币持有量。

但是,货币需求与收入水平的增长量的变化幅度不同。根据测算,货币的实际收入弹性约为 1/2。也就是实际收入 T_0 的 2% 的增长会带来需要的货币持有量 1% 的增长。因此,由于货币的百分比增长小于收入的百分比增长,如果实际收入增长,用户持有的货币将变得更有价值。

利率上升会造成货币需求急剧下降。因为利率越高,持有货币的机会成本就越大,因而用户会减少货币持有量,货币需求的利率弹性系数约为 1/2。

提取款项的固定成本上升会造成往返银行次数的减少,消费者会增加每次提取的金额,从而在任何一个给定的时期内,消费者的平均货币持有量就会上升。

(4) Baumol-Tobin 模型对通证估值的意义

通证作为一种分布式网络中价值贮藏的工具,也充当价值交换的媒介。由于用户的使用习惯与持有动机基本相同,因此通证的流通与当前流通的法定货币存在类似的规律,Baumol-Tobin 模型将在下文中的 VOLT 估值模型进行应用介绍。

4.1.3 梅特卡夫定律

梅特卡夫定律揭示的是网络技术发展规律,由计算机网络先驱罗伯特·梅特卡夫提出。它阐述了用户数量与网络价值的关系,即网络使用人数越多,它就越有价值。如果一个网络由两台计算机组成,那么它的价值就会低于一个由 10 台计算机组成的网络。同理,由 50 台计算机组成的网络价值则更高。

事实证明,价值的增长比网络的增长更快。价值不直接等于用户数,而是等于梅特卡夫系数与用户数的平方之积,该系数 k 必须在既定网络中以观察或实验为依据而确定。n 越大,该系数越接近稳定性。

因此,梅特卡夫定律将网络价值(V)表示为:

$V = k \times n^2$(k 为梅特卡夫系数,n 为用户数量)

区块链是一个分布式账本,其可追溯、不可篡改的技术特性保证了网络中各节点之间信息公开和高效协作,这种网络在现代经济社会具有很高的应用价值。在过去的一年中,关于利用梅特卡夫定律评估加密资产的主题有着大量的研究,其中最具代表性的公式有以下三个:

- 原始梅特卡夫定律:$NV \sim n^2$
- 广义梅特卡夫定律:$NV \sim n^{1.5}$
- Odlyzko 定律(也称为 Zipf 定律):$NV \sim n \times \log n$

梅特卡夫定律是一种静态的估值方法,而加密货币网络时时刻刻都在变化,因此它只能做一个大概估值。国外有人采用梅特卡夫定律的变体,基于每日活跃地址数(daily active addresses,DAA)为比特币网络估值,构建了比特币波动的上限和下限。通过将估值的上下限与比特币实际价格进行对比,发现比特币价格基本上是在上下限之间的区域上下波动,因此,梅特卡夫定律对于预测比特币及同类数字货币的价格具有重要的意义。

4.1.4 利率、贴现率与折现率

(1)利率

利率是指一定时期内利息额与借贷资金额即本金的比率。利率是决定企业资金成本高低的主要因素,同时也是企业和项目筹资、投资的决定性因素,对金融环境的研究及通证设计和估值时必须注意利率现状及其变动趋势。

利率是指借出、存入或借入金额(称为本金总额)中每个期间到期的利息金额与票面价值的比率。借出或借入金额的总利息取决于本金总额,利率,复利频率,借出、存入或借入的时间长度。利率是借款人因借金钱所支付的代价,亦

是放款人延迟其消费,借给借款人所获得的回报。利率通常以一年期利息与本金的百分比计算。

(2)贴现率

贴现率,是指将未来支付金额改变为现值所使用的利率,或指持票人以没有到期的票据向银行要求兑现,银行将利息先行扣除所使用的利率。这种贴现率也指再贴现率,即各成员银行将已贴现过的票据作担保,作为向中央银行借款时所支付的利息。

换言之,当商业银行需要央行提供流动性时,要向央行付出的成本。理论上讲,央行通过调整这种利率,可以影响商业银行向央行贷款的积极性,从而达到调控整个货币体系利率和资金供应状况的目的,是央行调控市场利率的重要工具之一。

贴现率政策是西方国家的主要货币政策。中央银行通过变动贴现率来调节货币供给量和利息率,从而促使经济扩张或收缩。当需要控制通货膨胀时,中央银行提高贴现率,这样,商业银行就会减少向中央银行的借款,商业银行的储备金就会减少,而商业银行的贷款利率将提高,从而导致货币供给量减少。

当经济萧条时,商业银行就会增加向中央银行的借款,从而储备金增加,利率下降,扩大了货币供给量,由此起到稳定经济的作用。但如果商业银行已经拥有可供贷款的充足的储备金,则降低贴现率对刺激放款和投资也许不太有效。

(3)折现率

折现率是特定条件下的收益率,说明资产取得该项收益的收益率水平。在收益一定的情况下,收益率越高,意味着单位资产增值率越高,所有者拥有资产价值就越低,因此收益率越高,资产评估值就越低。

$$PV = \frac{C}{(1+r)^t}$$

PV 为现值(present value),C 为期末金额,r 为折现率,t 为投资期数。

折现率是指将未来有限期预期收益折算成现值的比率。本金化率和资本化率或还原利率则通常是指将未来无限期预期收益折算成现值的比率。分期付款购入的固定资产其折现率实质上即是供货企业的必要报酬率。

之所以说折现率不是利率,是因为:利率是资金的报酬,折现率是管理的报酬。利率只表示资产(资金)本身的获利能力,而与使用条件、占用者和使用途径没有直接联系,折现率则与资产以及所有者使用效果相关。

通证是区块链网络价值流转的兑付工具,与法定货币的支付功能类似,因此通证的定价也采用对未来价值按照一定的利率进行折现的方式。一部分区块链项目有业务现金流产生,从估值的角度可以看作是一个企业,可以按照现金流折现方法进行估值。

4.1.5 净现值

净现值(NPV)指未来资金流入(或现金收入)现值与未来资金流出(或现金支出)现值的差额。项目评估中净现值法是常用方法。未来的资金流入与资金流出均按预计折现率各个时期的现值系数换算为现值后,再确定其净现值。这种预计折现率是按企业投资可以接受的最低收益率确定的。

$$\mathrm{NPV} = \sum_{t=0}^{T}(\mathrm{CI}_t - \mathrm{CO}_t)/(1+i)^t$$

其中 CI_t 为各期现金流入,CO_t 为各期现金流出。

计算净现值时,要按预定的折现率对投资项目的未来现金流量进行折现,预定折现率是投资者所期望的最低投资收益率。净现值的经济实质是投资方案收益超过基本收益后的剩余收益。

未来的现金流入与现金流出的净值均按预计折现率各个时期的现值系数换算为现值后,再确定其净现值。净现值指标是反映项目投资获利能力的指标,决策标准如下:

- 净现值≥0,则方案可行;
- 净现值<0,则方案不可行;
- 净现值均>0,则净现值最大的方案为最优方案。

通证作为区块链项目的融资工具,通过计算项目的净现值也是投资者判断项目是否值得投资的依据之一。

国外通证经济研究者 Chris Burniske 将通证的价值分为 CUV 和 DEUV 两部分,CUV 是通证当前的价值,DEUV 是通证未来价值的净现值。DEUV 包含许多投机成分,CUV 才是项目落地产生的应用价值。项目前期 DEUV 占比较高,市场回归理性之后,DEUV 迅速下跌,如图 4.1 所示。随着项目应用逐步成熟,CUV 才逐步增长,带动 DEUV 增长,通证的价值曲线呈现"J"形。

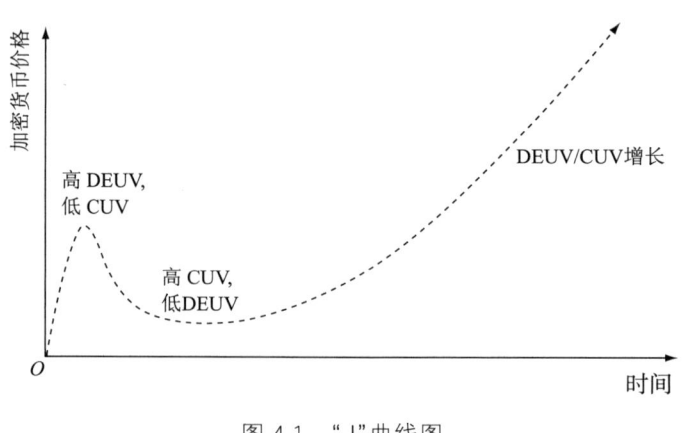

图 4.1 "J"曲线图

4.1.6 终值

终值,是指现在某一时点上的一定量现金折合到未来的价值,俗称本利和。目前有两种计算方法,分别是单利计算法和复利计算法。

(1) 单利终值

$$F = P \times (1 + n \times i)$$

上式中 $(1+n \times i)$ 被称为单利终值系数。

(2) 复利终值

$$F = P \times (1+i)^n$$

上式是计算复利终值的一般公式,其中的$(1+i)^n$被称为复利终值系数或1元的复利终值,用符号$(F/P,i,n)$表示,则$F=P(F/P,i,n)$。

通证是价值的载体,将流入该网络未来价值按照一定的比率进行折现来计算当前的价值是当前普遍认可的做法。

4.1.7 S曲线

S曲线(s-curve,见图4.2)多存在于分类评定模型(logit model)和逻辑回归(logistic regression)模型中,属于多元变量分析范畴,是社会学、生物统计学、临床医学、数量心理学、市场营销等统计实证分析的常用方法。

在通证估值中,我们常用S曲线预测区块链项目市场空间及其用户增长状况。

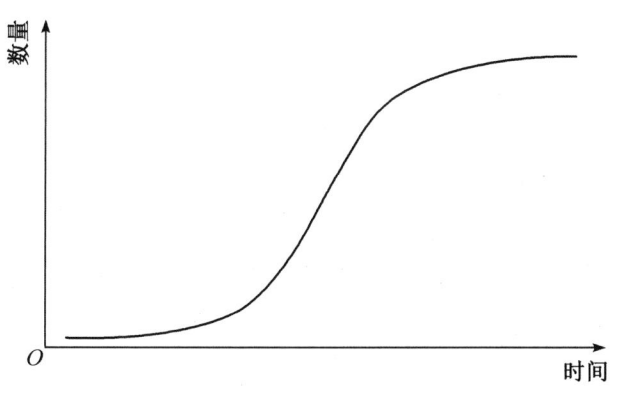

图 4.2 S曲线

(1)S曲线的四个阶段

各类技术的应用发展状况大致呈现"S"形状。图4.3为自1900年到现在,一些技术在美国的普及状况。

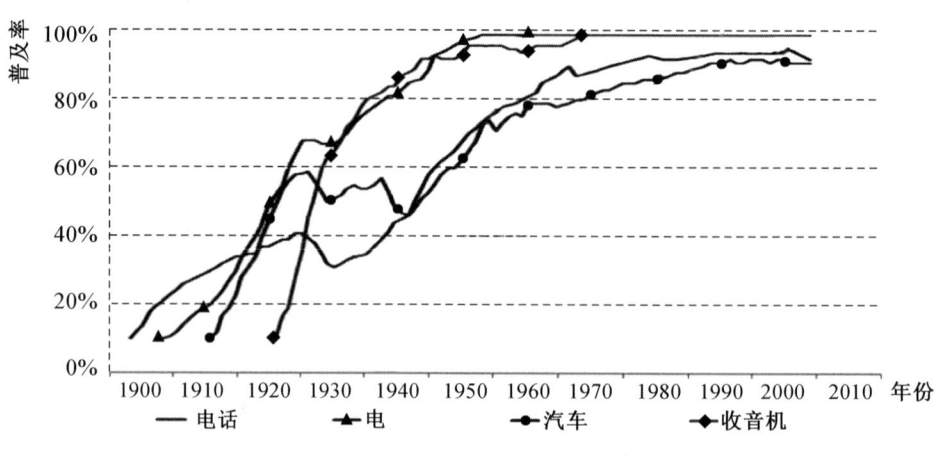

图 4.3　美国技术应用曲线图

硅谷投资人 Benedict Evans 认为，S 曲线可以分为四个阶段：

① 起步阶段

很多技术刚开始发展很慢，早期技术通常也没那么好用，它通常出现在大学的实验室或者大公司的研究院中。你会觉得它既不重要，用处也不大。

② 创建阶段

到了这个阶段，那些看起来疯狂的想法或者不那么有趣的想法，开始变得有趣、令人着迷。典型的特点是：各大公司群雄并起，都试图成为这个领域的平台性公司，平台战争也因此开始；新技术、新设备层出不穷；用户开始达到百万级别。人们问的问题是：这个趋势是否靠谱？谁会成为最终的赢家？

③ 应用阶段

这个阶段，技术赢家已很显然，但技术发展会慢下来。典型的特点是：霸主已分胜负；技术改进平稳而扎实，但比以前更难被用户所察觉；技术本身开始变得产品化和大众化；数以十亿计的用户；平台上大多数能做的事情都已经被探索过。

④ 成熟阶段

进入这个阶段时，下一个技术的"S 曲线"也许已经发生。这时候的市场巨头的确会十分厉害，但因其技术和商业模式都已被优化和固化，所以通常会放松警惕留在自己的舒适区,导致对颠覆者的到来感到措手不及。

(2)S曲线与技术采用生命周期

技术采用生命周期(technology adoption life cycle)为 1957 年依荷华州立大学为分析玉米种子采购行为所提出。见图 4.4。

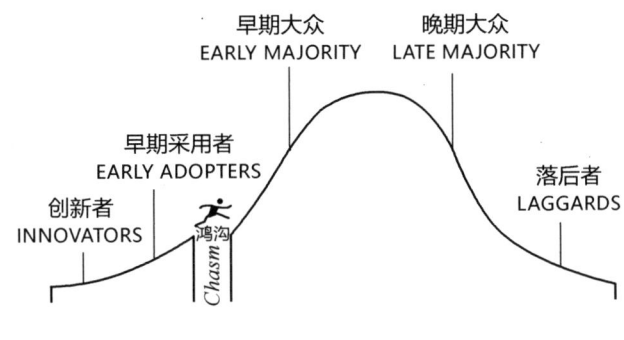

图 4.4　技术采用周期图

起初,该概念并未获得许多回响,一直等到 1962 年 Everett Rogers 出版《创新的扩散》(*Diffusion of Innovations*)一书后,才逐渐获得学研界的重视。

技术采用生命周期为一钟形曲线,该曲线将消费者采用新技术的过程分成五个阶段,分别包括创新者(innovators)、早期采用者(early adopters)、早期大众(early majority)、晚期大众(late majority)与落后者(laggards)。上述各个阶段的采用人数占整体采用人数比例分别为 2.5%、13.5%、34%、34% 与 16%。

根据 Rogers 的研究,上述五个不同阶段的采用者具有不同特色。

创新者的特征为:受过教育、有多种信息来源、敢于冒险;

早期采用者的特征为:受过教育、有知名度和社会地位、意见领袖;

早期大众的特征为:深思熟虑、非正式渠道接触;

晚期大众的特征为:持怀疑态度、思想传统的、社会地位较低;

落后者的特征为:从朋友或邻居获取信息、恐惧债务。

整体来看,S 曲线和技术采用生命周期高度重合。见图 4.5。

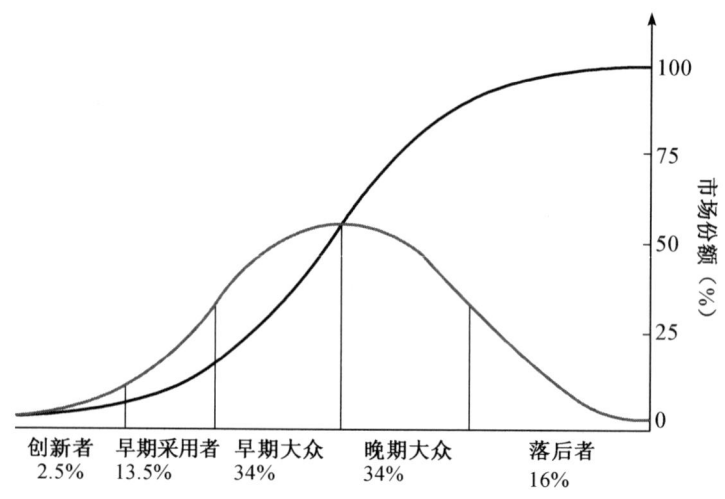

图 4.5　S 曲线与技术采用周期重合图

S 曲线也可以分为五个阶段，分别是：早期、前期、成长期、成熟期和衰退期。其中技术早期一般处于实验阶段，技术不成熟，知道的人很少，一般都是科研人员。后来技术更加成熟需要进行试验性推广，于是就有了早期的用户，是技术发展的前期。试验性推广获得成功后就进入大规模应用推广阶段，这时候用户增长速度是最快的，是技术发展的成长期。随着用户数量不断增长，技术的应用也逐步成熟，用户增长速度开始下降，这就到了技术发展的成熟期。成熟期用户数会保持一个较大值，这个时期会有新技术产生并与它竞争，用户增长速率会加快减小，这就步入了技术发展的衰退期。随着原来技术的用户数量被新技术超越，新技术逐步取代原来的技术。

区块链作为新一代信息技术，目前还处于技术发展的早期。由于技术的不成熟和相关应用场景的缺乏，掌握或者使用该技术的用户少之又少。不过随着比特币逐步被大众熟知，越来越多人意识到了区块链技术的巨大应用价值。基于区块链技术的应用开发项目越来越多，用户增长情况也会经历一个 S 形变化过程。利用 S 形曲线，我们可以大致估算出区块链用户的增长情况，为接下来的通证估值提供参考。

4.1.8 Gartner 技术成熟曲线

Gartner 是一家全球性的高知名度的 IT 研究和咨询公司，其提出著名的 Gartner 新兴技术成熟曲线（the gartner hype cycle for emerging technologies），有助于人们了解市场当前的热点技术和技术的未来发展趋势。这条曲线就是 Gartner 公司通过分析预测把各种新兴科技发展阶段和要达到成熟所需的时间绘制在一条曲线上。

以下为 2019 年 Gartner 发布的新兴技术成熟曲线：

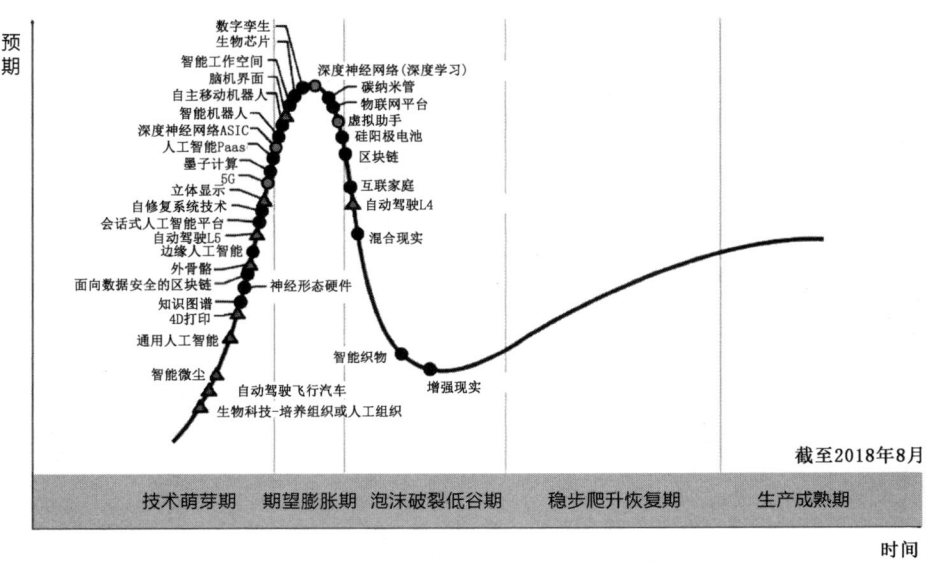

图 4.6　Gartner 新兴技术成熟曲线（1）

新兴技术成熟曲线的横轴为时间，表示一项技术将随时间发展经历的各个阶段；曲线的纵轴是预期，也就是市场的炒作热度。新兴技术成熟曲线表明新技术有五个阶段：技术萌芽期、期望膨胀期、泡沫破裂低谷期、稳步爬升恢复期、生产成熟期。

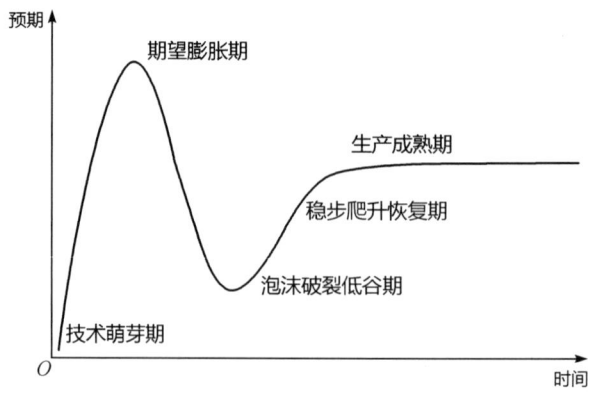

图 4.7 Gartner 新兴技术成熟曲线(2)

各个阶段的含义分别为：

(1)技术萌芽期：新兴技术刚刚诞生，一般都只是一个概念，不具有可用性，无法评估商业潜力，媒体有所报道，引起了市场的关注和外界的兴趣。

(2)期望膨胀期：新兴技术逐步成形，一些激进的公司开始跟进，组织项目，媒体开始大肆报道，产品的知名度达到巅峰。

(3)泡沫破裂低谷期：新兴技术的局限和缺点逐步暴露，人们对其兴趣开始减弱，这时大部分创业公司被市场淘汰，只有那些找到早期用户的公司艰难存活，同时媒体报道逐步冷却。

(4)稳步爬升恢复期：新兴技术的优缺点越来越明显，细节逐渐清晰，同时越来越多的人开始理解它，更加理性地对待，同时基于该技术的第二代和第三代产品出现，更多的企业开始尝试，可复制的、成功的商业模式出现。

(5)生产成熟期：经过不断发展，技术标准得到了清晰定义，使用起来越发方便，市场占有率越来越高，进入稳定应用阶段，业界有了公认的评价。

4.1.9 J 曲线

当一国货币贬值或升值时，该国贸易收支及经常账户收支状况一般并不能立即改善或恶化，往往要经过一段时间。由于这种经常账户收支变动的轨迹呈英文字母 J 的形状，所以被称为 J 曲线。其原因在于最初的一段时期内由于消费和生产行为的"黏性作用"，进口和出口的贸易量并不会发生明显的变化，但由于汇率的改变，以本国货币计价的出口收入相对减少，以外国货币计价的进口支出相对增加，从而造成经常项目收支逆差增加或是顺差减少。经过一段时间后，这一状况开始发生改变，进口商品逐渐减少，出口商品逐渐增加，使经常项目收支向有利的方向发展，先是抵消原先的不利影响，然后使经常项目收支状况得到根本性的改善。

通证作为区块链网络中价值交换的媒介，其在实际流通过程中的特性与法币类似。当网络中某两组通证的兑换比率发生改变时，由于消费和生产行为的"黏性作用"，消费者并不能马上做出反应。只有当他们意识到实际价格已变化，才会对当下的消费行为做出调整，从而影响通证的流通数量和速度，见图 4.8。

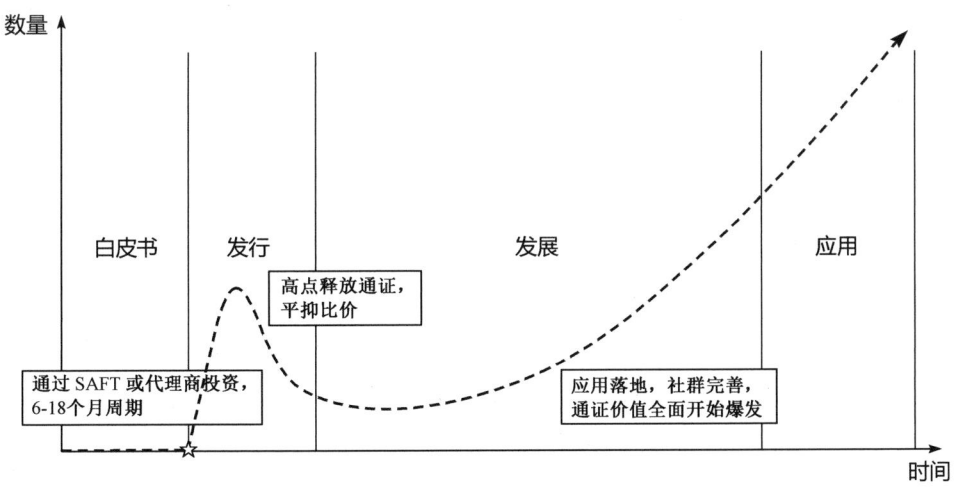

图 4.8　加密货币的 J 曲线

4.1.10 基尼系数

区块链技术之所以被大家看好很重要的一个原因就是它构建了一个相对公平的协作网络。在经济学中衡量资源分配是否公平往往会采用基尼系数。

基尼系数是 20 世纪初意大利经济学家基尼,于 1922 年提出的定量测定收入分配公平程度的指标,是根据洛伦兹曲线找到的判断分配公平程度的指标。在以人口比重为 X 轴,其所占有的财富比重为 Y 轴的坐标系中,由不同人口比重所对应财富

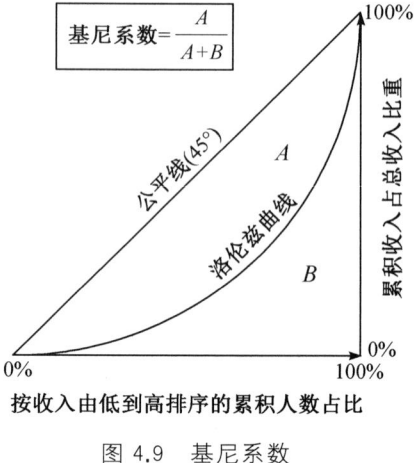

图 4.9 基尼系数

比重的点的连线就是洛伦兹曲线。如果社会财富分配公平,那么它就是一条倾斜角为 45 度的对角线,反之就是一条向内凹陷的曲线,凹陷程度越大说明社会贫富差距越大。

设实际收入分配曲线和收入分配绝对平等曲线之间的面积为 A,实际收入分配曲线右下方的面积为 B。并以 A 除以 $A+B$ 的商表示不平等程度。这个数值被称为基尼系数或洛伦兹系数。该系数介于 0 和 1 之间,系数为零表示收入分配完全公平;系数为 1 则收入分配绝对不公平。系数的大小与洛伦兹曲线的弧度有关,洛伦兹曲线的弧度越小,基尼系数也越小,反之系数越大。如果个人所得税能使收入均等化,那么,基尼系数即会变小。

Srinivasan 将这一概念应用到区块链项目的考察中,探索了对比特币和以太坊去中心化水平的量化研究。他计算了比特币和以太坊挖矿、客户端、开发者、交易、节点和持有者这 6 个子系统的洛伦兹曲线和基尼系数,结果得出了一致的结论:这些公链项目的集中度很高,见表 4.1。

表 4.1　主流加密货币的基尼系数

子系统	衡量指标	比特币 (基尼系数)	以太坊 (基尼系数)	比特币 (数据来源)	以太坊 (数据来源)
挖矿	区块奖励	0.4	0.82	blockchain.info/pools	etherscan.io/stat/miner?range=1&blocktype=blocks
客户端	唯一编码	0.915	0.92	bitnodes.21.co/api/#list-nodes	ethernodes.org/network/1/nodes
开发者	提交给主客户端	0.79	0.91	github.com/bitcoin/bitcoin	github.com/ethereum/go-ethereum
交易所	24小时交易量	0.83	0.85	coinmarketcap.com/currencies/bitcoin/#markets	coinmarketcap.com/currencies/ethereum/#markets
节点	各国间分布	0.84	0.85	bitnodes.21.co/api/#list-nodes	ethernodes.org/network/1/nodes
持有者	高于50万美元地址分布状况	0.65	0.76	nitinfocharts.com/top-100-richest-bitcoin-addresses-0.html	etherscan.io/accounts
最大基尼系数		0.915	0.92		

数据来源：http://news.earn.com/

从表 4.1 中可以看出比特币和以太坊的基尼系数最大值分别为 0.915 和 0.92，因为它们的客户端和节点均集中在一个代码库中（比特币集中于 Bitcoin Core，以太坊集中于 Geth）。如果通过地址来衡量比特币和以太坊的持有者分布，由于比特币与以太坊都采用 PoW 机制产生，绝大多数人没有比特币或以太坊，基尼系数基本上为 0.99 以上。为了达到区块链网络去中心化的目的，改进共识机制和算法让更多人能持有通证是行业未来的发展方向。

4.1.11 Bancor 协议

Bancor 是由著名经济学家凯恩斯提出的，用于构建二战后国际结算体系。他的追随者后来基于此创立 Bancor 协议，通过代码实现和升级了 Bancor 的设计理念。

Bancor 协议用自动化公式算法，连续不断地为任意两个通证之间计算出兑换比率，用相对平滑的交易曲线实现了交易量很小的小规模通证的实时交易。它是一种自动定价的一篮子通证，通俗讲为：任给一枚通证，系统会根据篮子里该币的储备量定价,兑换相应的智能通证。

由于篮子里的货币是相互绑定的,并且定价是按照市场供需情况由算法计算得出,既没有利用竞价规则炒作的风险,也没有任何空手套白狼的做多做空工具,更没有任何被挪用的可能,因此智能通证具有良好的流动性。

智能通证是利用Bancor协议,以一定比例的储备金作为抵押发行的通证,其实时价格会根据发行总量自动调节。智能通证与对应的连接器通证市值比率被称为储备金比例(connector weight,简称CW),由智能通证的创建者设定,决定智能通证价格对交易量的敏感度,在连续交易过程中通常是固定的。储备金比例在不同范围时,需求和供给的曲线不同。

普通的通证通过爱西欧方式发行,并在二级市场得到相应的流动性。由于在当前加密数字货币市场存在较为显著的长尾现象(前10%的通证占整个所有通证市值的95%,占所有交易量的99%),令许多新通证或者市值较小的通证无法获得足够的流动性。

Bancor的设计从理论上给这部分缺乏流动性的通证提供一个可以进行买卖交易的地方,即用智能合约充当做市商角色。用户可以直接跟智能合约进行买卖,通过一定的算法实时报价,在此通证买卖环境下,币价随着用户不断买入而增高,随着用户不断卖出而下跌。

与传统二级市场相比,Bancor的设计存在显著不同。

(1)基于Bancor算法的交易和普通交易的区别

①市场环境采用数学模拟

通过数学公式模拟的市场环境是一个绝对理想主义的定价体系,即价格与供应量遵循某一人为定义的函数关系,而现实世界由于供应量无法随时调整,价格与供应量无法形成一一对应的关系,两者的定价机制存在很大的不同。普通的爱西欧供应量是人为预先确定的,再通过市场需求(使用需求和投机需求)的变化带动价格的涨跌,价格预测存在一定不确定性。Bancor协议的原理是通过市场需求确定供应量和对应的价格,当通证价格在市场可承受范围之内,市场需求不断上升时,通证会不断被释放出来。同时,由于价格的上升,会使得市场需求降温,早期买入者选择卖出获得收益,人们可以根据系统中通证的出售数量准确预测价格涨跌幅度,使得市场更具公平性。

②滑点交易

根据数学公式进行报价的系统使得通证没有价格承载量,即同一笔交易,交易量的大小会导致最后成交的价格不同。由于跟智能合约的交易不是传统的撮合买卖方的交易,可以将其当成普通的交易分开为独立、不在同一时点、价格不同的两个智能合约交易,称为异步流动性。

传统的交易其实是一个双边撮合的问题,即买方和卖方对同一事物在同一时点的价格达成一致。当交易深度不足时,订单成交的可能性将会降低(传统二级市场会通过将风险转嫁给做市商的方式来提高成交率,然而做市商也会出于平衡风险头寸的考虑,无法百分百保证当前市价的订单成交),而异步流动性降低了达成二级市场需要的门槛。与此同时,用户需要为滑点买单,因为即使是一笔微小的买入量(卖出量)也会使得价格上升(下降),量越大价格变动越大,而一个流动性越强的市场,交易对价格的冲击越小,买卖双方的合作可以抵消掉这部分的价格冲击。即使当很多人使用智能合约进行买卖,使得价格波动总是在一定范围内,但由于类似于单机的交易,个人总是要承担自己买卖的数量带来的市场价格波动。

除此之外,由于曲线的人为设定,并不一定能反映市场价格和数量方面的需求关系,存在失真。从这个方面说,Bancor协议并不适合于形成一个成熟的交易市场,但它对早期流动性缺失和项目交易启动能提供一定的帮助。

③通证的发行和回收

Bancor协议使得通证的发行和回收可以根据市场需求进行,这种做法能够较好地反映市场需求,不会稀释单价,减少超发、滥发的情况发生。由于合约里储备的价值总是有限的且小于通证的价值,当市场不再有买入量时,先兑换的人总是能兑到较高的价格。因此当市场对通证不看好时,人们会倾向于提前变现,因此容易发生挤兑。

④较低的中间费用

传统做市商通过双边报价的价差获取收益,Bancor协议买卖曲线是同一条,不存在价差问题,即买入价与卖出价相等,减少了中间费用。

（2）Bancor 算法的数学原理

在 Bancor 的设计中，存在两个池：储备金池和通证池，储备金池里的资金可用于用户向智能合约卖出通证时兑换出储备金。

根据 Bancor 白皮书中的描述，Bancor 的数学公式如下：

$$CW = \frac{储备金余额}{通证池总价值}$$

$$通证池总价值 = 价格 \times 通证供应量$$

假设通证池的总价值为 SP（S 为供给量，P 为价格），储备金率为 F，储备金余额为 R，即 $R = FSP$，对于任一无穷小的购买量 dS，需要支付 PdS 的储备金，即 $dR = PdS$，同时对 $R = FSP$ 进行微分，得到 $dR = d(FSP) = Fd(SP) = F(SdP + PdS)$。

从而 $PdS = F(SdP + PdS)$

$\Rightarrow PdS(1 - F) = FSdP$

$\Rightarrow PdS(1/F - 1) = SdP$

令 $\alpha = 1/F - 1$，则：

$$PdS\alpha = SdP$$

$$\Rightarrow \alpha \frac{dS}{S} = \frac{dP}{P}$$

$$\Rightarrow \alpha d\log S = d\log P$$

$$\Rightarrow \alpha \log S + A = \log P$$

$$\Rightarrow e^A S^\alpha = P$$

$$\Rightarrow P = \left(\frac{S}{S_0}\right)^\alpha P_0$$

由此得出通证的实时价格公式。可以看出，当 CW 取不同值时有不同的函数曲线，其中 CW 取值越小，价格波动越剧烈。

我们分四种情况进行描述如下：

当 CW＝100％，见图 4.10。价格非常稳定，就好比金本位制度，布雷顿森林体系的美元与黄金挂钩，直接用黄金作为抵押品，双向等价兑换。

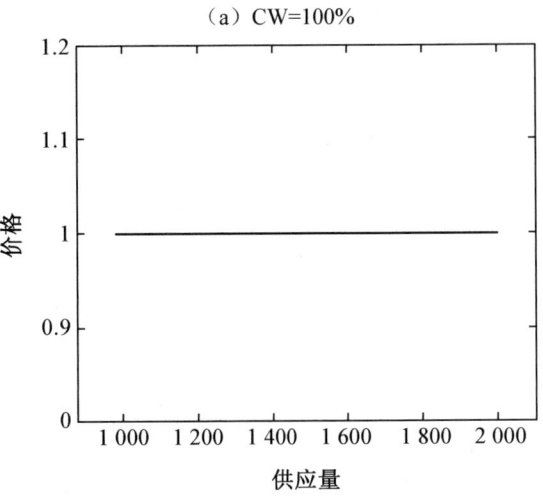

图 4.10　Bancor 函数曲线(1)

当 CW＝50％,见图 4.11。价格与供应量线性相关,随着抵押发行的通证供应量增加,智能通证的价格也成比例增加。

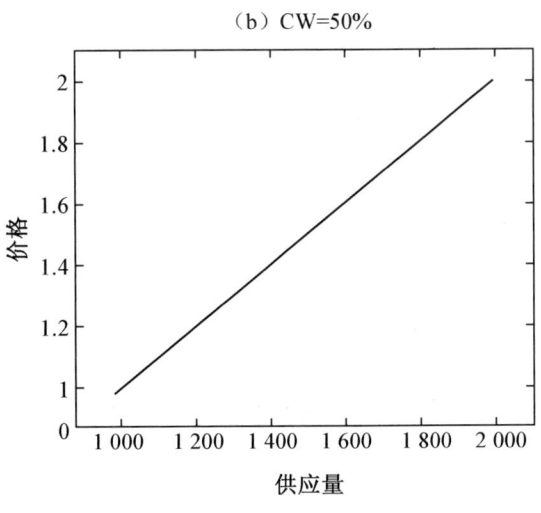

图 4.11　Bancor 函数曲线(2)

当 CW∈(0,50％)时,价格与供应量非线性相关,随着供应量的增长,增长的曲线会变得更加陡峭。

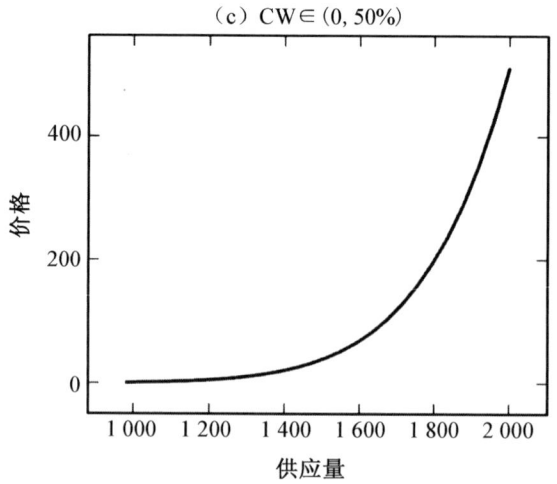

图 4.12　Bancor 函数曲线(3)

当 CW∈(50％,100％)时,价格与供应量非线性相关,价格和供应量之间的相关性变小,直到关联度增加到 100％,价格为一恒定值。

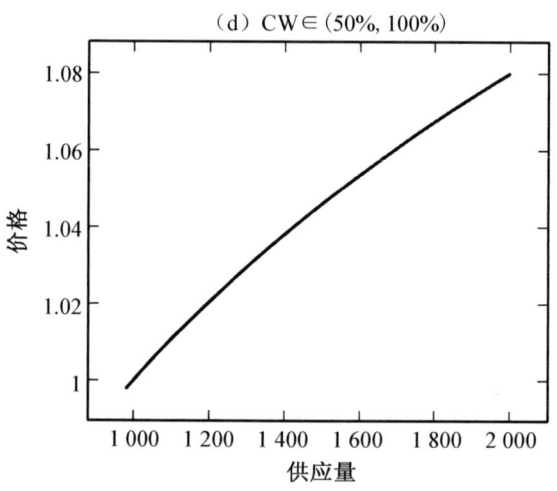

图 4.13　Bancor 函数曲线(4)

可以看出,CW 是 Bancor 协议中比较重要的参数,体现了智能通证的储备水平。储备金比例高,价格的稳定性就高;储备金比例低,价格的稳定性就低。

假设,用户向智能合约购买 T 个通证,即将原有供应量 S_0 推高到 S_0+T,需要付出的代价为 E,利用积分公式进行推导:

$$E = \int_{S_0}^{S_0+T} P \, \mathrm{d}S = \int_{S_0}^{S_0+T} P_0 (S/S_0)^\alpha \, \mathrm{d}S$$

$$= P_0 S_0 \frac{(S/S_0)^{\alpha+1}}{\alpha+1} \bigg|_{S=S_0}^{S_0+T}$$

$$= P_0 S_0 \left\{ \frac{[(S_0+T)/S_0]^{\alpha+1}}{\alpha+1} - \frac{(S_0/S_0)^{\alpha+1}}{\alpha+1} \right\}$$

$$= \frac{P_0 S_0}{\alpha+1} \left[\left(1 + \frac{T}{S_0}\right)^{\alpha+1} - 1 \right]$$

$$= F P_0 S_0 \left[\left(1 + \frac{T}{S_0}\right)^{1/F} - 1 \right]$$

$$= R_0 \left[\left(1 + \frac{T}{S_0}\right)^{1/F} - 1 \right]$$

$$= R_0 \left(\sqrt[F]{1 + \frac{T}{S_0}} - 1 \right)$$

从价格公式不难看到,随着供应量的增加,价格在不断上涨,决定曲线的关键是储备率 CW,通过更改 CW 可人为定义曲线的形态。从通证价格上涨逻辑来说,由需求推动供给增加,可以抑制过度发行造成价格下降,有效调节市场需求和供给的关系。但是从满足市场需求来说,这种变动模式会被投机者利用,在早期买入大量通证,过度哄抬价格,使得真正有需求者需要付出很高的成本,当成本收益比变大时导致市场需求被抑制,不利于生态的扩大和发展。

除了单个储备池的普通模式,Bancor 协议还提出了两个储备池的模式,其中,通证的两个储备池权重之和为 100% 的模式称为中继通证,该模式可用于为两种已存在的通证提供兑换通道。例如,A、B 是分别和 X 相互连接的两个通证,用户可以通过将 A 换成 X,将 X 换为 B 实现 A 和 B 的互换。

(3) EOS RAM 的数学解释

Bancor 的提出为项目提供了一种新的定价思路和交易模式,为缺乏流动性的通证赋予一定的投资价值,当然也可以将某一无法流通的资源通证化,再加入 Bancor 算法,通过市场流动性促进资源的有效利用。在这一方面,EOS 做出了大胆尝试。

我们知道,在EOS网络中,目前提供使用的资源有两类,一类是RAM,用户通过购买获得;另一类是CPU和网络带宽,用户通过抵押获得。把EOS理解为区块链操作系统,CPU和网络带宽是跟时间相关的,一定时间内你可使用的CPU和网络带宽是有限的,可使用量和你抵押的EOS数量相关,随着时间的流逝,CPU和网络带宽会慢慢恢复,抵押的EOS在不用时可以全部退回。

而RAM其实就是我们常说的内存。由于EOS是以0.5秒一个区块的速度高速运转,系统中的账号信息、智能合约执行信息的当前状态是存储在内存中的,因此这些信息需要长期占用内存。当存储账号状态的空间不足即RAM不足时,某些交易及其他操作就无法执行。例如你虽然余额中有足够的EOS,但RAM不足,你仍需要先购买RAM才能部署智能合约。

RAM的交易机制采用Bancor算法,通过中间令牌RAMCORE来保证EOS和RAM之间的交易流通性。从EOSIO代码看EOS→RAM的交易,是通过EOS→RAMCORE,RAMCORE→RAM来实现的,反之一样。

用Excel表格拟合出RAM的价格变化图,如图4.14所示。

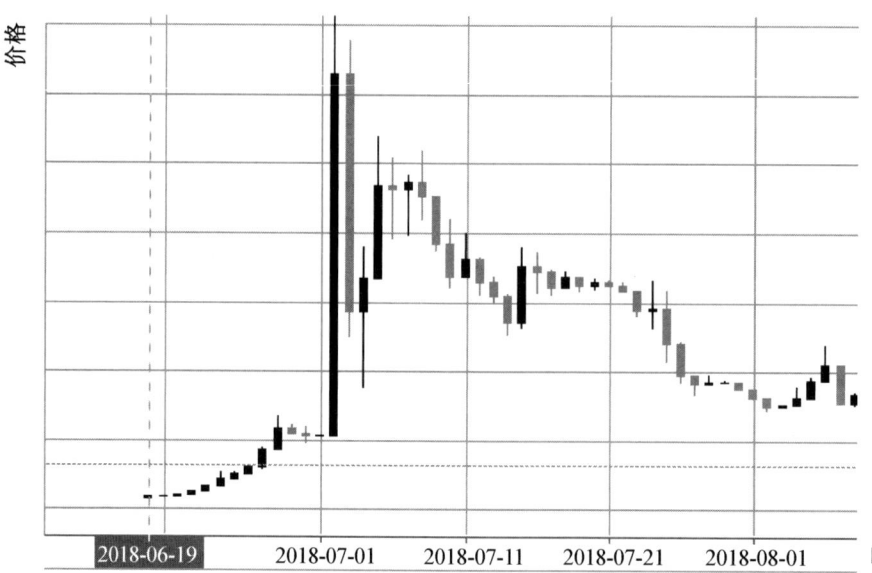

图4.14　RAM的价格变化模拟图

RAM 的历史价格走势如图 4.15 所示：

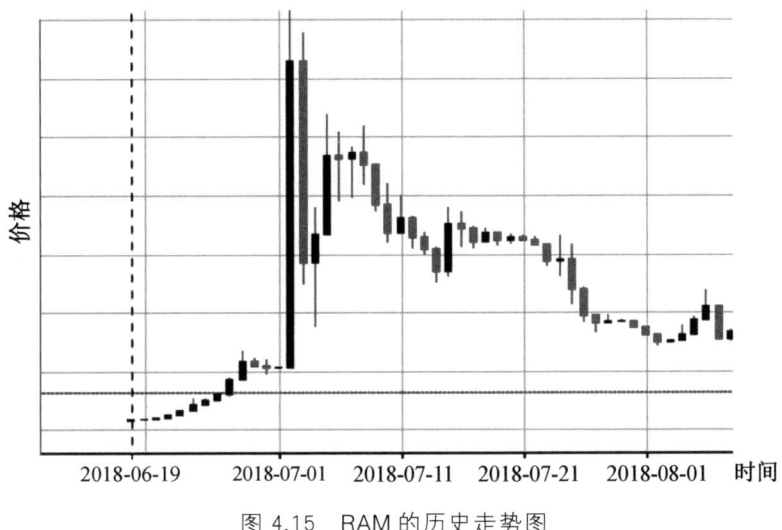

图 4.15　RAM 的历史走势图

由图 4.15 可见，从 2018 年 6 月 19 日开始，RAM 的价格完美地按照设定的函数逐步升高，并在 2018 年 7 月 2 日后到达某一价格点快速回落，之后价格基本上一路走低。可以看出，RAM 所设定的函数曲线，当已出售的量到达某一点时价格处于极大风险值中，此时系统再出售或回收数量极少的 RAM，都会引起价格疯狂的上涨或下跌，不利于价格在高位保持。这种特性在场外市场还没建立的情况下，无法保持 RAM 更好地流通，同时更容易被投机者操控价格。

由于 RAM 始终属于稀缺资源，当开发者持续在 EOS 上进行开发，将来仍不可避免会面临系统资源使用成本极大的问题（由于投机炒作使得真正的开发需求得不到满足，尽管目前的 RAM 使用率并不高）。除非改变中间令牌 RAMCORE 的储备率，进而使得价格曲线发生改变。然而从 Bancor 曲线的定义来看，越平缓的价格波动需要越高的储备率，这意味着项目方需要越多的资金锁定在合约里供用户兑换，显然这对项目方来说是不利的。从这个层面来说，RAM 采用 Bancor 的中继算法无法使得 EOS 的生态可持续、稳定地发展，可能只会成为投资的温床。

Bancor 算法为通证的流通和升值创造了一个新的逻辑，从理论上说可以为缺乏流动性的通证带来一定的流动性或者作为新通证的启动方式,然而这种方式是存在缺陷的,除了文章开篇提到的一些缺陷之外,储备池的模式还存在其他的漏洞,例如,储备货币价格波动。当储备货币大幅贬值,有可能使得供应量越大价格越高的设定并不成立。这些特点使得这样的市场不足以成为一个较为成熟和完善的市场,这一点其实 Bancor 的创建者也注意到了,因此在其白皮书上反复提到了 Bancor 算法定价市场是一个套利市场。如果一个通证的流通市场想要走向成熟的话,仍不可避免要有普通交易市场的融入,使得真正的市场需求和价格达到平衡,从而系统可以稳健地发展。同时,在设计 Bancor 曲线时也有诸多考虑的因素,需要结合通证属性和项目方的需求进行设计。

目前区块链经济体量仍然比较小,对传统经济体系依赖较强,大部分使用者本能上认同法币本位,内部锚定的稳定型通证很难获得认可,因此缺乏使用 Bancor 协议的理念创立跨平台稳定型通证的条件。稳定型通证是行业不断探索和追求的一个方向,不过 Bancor 协议的设计理念和方案确实为今后行业稳定型通证的发行和流通机制提供了一个很好的思路。

4.1.12 戈登模型

戈登模型(Gordon model)揭示了股票价格、预期基期股息、折现率和股息固定增长率之间的关系,又称为不变增长模型(constant-growth model),是股息折现模型的一个特例。

该模型有三个假定条件:

(1)股息的支付在时间上是永久性的;

(2)股息的增长速度是一个常数;

(3)模型中的折现率大于股息增长率。

戈登模型的计算公式为:

$$V = D_0(1+g)/(r-g) = D_1/(r-g),$$

其中,D_0、D_1 分别是初期和第一期支付的股息,r 为折现率,g 为股息年增长率。

当公式中的股息年增长率 g 等于零时,不变增长模型就变成了零增长模型。所以,零增长模型是不变增长模型的一种特殊形式。

4.2 通证估值模型

4.2.1 通用估值模型

(1) NVT 比率

另外,在传统股票市场中,市盈率(price earnings ratio)是指某种股票每股市价与每股盈利的比率,是用来评估股价水平是否合理的指标之一,高市盈率描述了估值过高或高增长的公司。与之不同的是,数字货币作为一种加密资产,并不是像企业这样的实体,所以不能用这种方式来估值。

梅特卡夫定律描述了技术应用中的网络效应,即网络使用者越多,网络价值就越大。由于加密货币本质上是一种支付和价值网络存储,我们可以将流经其网络的资金视为"网络收益"。

基于此,国外的 Willy Woo 和 Chris Burniske 提出了 NVT 比率(见图4.16),全称是 Network Value to Transactions Ratio,即网络价值对交易比率(发布在 woobull.com)。其公式如下:

$$NVT = 通证网络价值 / 通证每日交易量$$

公式中分子上的"加密货币网络价值"指的是加密货币的交易价格乘以流通总量,即"市值"。而对比市盈率来看,由于加密货币和企业不同,它没有盈利,所以就用代表区块链潜在效用的"每日交易量"来体现其业绩指标。在这里需要强调的是,因为发生在交易所的交易大部分属于投机行为,所以 NVT 中所用的日交易量只考虑链上交易。

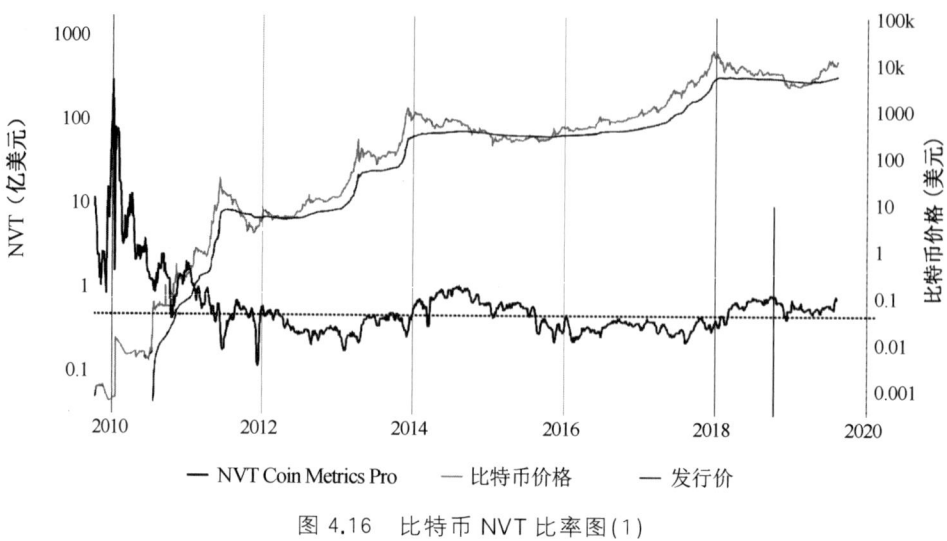

图 4.16 比特币 NVT 比率图(1)

NVT 估值方法在比特币估值中已有经典应用,以下为两个 NVT 比率的使用案例:

①NVT 比率越高,投机价值越高

从图 4.17 可以看出,在比特币诞生的早期,NVT 比率增长非常陡峭。这意味着市场对比特币网络价值的估值远高于其实际价值,这一点与传统股市中的新股高增长的 PE 比率非常相似。

图 4.17 比特币 NVT 比率图(2)

②使用 NVT 比率检测比特币泡沫

使用 NVT 比率来检测比特币泡沫是其最具实用价值的应用,我们可以利用 NVT 比率判断是否买入或卖出比特币。

在 2011 年、2013 年初、2017 年下半年,比特币价格暴涨,随后 NVT 比率超出正常范围。这是比特币有史以来最大的三次泡沫,见图 4.18。

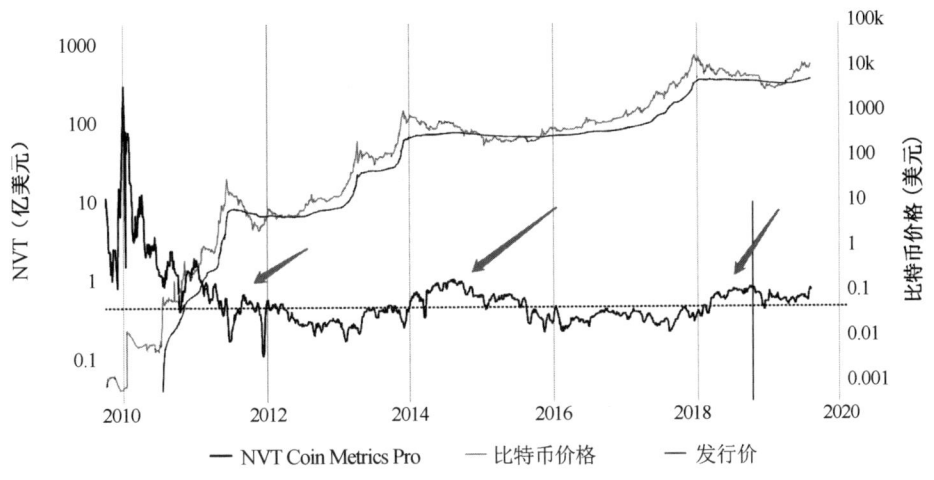

图 4.18　比特币 NVT 比率图(3)

除了对某个加密货币进行估值外,还可以使用 NVT 比率对同类型的多个加密货币进行比较估值,也就是相对估值。这个相对估值的指标称为 NVTG 比率(增长比率 NVT)。例如,我们将使用 UTXO 的比特币、莱特币、Zcash、Decred、Dash、Bitcoin Cash(BTC)放在一起进行相对估值,见图 4.19。

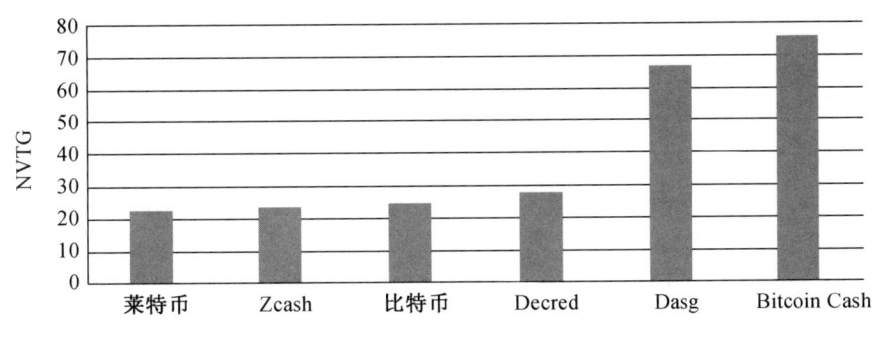

图 4.19　加密货币相对估值图

从图中我们可以看到，莱特币是目前最被低估的加密货币，而 Bitcoin Cash 是最被高估的加密货币。此外，对于成长型的加密货币，NVTG 比率可以通过分析 NVT 比率在各个加密货币的不同成长阶段、交易量等因素来获知它们的基本面，类似于个股的 PEG 比率（P/E ratio for growth）。

NVT 比率为通证估值指出了一个方向，但其仍然存在诸多不足。首先，NVT 比率仅仅考虑了链上交易，忽略了二级市场的交易。对绝大多数通证而言，二级市场的交易量占据很大的比例。其次，每日交易量数据真实性有待考证，影响数据准确性的因素较多。最后，通证交易量与其价值的正相关性值得怀疑。一个反面案例是，美元的交易量远高于比特币，而比特币的价值远高于美元。

（2）梅特卡夫估值法

梅特卡夫定律的内在逻辑是：在一个网络型的产品中，每一个新增用户都会给原有用户带来价值的增量，因为网络的价值是与网络中的连接数量成正比的，所以假设有第 $n+1$ 个用户加入网络，他将给网络带来 n 个新的连接。公式如下：

$$NV_t = C \times n_t^2$$

其中：NV 是网络的价值，C 是一个系数，n 是网络节点数，t 是具体时间点。

梅特卡夫定律有三种较为典型的预测模型变体，见图 4.20。

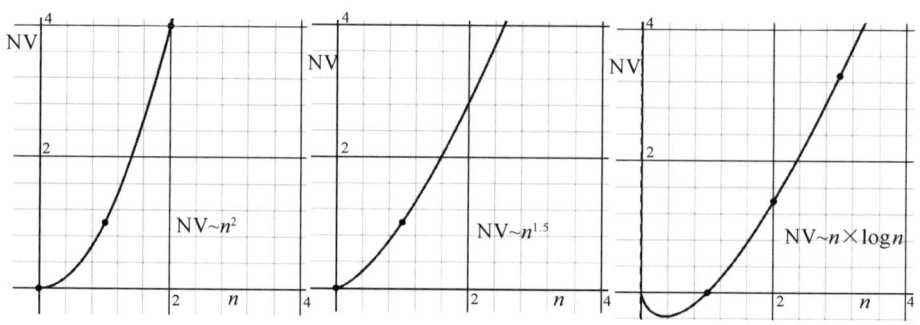

图 4.20　梅特卡夫定律的三种变体

① 原始梅特卡夫定律

$$NV = C \times n^2$$

② 广义梅特卡夫定律

$$\text{NV}(广义) = C \times n^{1.5}$$

③ Odlyzko 定律（又称 Zipf's Law）

$$\text{NV}(\text{Zipf}) = C \times n \times \log n$$

依照梅特卡夫定律，国外研究者提出了 PMR 比率和 NVM 比率两种估值方法。以下分别进行介绍：

① PMR

基于梅特卡夫定律，Clearblocks 团队提出了 PMR（Price to Metcalfe Ratio，价格与梅特卡夫比率）。

Clearblocks 团队统计并分析了 2010 年至 2018 年期间三种梅特卡夫定律预测模型的表现，选取了广义梅特卡夫定律 $\text{NV}(广义) = C \times n^{1.5}$ 建立了 PMR 计算公式：

$$\text{PMR}_{\text{Clearblocks}} = \ln \frac{\text{NV}}{\text{MA}_{30}(n^{1.5})}$$

其中 n 是每日活动地址（DAA），MA_{30} 是 30 天移动平均值。

通过该公式对比特币的 PMR 进行计算，得到图 4.21。

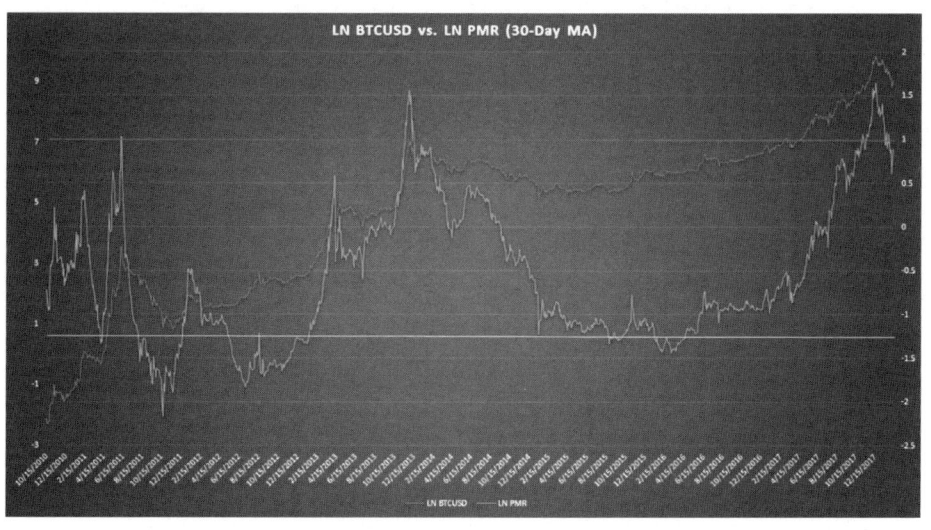

图 4.21　比特币 PMR 图

图 4.21 准确预测了比特币价格的三次调整,从结果来看,当 PMR 超过 1 时比特币价格出现了修正,当 PMR 小于 -1.25,比特币价格出现了回升。

我们再对以太坊进行 PMR 计算,得到图 4.22。

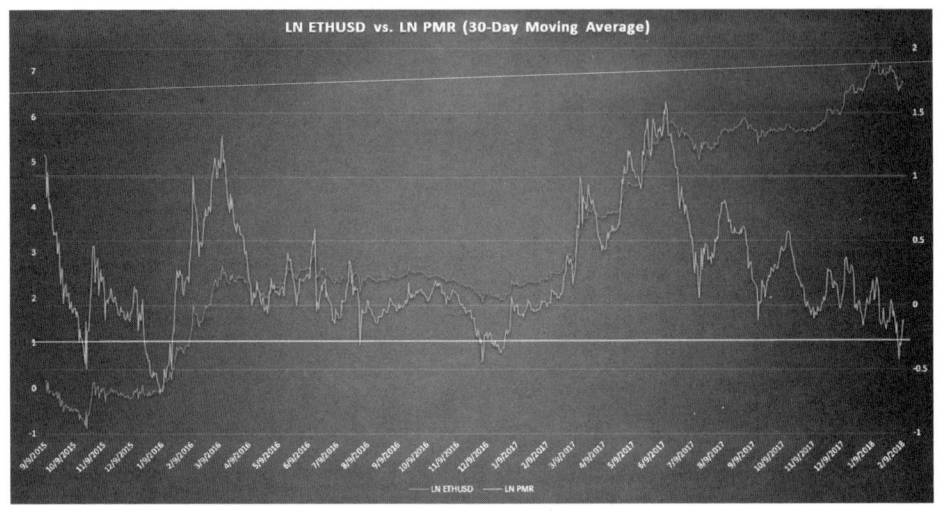

图 4.22 以太坊 PMR 图

从图 4.22 中可以看出,与预测比特币类似,PMR 准确预测了以太坊的 4 次主要调整,而当 PMR 低于 -0.25 的时候,确实是绝佳的买入机会。

由此可见,相对于 NVT 比率,PMR 具有一定的准确性。但是,同样的道理,PMR 与 NVT 比率一样,只能采用链上交易数据。

另外,选取不同的梅特卡夫预测模型,也会对预测结果造成影响。以下分别基于原始梅特卡夫定律 $NV=Cn^2$ 和 Odlyzko 定律 $NV(Zipf)=C\times n\times \log n$ 进行 PMR 计算:

a.将原始梅特卡夫定律作为分母,代入 PMR 公式,得到:

$$PMR_{Metcalfe}=\ln \frac{NV}{MA_{30}(n^2)}$$

根据比特币价格绘制此 PMR,见图 4.23。

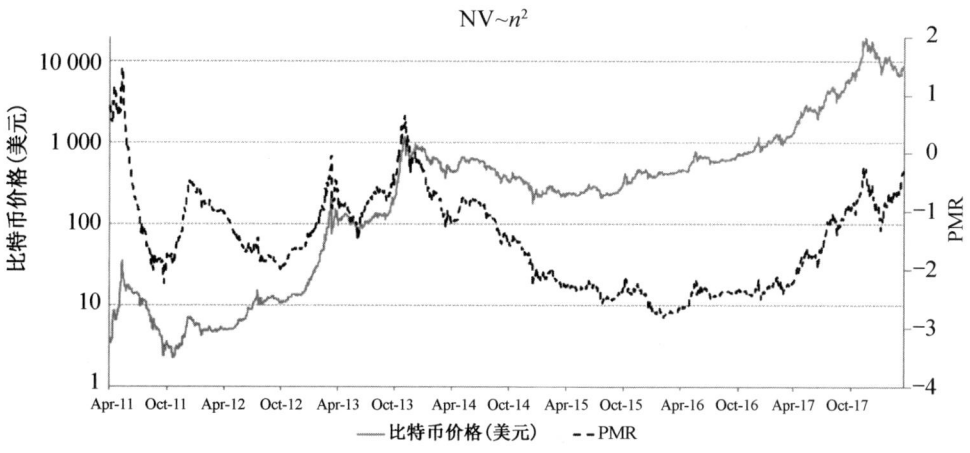

图 4.23 基于原始梅特卡夫定律的比特币 PMR 图

b. 将 Odlyzko 定律作为分母,代入 PMR 公式,得到:

$$\text{PMR}_{\text{Odlyzko}} = \ln \frac{\text{NV}}{\text{MA}_{30}(n \cdot \ln n)}$$

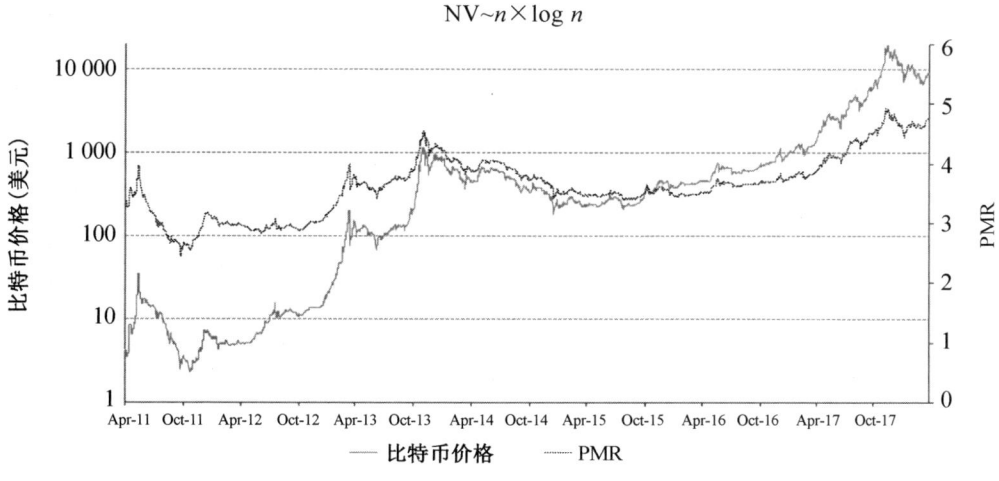

图 4.24 基于 Odlyzko 定律的比特币 PMR 图

从图 4.23 和图 4.24 我们可以看出,基于不同的梅特卡夫预测模型我们得到了不同的比特币 PMR,这几种比率相差较大,甚至在某些时间点对比特币的预测结果互相矛盾。

②NVM 比率

通过分析基于不同梅特卡夫预测模型的 PMR，我们可以得出结果：原始梅特卡夫可能高估了网络价值，而 Odlyzko 定律则可能低估了网络价值。

因此，国外的研究者 Dmitry Kalichki 提出了新的估值方法：利用不同的比率作为网络价值的上下限可以得到实际网络价值的运行区间，以上下限的均值作为估值。这种方法就是 NVM 比率（network value to Metcalfe ratio，网络价值与梅特卡夫比率）。

NVM 的推导过程如下：

基于原始梅特卡夫定律的上限为：

$$\ln(\text{NV}_{\text{actual}}) < 上限 = a_1 + b_1 \times \text{MA}_{30}[\ln(n^2)]$$

基于原始梅特卡夫定律的下限为：

$$\ln(\text{NV}_{\text{actual}}) < 下限 = a_2 + b_2 \times \text{MA}_{30}[\ln(n \times \ln(n^2))]$$

根据经验值选择每个边界的常数 a 和 b，使得最窄的通道也能够覆盖网络价值波动。然后，我们绘制出网络价值及网络价值的上下限边界，由此得到 NV 边界图，如图 4.25 所示。

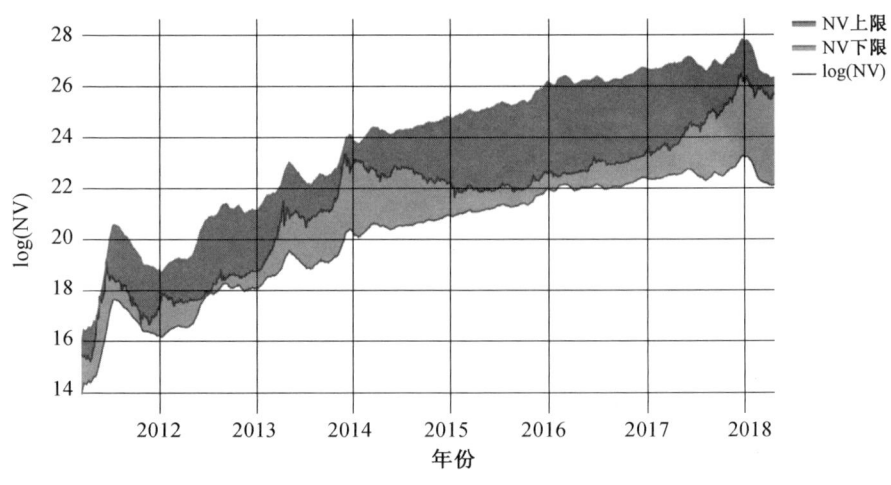

图 4.25　NV 边界图

现在有了稳健的上限和下限,我们可以参照布林带的方法构建一个新的基于梅特卡夫定律的估值指标。我们对指标进行简化,得到网络价值与梅特卡夫比率(NVM),其公式如下:

$$\mathrm{NVM} = \ln(\mathrm{NV}_{\mathrm{actual}}) - \ln(\mathrm{NV}_{\mathrm{Metcalfe}}) = \ln\left(\frac{\mathrm{NV}_{\mathrm{actual}}}{\mathrm{NV}_{\mathrm{Metcalfe}}}\right)$$

其中,$\mathrm{NV}_{\mathrm{actual}}$为 NV 实际值,$\mathrm{NV}_{\mathrm{Metcalfe}}$为梅特卡夫值。

接下来,对 NVM 进行标准化,使得无论边界之间的走廊有多宽,NVM 值都始终保持在 -1 和 1 之间。公式如下:

$$\text{标准化 NVM} = \frac{\mathrm{NVM}}{\frac{\text{上限} - \text{下限}}{2}}$$

NVM 可以表示具有上下限参照的网络价值状况,从而可以使得任何高估或低估可以量化描述。标准化 NVM 值为 -1,表示网络值接近下限;值为 1,则表示网络价值已经达到上限。

图 4.26 是标准化 NVM 和比特币网络价值图。从图中可以看出,高 NVM 已经成功预测了 2011 年、2012 年、2013 年、2014 年和 2017 年底的调整。比特币网络价值在 2018 年初已经接近上限,NVM 约为 0.75。目前的 NVM 值甚至高于 2017 年 12 月的水平,并处于 2014 年泡沫高峰期的水平。这点可以看出,NVM 对于我们评估一个通证的价格是否高估或者低估提供了一个很好的参照系。

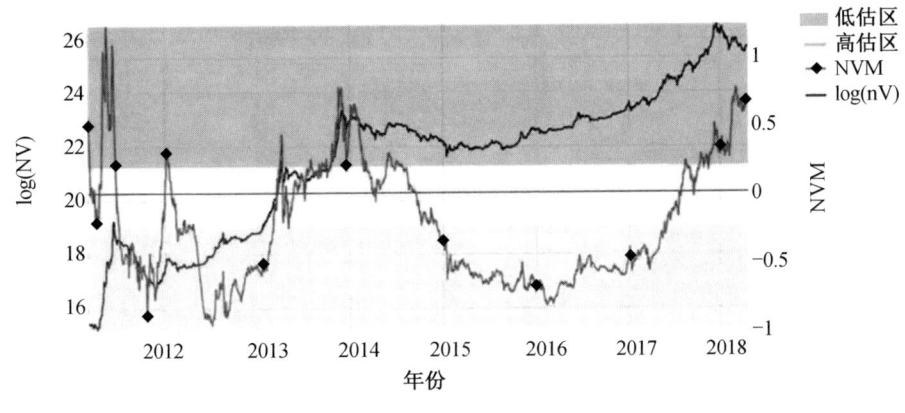

图 4.26 比特币 NVM 比率图

(3)成本分析法

成本分析法最早由 Adam Hayes 提出,目的是对比特币进行估值。Adam Hayes 的理论依据是比特币挖矿的边际成本应该等于边际收益。Adam Hayes 认为,理性的矿工只有在盈利的情况下才会挖矿,如果挖矿的边际成本超过了边际收益,矿工将会停止挖矿或者从网络中移除算力。

成本定价法的基本思路是用矿工每天的挖矿成本(Eday)除以每天挖到的比特币数量(BTC/day),得到单位比特币的挖矿成本 P:

$P = \text{Eday}/(\text{BTC}/\text{day})$

$\text{Eday} = (\rho/1\,000)(\$/\text{kWh} \times \text{WperGH/s} \times \text{hrday})$

其中 ρ 为矿工拥有的算力,\$/kWh 是电力单价,WperGH/s 是硬件的能源效率,hrsday 是一天中的小时数。

综合考虑挖到的比特币数量和挖矿成本,计算出比特币成本价格。该价格可视为比特币的价格下限。Adam Hayes 利用这种方法对比特币进行了实证检验,发现比特币的价格变化的 92% 可以由成本分析法模型解释。

很多通证最初是矿工通过"挖矿"的方式获得的,是为奖励这些矿工提供算力资源的一种补偿机制。当前绝大部分的算力资源都集中在少部分"矿场主"手中,由于平台的开放性和匿名性,数字货币的购买者难以形成共谋,因此"矿场主"拥有交易市场的定价权。

根据微观经济学理论,长期看,垄断竞争市场中的生产者可以调整生产规模,也可以加入或者退出生产集团,因此长期市场均衡时垄断竞争市场中的生产者利润为零。这意味着矿池算力竞争的最后结果是"矿场主"只获得经济利润,即平均收入等于平均成本。根据收入=长期均衡价格×产量,因此数字货币的长期均衡价格等于平均成本。

我们以比特币为例,采用成本定价法计算它的均衡价格。当前最新的比特币矿机蚂蚁矿机 S1753T 2019 年 6 月中旬的报价为 17 800 元,有 53 000 G 算力,每天可挖 0.0018 个比特币。它的功率为 2 385 瓦,按照行业平均电力价格计算,每天电力成本为 34.34 元。假定蚂蚁矿机 S1753T 的折旧年限为 3 年,则每天的固定资产折旧为 17 800/(365×3)=16.26 元。因此生产一枚比特币的成本为(16.26+34.34)/0.0018=28 111.1 元,故比特币 2019 年 6 月的均衡价格为 28 111.1 元。

值得注意的是,成本分析法给出的结果只是理论上的均衡价格,并不是它的实际价格。比特币的实际价格是受多种因素影响的结果,因此必须审慎看待成本定价法的结论。不过,因为数字货币的产出需要矿工分享算力资源,当数字货币的市场价格低于成本时,参与挖矿的矿工就会减少,数字货币的价格将会上升。从这一角度看,成本定价法对于数字货币的定价还是有实际的指导意义的。

4.2.2 货币数量估值法

(1) INET 模型

INET 模型由 Chris Burniske 提出,INET 是其虚构的一个区块链项目通证名称,该项目为用户提供去中心化虚拟专用网(VPN)共享带宽的服务。

Chris Burniske 是最早将费雪方程式用于通证估值的研究者,INET 就是基于费雪方程式的案例应用。

INET 模型的核心逻辑是根据通证使用场景特征构造模型,该模型适用于部分功能型通证的估值,不适用于证券型通证的估值。在确定项目所在行业的总体市场规模和该项目未来市场占有率后,我们可以估算支持该区块链项目经济生态运转所需通证(生态货币)的基础规模。将通证估值与当前价格进行比较,我们可以判断该通证值得买入还是卖出。

Federico Caccia 以 Stellar(恒星币)为例,利用 INET 模型进行了估值。Stellar 是一种开源支付技术,其通证名称为 XLM。以下为估值步骤:

①确定总体市场规模(total addressable market,简称 TAM)

首先,我们对 Stellar 的市场进行分析。Stellar 具有以下应用场景:

- 汇款
- 移动支付
- 手机钱包
- 小额支付
- 为没有银行账户的客户服务

基于公开披露的市场数据,2017 年的 TAM 为 4920 亿美元。根据相关机构的预测,到2024年之前,每年的移动支付市场的组合年增长率(CAGR)为20%。由于各个细分市场之前组织边界模糊,TAM应当涵盖绝大部分市场。

Stellar大力开发的另一个市场是爱西欧市场,Stellar支持在其上进行DApp开发。在Stellar上建立的第一个DApp是Mobius,其初始市值为1500万美元。在2017年一整年里,Stellar上的爱西欧的资金超过了50亿美元,而在2018年第一季度,它的市值已经超过了50亿美元。

②技术采用曲线

移动支付市场是一个竞争激烈的市场,行业发展非常快,很难对这个市场进行精准预测。为此,我们创建三种不同的情景:乐观、中等和悲观。

乐观的情况是经过很长一段时间,Stellar成功达到TAM的20%,中等情况是Stellar达到了TAM的10%,悲观的情况是Stellar最终只占有TAM的1%。

绝大部分创新技术的市场推广过程遵循S曲线,为了使采用曲线更加精确,这里假定Stellar网络刚开始增长速度很快,随后速度达到最大,后来速度下降。经过很长一段时间达到TAM的90%,这时速度很小,即市场已经成熟。

基于这些假设,接下来我们会针对三种不同的情景分别进行模拟。

③网络动态

接下来分析通证网络动态,我们需要知道:

- Stellar基金会每年会释放多少通证;
- 投资者或利益相关者持有多少通证;
- 是否存在通货膨胀/通货紧缩;
- 通证的流通速度有多快。

XLM分配情况见图4.27。

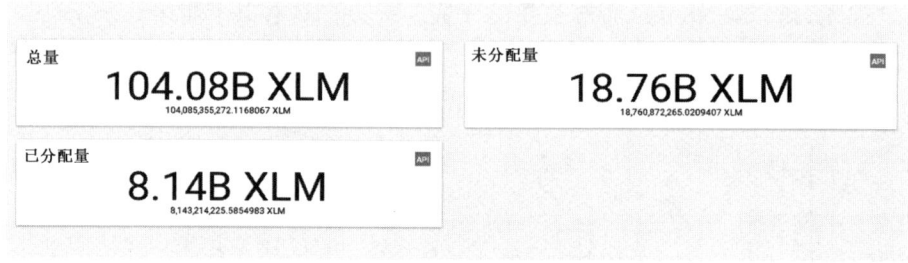

图4.27 XLM分配图

根据图 4.27,目前在市场上流通的 XLM 占比不到总数的 10%,其余的由 Stellar 发展基金会(Stellar Development Foundation,简称 SDF)持有。

由于 SDF 没有公布具体的分配计划,这里假设所有的通证在经济系统中都可用。Stellar 根据投票系统分配 XLM,通证以每年 1% 的速率释放到网络中。每个账户可以投票支持另一个账户作为其通货膨胀的发放地址,并且此投票根据用户持有 XLM 数量占总量的比重加权确定。

任何超过网络其他账户 0.05% 投票的账户都会收到一定比例的增发的新 XLM,这部分返佣构成费用池的一部分。考虑到 Stellar 网络的费用过低,费用池的分配不太可能成为 XLM 持有者获得返佣的重要来源。因此,我们很难估计市面上所有用户的占比。

④通证流通速度

通证流通速度指的是通证在生态用户之间转换的频率,不包含为了投机在二级市场进行的交易。

为了更好地研究 Stellar 的通证经济模型,我们选取生态中的两个用户:用户 A 和用户 B。假设用户 A 想通过 Stellar 网络与用户 B 完成交易。在开始之前,用户 A 需要先从交易所购买一些 XLM。购买之后,用户 A 会立刻与用户 B 进行交易,因为他害怕 XLM 贬值。用户 B 收到 XLM 后,也会立刻卖给其他人,因为 XLM 对用户 B 来说没有用处。

Stellar 的通证经济系统与其他鼓励用户长期持有通证的系统不同,用户仅仅将 XLM 作为一个交易工具。他们担心 XLM 贬值使得自己遭受损失,于是不会长期持有,这导致 XLM 流通速度很快。

由于通证流通速度很难量化计算,且采用法币流通速度亦不合理。考虑 XLM 作为货币类似于比特币的支付属性,故在这里参照 Chris Burniske 的做法,采用比特币的流通速度 14 作为通证流通速度。

⑤交易方程

支付类通证的估值主要是求解 M,由费雪方程可以导出:

$$M = P \cdot Q / V$$

M 是必要的基础货币量,以满足生态经济增长的需要;当规模达到 PQ 时,通证能够以速度 V 进行流通兑付。

这里需要注意的是,P 并不是设定的价格,而是代表了网络资源的平均价格,就像现实世界中的物价水平一样。Q 表示生态可出售的资源的数量,就像现实世界中各类商品一样。

以比特币和 Stellar 为例,它们的生态货币用于支付,PQ 与网络中的估计交易价值有关。由于 M 代表维持经济所需的货币供应量,所以它代表了流通货币的市值,公式表示如下:

$$M = P_{xlm} \cdot N_{xlm, circulating}$$

P_{xlm} 是每枚通证的价格,$N_{xlm, circulating}$ 是流通通证的总量。

⑥投机价值

Chris Burniske 认为通证的价格由两种形式的价值组成:"当前效用价值"(CUV)和"折现预期效用价值(DEUV)",称为投机价值。

投机价值与购买通证投资者对此资产未来收益预期有关。根据交易方程的推导公式 $M = P_{xlm} \cdot N_{xlm, circulating}$,投资者可以根据折现率对将来能获得的收益进行折现。折现率与投资者愿意承担的风险相关。

通证的投机价值与风险投资市场类似,所以这里采用风险投资市场的数据对通证投机价值进行类比。纽约大学的 Aswath Damodaran 教授研究了大量初创公司估值案例发现,风险资本家要求的目标回报率与公司所处的发展阶段紧密相关,见表 4.2。

表 4.2 公司阶段与目标回报率对比图

发展阶段	典型目标回报率
成立	50%~70%
第一阶段	40%~60%
第二阶段	35%~50%
上市	25%~35%

由于 Stellar 项目已经过了早期阶段,这里假设投资者愿意接受 30%~40%之间的回报率。

⑦模拟

将所有数据输入计算机中,就可以进行通证价值增长模拟。这里需要补充说明一点,由于没有可以预测2024年之后的市场数据,我们采用比较保守的方法进行估计,假设2024年之后的CAGR指数逐年降低。

我们先看第一种情况:Stellar在很长一段时间占据TAM的20%,刚开始的三年增长速度很快,后续五年就达到90%的市场饱和度。

图4.28曲线显示了市场采用率和网络交易价值:

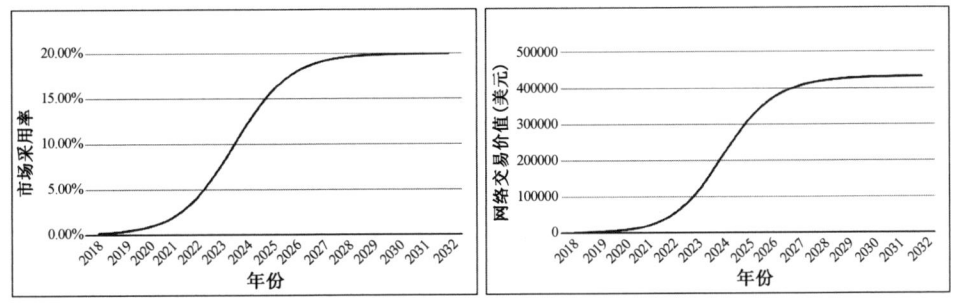

图4.28　XLM市场采用率和网络交易价值图

假设有50%的投资者持有XLM,在图4.29中我们看到每年流通的通证数量和模型预测的价格:

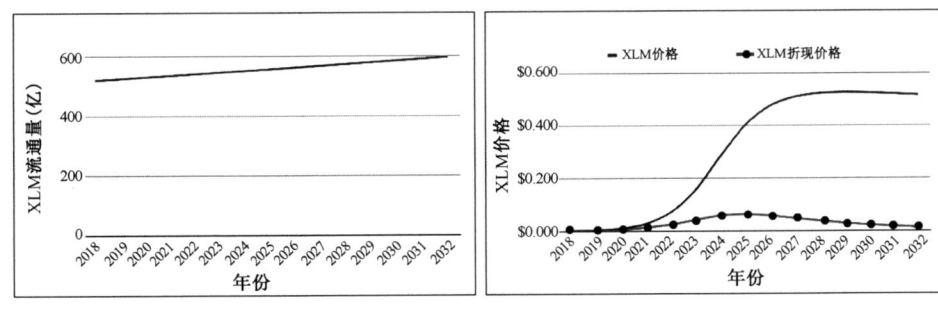

图4.29　XLM流通数量和价格预测图

图4.29中左边的图表明由于通货膨胀,每年流通的XLM会增加。在右侧的图中,上面曲线(S形曲线)模拟了不同年份XLM的价格,下面曲线是该值的折现值。

根据假设的市场采用曲线,由于初期持有者不多,价格在开始时较低。随着市场规模的增大,XLM 的价格也在上升。长期来看,当市场成熟时,XLM 的价格会因为通货膨胀的产生而略微下降。上面曲线模拟每年未来价格的折现值,假设折现率为 30%。在 2025 年,XLM 的未来价格折现值达到最大值 0.064。也就是说,投资者今天每枚 XLM 愿意支付 0.064 的前提是他们认为:到 2025 年,该投资回报率为 30%。

如果分析折中的情形(市场饱和度:10%;快速增长年份:2021 年;达到饱和度 90% 的时间:5 年)和悲观状况(市场饱和度:1%;快速增长年份:2021 年;达到饱和度 90% 的时间:7 年)。

那么,在折中情况下,最大 XLM 折现值是 0.032,在悲观状况下是 0.002。按照市场利率 0.20 进行计算,并与 XLM 市场价比较,我们可以得出结论:目前 XLM 已经被高估了。

INET 模型存在一系列的问题,比如流通速度的确定不够严谨;将流通速度视为与 PQ 完全不相关;没有考虑交易成本和付款方式;未区分货币需求和商品需求等。

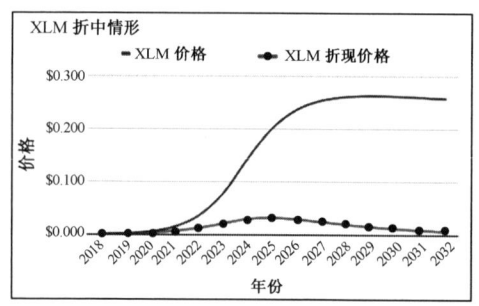 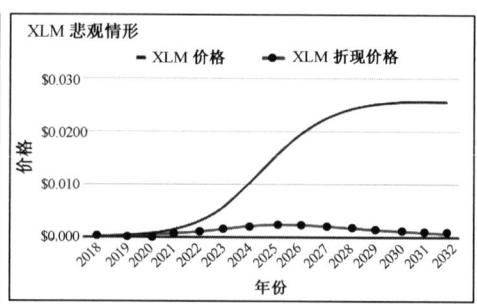

图 4.30　XLM 价格与贴现值对比图

(2)VOLT 模型

在 INET 模型中,我们假设货币的流通速度是固定的。这种假设具有一定的绝对性,会使得通证估值产生较大偏差。为了更加精确地进行通证估值,Alex Evans 提出了一个使用 Baumol-Tobin 模型对速度进行建模的框架(假设通证的流通速度是任意的)。

Baumol-Tobin 模型将交易需求与交易成本和无风险投资的利率联系起

来。它试图解决的问题如下：

假设用户 A 是一个理性经济人，月收入为 P，并且每个月都会把这笔钱花光。为了方便理解，这里作出以下假设：

每个月持有 P 现金流。

为了保持资产收益的最大化，用户 A 将收入全部存入银行，只在需要时进行部分提款。由于每次取钱也是需要成本的，这里假设每笔交易的成本为 C，那么 A 如何安排取款次数来达到收益最大化？

对网络上的交易成本进行建模，并将无风险投资与某些价值资产存储相关联，我们可以预测网络中每个参与者的最佳交易量。由此，我们可以计算出货币的流速：

$$V = \sqrt{\frac{2 \cdot R \cdot Y}{C}}$$

R 是无风险名义利率，Y 是每个用户每年的平均付款额，C 是每笔交易的成本。所有这些参数都取决于时间，因此我们得到了速度的动态模型。

为了进一步说明这个模型框架，Alex Evans 虚构了一个公用事业令牌 VOLT 作为案例。使用 VOLT，用户可以按照低于零售价的价格购买家庭用电。

VOLT 所在的通证生态中包含一种商品（电力）和两种资产（VOLT 和另外一种具有特定预期年回报率的 SOV 资产）。对用户而言，这是一个二选一的问题。用户需要在持有 VOLT 和 SOV 资产之间不断切换，不断抉择。SOV 资产在这里可以理解为法币资产，回报率可以理解为银行利息。

用户在每年年初从银行存款中提取固定金额，将其转换成 VOLT，以便购买家庭用电。每一次存款提取都会产生交易成本。

我们假设，总支出 Y 是用户计划每年在 VOLT 上花费的金额（以美元计）。这可以被认为是 VOLT 项目生态经济的总 GDP。R 是美元银行存款预期回报。C 是将资产从美元转移到 VOLT 的交易成本。N 是 VOLT 用户每年完成的转移次数，以确保顺利购买电力。

因此，用户每年支付 $C \times N$ 的交易费用。每年 VOLT 持有的平均余额为 $Y/2N$。VOLT 用户每年放弃的回报是 $R \times Y/2N$。因此，用户选择 N，取决于 Y，R 和 C，以便最小化它们的总成本函数：$R \times Y/2N + C \times N$。取总成本函数相对于 N 的导数，我们得到：

$$-\frac{R \times Y}{2N^2} + C$$

将此值设置为零并求解 N，我们得到成本最小的 N^* 值：

$$N^* = \sqrt{\frac{RY}{2C}}$$

最后，为了获得 Y,C 和 R 方面的货币需求曲线，我们将成本最小化的 N 值重新计入平均货币余额公式（$Y/2N$）。我们现在可以将货币需求函数表述为：

$$\text{VOLT 平均持有量} = \sqrt{\frac{YC}{2R}}$$

因此，我们可以说，VOLT 的"货币需求量"等于用户每年持有的成本最低的 VOLT 余额。这个余额是 VOLT 生态 GDP、美元存款利率（或理财）和每笔交易的成本的函数。

接下来，我们对 VOLT 进行估值：

①确定 VOLT 供应计划

我们假设 VOLT 的初始供应量为 10 万枚，其中分配给创始人 10%，锁仓 1 年后以每年 25% 的比例释放；分配给基金会 10%，以每年 20% 的比例释放。此外，1 年后以每年 3% 比例进行增发。

于是，我们可以制作出 VOLT 的每年释放量表，见表 4.3。

表 4.3　VOLT 的每年释放量表

单位：枚

每年通证供给量	2018 年	2019 年	2020 年
新释放的通证	0	3 000	3 090
创始团队释放的量	0	2 500	2 500
基金会释放的数量	2 000	2 000	2 000
流通中的通证总数	82 000	89 500	97 090

每年流通中的通证量等于已流通的通证量加上基金会释放、团队释放和增发量。

② 预测电力需求

首先,我们假设零售电价为每千瓦时 0.12 美元。由于近年来零售电价相对稳定,我们预计电价在未来也将保持平稳。我们假设 VOLT 用户可以以优惠价格每千瓦时 0.035 美元的价格购买电力,这是美国电力批发市场的平均价格。我们预测到 2028 年这个价格没有增长或下降。

其次,我们考虑在 2017 年,每个美国家庭的电力消耗量为 10 766 千瓦时。我们预计未来不会有任何变化。2017 年大约有 1.26 亿美国家庭,我认为到 2028 年每年人口将增长 1%。

最后,假设 VOLT 仅在美国上市,能够解决 10% 的美国住宅用电市场问题。这是 VOLT 所能达到的最高市场占有率。为了合理预计在到达 2028 年之前的市场占有率状况,我们采用 S 曲线进行测算。

根据 S 曲线(图 4.31)显示,VOLT 从 2023 年开始进入"高增长"阶段。随着 VOLT 接近市场饱和度和成熟度,增长逐步减速。

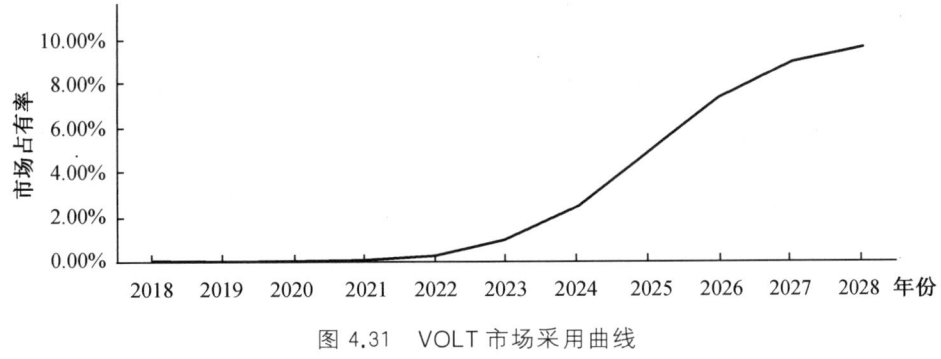

图 4.31　VOLT 市场采用曲线

使用图 4.31,我们可以估计 VOLT 生态所能获得的美国家庭用电总量当中的份额。这个电量乘以批发电价,即为 VOLT 生态的年度 GDP。

表 4.4　VOLT 年度电量需求表

每年电力需求总量	2018 年	2019 年	2020 年
总的电力消费量(kWh)	1 372 516 860	1 386 242 028	1 400 104 449
生态中支付的总电费(美元)	164 702 023	166 349 043	168 012 534

续表

每年电力需求总量	2018年	2019年	2020年
由VOLT生态提供的总电量(kWh)	62 729	189 896	573 813
每年VOLT生态电费总量(美元)	2 195 525	6 646 366	20 083 465

③VOLT通证的现金需求

我们假设银行存款的无风险利率为5%，同时假设初始年度的交易成本为每次20美元(交易成本应当逐年下降，我们用S曲线模拟其下降状况)。根据上文的公式，我们可以计算出每年最佳转账的VOLT数量与VOLT GDP、SOV资产的预期回报率和交易成本的函数关系。

每次转账的金额是以VOLT(VOLT GDP)为单位的总支出除以当年转账的次数。同样，平均持有的VOLT数量是VOLT GDP除以两倍的传输数量。这个数字乘以SOV资产的预期回报率是VOLT用户每年放弃的回报率。

我们直接用VOLT GDP除以每年VOLT需求量(平均持有VOLT余额)来计算其流通速度。最后，VOLT价值等于平均持有的VOLT余额除以流通VOLT通证的数量(依照费雪方程式$MV=PQ$)。因此，我们可以将解决方案重新表述为VOLT GDP除以浮动的VOLT通证数和当年速度的乘积。

最后，我们将2028年的未来效用值折回2018年。请注意，2018年产生的现值0.0244美元比当年VOLT的每个令牌效用值低10%以上。换句话说，在2018年，VOLT必须以超过九折的公用事业价格优惠才能让参与者得到回报。

表4.5 折现价值表

第一年	2018年
最后一年	2028年
SOV资产回报率	5%
风险溢价	40%
折现率	45%
生态2028年1美元效用值在2018年的净值(美元)	0.02

④重新考虑速度

以横轴为时间轴绘制VOLT效用图，我们可以看到VOLT通证价值在

2025年达到峰值后开始下降。如果按照INET模型分析,这个现象很奇怪。因为在2025年到2028年之间,VOLT GDP几乎增长100%,但每个令牌的价值却下降了,如图4.32。

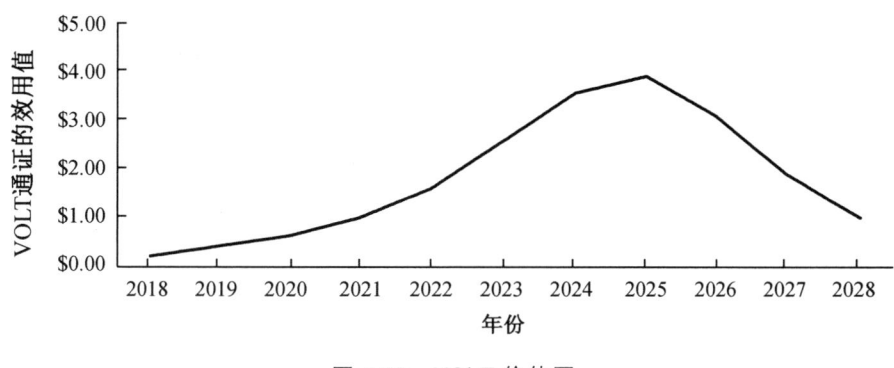

图4.32 VOLT价值图

这种情况不会在INET模型中出现,是因为INET模型将对通证的需求和对商品资源的需求视为同一种需求。为了解释这种情况,我们预测:随着区块链项目生态中交易成本的降低,用户对通证的需求随着流通速度增长率超过PQ增长率而下降。

从图4.35我们可以看到,尽管在2026—2028年期间GDP仍然在快速增长,但是流通速度V增长更快,所以造成了价值下跌。

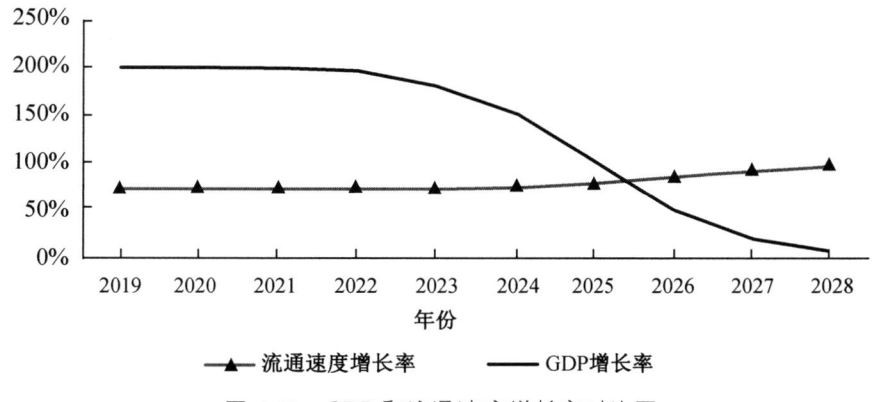

图4.33 GDP和流通速度增长率对比图

从基本面的角度讲,尽管用户在 2028 年使用 VOLT 购买的电量几乎是 2025 年的两倍,但他们平均保持 VOLT 余额减少近三分之二。换句话讲,高昂的交易成本和无风险利率的吸引使得用户不断把更多的资金投入在 SOV 资产中,从而采用高频小额的 VOLT 交易。这将使得 VOLT 交易速度提高且通证需求降低。

速度既是 GDP 的函数,也是交易成本的函数。假设交易成本降低 10%,则流通速度增长率调整如图 4.34。

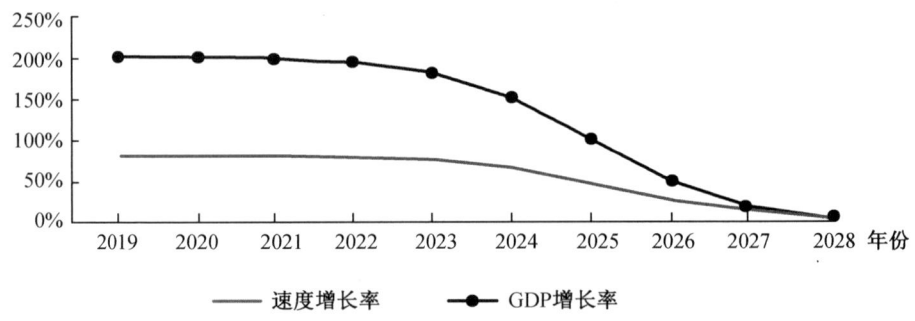

图 4.34 GDP 和流通速度增长率对比图(交易成本降低 10%)

虽然我们可以通过公式推导出流通速度、VOLT GDP 和交易成本之间的强相关性,但是根据流通速度理论推导出 GDP 和效用值之间的关系才是我们想要的结论,见表 4.6。

表 4.6 相关性表

变 量	相关系数
GDP 和通证流通速度 V 之间	0.88
通证流通速度 V 和交易成本之间	0.86
GDP 和网络效用值之间	0.34

在 INET 模型中,GDP 增长与 INET 值的相关系数为 1,流通速度与 GDP 增长的相关系数为零(速度是固定的)。在 VOLT 模型中,GDP 增长与效用值的相关系数为 0.34。

（3）TSLA 模型

TSLA 模型由 Tommy Hall 提出，其目的是通过调整 Baumol-Tobin 模型的应用方式和调整其他假设来对 VOLT 模型进行完善。与 VOLT 一样，TSLA 是一种虚构的分布式协议，用于解决大规模电力分配问题。TSLA 模型的计算如表 4.7、4.8、4.9 和图 4.10 所示。

表 4.7 TSLA 模型（1）

	2018	2019	2020	2021	2022	2023	2024	2025	2026	2027	2028
每年通证供给											
通证流通比率	36%	45%	55%	65%	75%	85%	95%	100%	100%	100%	100%
总流通通证	360 000 000	450 000 000	550 000 000	650 000 000	750 000 000	850 000 000	950 000 000	1 000 000 000	1 000 000 000	1 000 000 000	1 000 000 000
每年电力需求											
居民总民用电量（kWh）	7 708 333 333	7 884 340 278	8 064 366 047	8 248 502 406	8 436 843 210	8 629 484 464	8 826 524 359	9 028 063 332	9 234 204 111	9 445 051 772	9 660 713 787
市场渗透率	0.07%	0.17%	0.40%	0.90%	1.90%	3.53%	5.47%	7.10%	8.10%	8.60%	8.83%
TSLA 供应电量（kWh）	5 475 555	13 339 194	32 009 890	74 236 522	160 288 153	304 349 765	483 088 107	641 005 196	747 970 533	812 564 414	853 119 673
每年 TSLA 购买额	$219 022 189	$533 567 754	$1 280 395 580	$2 969 460 866	$6 411 526 134	$12 173 990 616	$19 323 524 291	$25 640 207 834	$29 918 821 321	$32 502 576 555	$34 124 786 924
用户量	1 479 880	3 534 498	8 315 380	18 906 684	40 022 021	74 502 421	115 937 409	150 819 891	172 536 662	183 761 501	189 150 074
户均支出	$148	$151	$154	$157	$160	$163	$167	$170	$173	$177	$180
交易成本											
交易成本降低率	0%	40%	60%	50%	30%	20%	20%	20%	20%	20%	10%
交易成本	$20.0	$12.0	$4.8	$2.40	$1.68	$1.34	$1.08	$0.86	$0.69	$0.55	$0.50

表 4.8 TSLA 模型（2）

每年通证需求	2018	2019	2020	2021	2022	2023	2024	2025	2026	2027	2028
每年每户转移量	0.6	0.8	1.3	1.8	2.2	2.5	2.8	3.1	3.5	4.0	4.3
每年总持转移量	900 176	2 803 193	10 531 192	34 199 982	87 389 766	183 690 647	322 771 618	474 116 929	612 439 683	736 531 886	807 090 752
每户持有TSLA平均余额	$122	$95	$61	$43	$37	$33	$30	$27	$24	$22	$21
持有TSLA总平均余额	$180 035 131	$336 383 168	$505 497 204	$820 799 558	$1 468 148 070	$2 468 802 293	$3 470 440 433	$4 078 164 181	$4 214 368 938	$4 054 625 709	$3 998 748 563
持有TSLA总平均余额占比GDP	82%	63%	39%	28%	23%	20%	18%	16%	14%	12%	12%
每年每户放弃的收益	$12	$10	$6	$4	$4	$3	$3	$3	$2	$2	$2
每年放弃的总收益	$18 003 513	$33 638 317	$50 549 720	$82 079 956	$146 814 807	$246 880 229	$347 044 043	$407 816 418	$421 436 894	$405 462 571	$399 874 856
通证流通速度	1	2	3	4	5	5	6	6	7	8	9
通证效用值	$0.50	$0.75	$0.92	$1.26	$1.96	$2.90	$3.65	$4.08	$4.21	$4.05	$4.00
网络效用值	$180 035 131	$336 383 168	$505 497 204	$820 799 558	$1 468 148 070	$2 468 802 293	$3 470 440 433	$4 078 164 181	$4 214 368 938	$4 054 625 709	$3 998 748 563

变量增长率	2018	2019	2020	2021	2022	2023	2024	2025	2026	2027	2028
GDP年增长率		144%	140%	132%	116%	90%	59%	33%	17%	9%	5%
通证流通速度增长率		30%	60%	43%	21%	13%	13%	13%	13%	13%	6%

表 4.9 TSLA 模型（3）

电力需求假设	
全球用户	2 083 333
用户增长率	0.3%
年度单个用户消耗电力 kWh	3 700
消费量增长率	2%
每 kWh 电力批发成本	$0.04

市场占有状况假设	
峰值	9%
基准年度	2015
高度增长起点	2021
市场转换时间	5

货币需求假设	
初始交易成本	$20
SoV资产期望年收益率	10%

折现值	
起始年	2018
最后年	2028
SoV资产回报	10%
风险溢价	40%
折现率	50%
2028年网络价值在2018年的净值	$0.07

相关系数	
GDP和流通速度相关系数	0.97
流通速度和交易成本相关系数	(0.78)
GDP和通证价值相关系数	0.96

表 4.10 TSLA 模型（4）

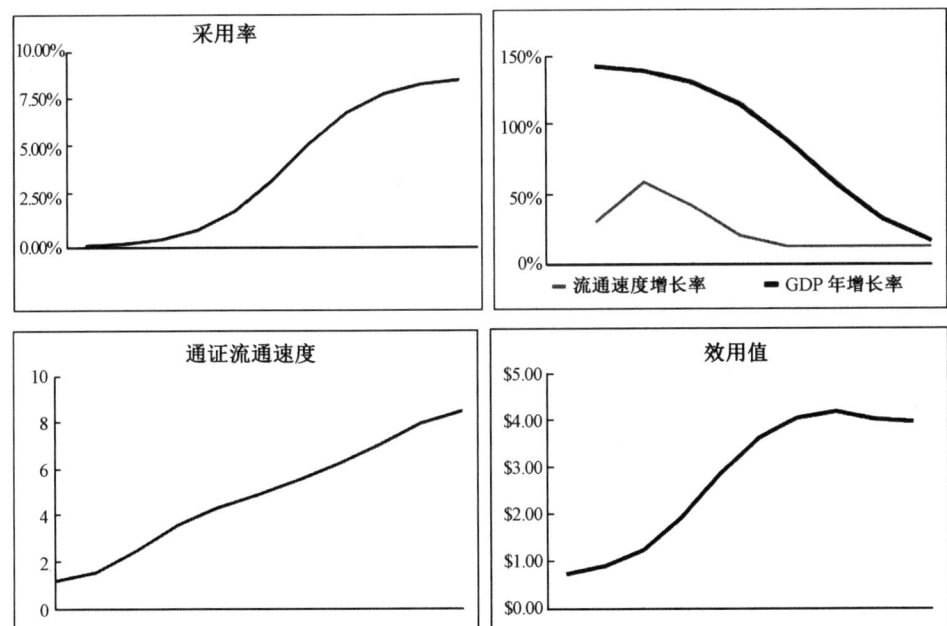

为了让读者更好地理解这个模型的计算逻辑，Tommy Hall 对其进行以下说明：

① 家庭部门的资金使用

TSLA 模型与 VOLT 模型的主要区别是，在 TSLA 中，我们衡量单个家庭转入和转出 TSLA 以优化 SoV 资产配置，而不是单个个体。

TSLA 项目是一个全球性供电平台，为了简化模型，这里首先使用平台的采用率来计算 TSLA 服务的家庭数量，并假设每个家庭消耗的电量为全球平均水平。接着计算出 TSLA 网络中平均每户年度支出量（以美元计价），根据 Baumol-Tobin 公式来计算 TSLA 的最佳转移数量。在 VOLT 模型中，单个个体效用最优函数决定了在 VOLT 项目上的资金花费，而使用 TSLA 网络的每户家庭在最优资金配置方面的决策是相互独立的，每户转移通证用于计算每个家庭持有的平均 TSLA 余额。将该数字乘以使用 TSLA 的全球家庭数量得出所有网络用户持有的总平均 TSLA 余额，即网络经济运行所需的交换等式中的基础货币 M。

②优化资产收益

现行方法所需的 M 远比假设某个实体集中管理 TSLA 上花费的所有资金的方法所需的 M 要高。这是因为交易成本与花费的资金规模有很大关系。用户持有的资金越多，用户对交易成本的敏感度越低，因为其将更多的资金存储在 SOV 资产中。

在 2018 年，平均每个家庭在 TSLA 进行的交易少于一次，并且放弃了可以从 SOV 资产中获得的 12 美元的回报，同时在 TSLA 中平均持有 122 美元。由于有 20 美元的交易成本，将更多的 TSLA 资金转化成 SOV 资产需要进行更多交易，这很不划算。

举一个例子，圣地亚哥的居民在其储蓄账户中有比索与美元。每年他们都会有几个周末到墨西哥聚会，为了避免比索换成美元的麻烦（交易成本包括时间成本），他们始终持有一定金额的比索，便于在墨西哥使用。

如果这种模型被证明是准确的，它会影响公用事业网络中的用户数量：用户群越大，管理的资金效率越低，最终网络价值越高。即使交易成本急剧下降（但不是零），这种效应仍然存在。

虽然计算出家庭转账量是一个进步，但这种方法仍处于初级阶段。有很多因素会对模型造成影响，例如使用 TSLA 购电的支付频率。如果用户每年仅向 TSLA 网络支付一次电费并且通过每年至少完成两次转账来获得最大化回报，那么在支付之前，立即将资金从 SOV 转移到 TSLA 资金池中将是最优决策。如果必须每月支付 TSLA 电费，情况就大不相同了。

③通证供应

计算流通通证（又名货币供应）是实用新型估值中最直接的部分，所以这里对其进行了简化。网络发布时总共有 10 亿枚 TSLA，它们随着时间的推移而被释放。这里设定为 10 亿枚通证，因为这对于那些期望大量消费者作为用户的公用事业网络，例如 Power Ledger 公司来说是非常常见的。

④电力需求

将 TSLA 定位为全球网络，那么它的用户群包括地球上所有家庭。因此，TSLA 项目的总体市场容量是巨大的。

假设平均家庭人数是 3.6 人，是 10 个人口最多的国家的加权平均数。家庭数量与一般人口数成比例增长，每年增长 0.3%，电力消耗每年以 2% 的速度增长。考虑到发展中国家处于发展时期，电力消耗的增长速度会更快，这里的取值偏保守。

⑤市场采用

参考同类公用事业网络项目的开发状况，这里假设顶峰时期 TSLA 项目的市场占有率为 9%（TSLA 项目成为行业领头羊）。同时，假设网络的快速增长期是在 2021 年开始的，持续大约一年左右，TSLA 网络就可以完全开发和部署完成。

⑥交易成本

区块链是经过优化的分布式网络，用于存储、移动和转换价值。相信在未来几年中通证交换技术将会有大规模的应用和普及，这将使价值的交换变得更加快捷和高效。基于此，假设交易成本在 2019 年下降了 40%，在 2020 年下降了 60%，在 2021 年下降了 50% 并且继续下降，下降速度越来越快。正如预期的那样，未来交易成本的大幅降低会提高通证的流通速度，并抵消年度 TSLA 支出的巨大增长。

⑦货币需求

假设 SOV 资产的预期回报率为 10%，是 Alex 在 VOLT 模型中同类参数值的两倍。基于区块链将在未来 20 年内改造许多行业的假设，持有 TSLA 的用户在此期间投资高流动性区块链项目可以获得 10% 的回报。用户通过区块链网络购买电力就相当于获得了投资这些区块链项目的机会，因此越来越多用户会选择持有 TSLA。

⑧TSLA 分析

TSLA 网络 GDP 在未来的 9 年中一直保持较快的增长速度,到 2028 年将达到 340 亿美元。随着网络的不断增大,交易成本也在不断变化,从 20 美元到 0.50 美元不等。更低的交易成本使购买 TSLA 的家庭能够更好地优化他们在 SOV 资产中的配置,并减少购买电力所需的 TSLA。随着交易成本的下降,TSLA 余额占 GDP 的比重急剧下降。随着网络的逐步普及,通证流通速度的上升,更少的 TSLA 就能满足网络中 GDP 增长的需要,这也意味着通证捕获的流动价值越来越少。

然而该模型速度的值与快速增加的流通速度导致通证的效用值直线下降的假设并不一致,这是由交易成本与需要优化的资金规模之间的关系所决定的。由于数百万用户需要优化配置的资金规模不大(148～180 美元),因此网络中的交易成本必须接近于零才能产生较高的流通速度。因此,这里的流通速度不会太高,最高值为 9,高于美元的速度,但低于 Chris Burniske 在 INET 模型中的速度预估值。假设 TSLA 的流通速度以合理的速率进行增长,网络 GDP 的增长也没有消失。那么,其网络价值在网络达到其 TAM 饱和之前达到最大化,并且在 2021 年之后一直保持不变。

⑨折现值

由于 SoV 资产的预期回报率为 10%,风险溢价为 40%,因此 TSLA 在 2028 年的现值仅为 0.07 美元。虽然这个数值看上去很低,但是合理。因为其他低风险资产的预期收益也很低,40% 的风险溢价与 TSLA 要成为全球性主导网络的概率是相匹配的。

(4) HASH CIB 模型

HASH CIB 是一家全球区块链行业投资公司,HASH CIB 模型由 HASH CIB 高级分析师 Rustam Botashev 提出。

Rustam Botashev 认为,INET 模型仅考虑一个限定时间的年份对通证价值进行估算,而忽略了中间及后期的通证价值。而 VOLT 和 TSLA 模型虽然考虑了动态速度,但是仍然存在同样的缺陷。

为此，Rustam Botashev 提出了 HASH CIB 估值模型，并将其与 INET 模型和 Multicoin Capital 模型进行对比。Multicoin Capital 模型是由加密资产投资机构在"0X（＄ZRX）分析和估价"一文中提出，其也基于货币数量理论，与 INET 模型类似。

Rustam Botashev 认为，网络的合理效用值不仅仅是特定年份 CUV 的折现，也不是所有未来预计年份收益的折现 CUV 的总和。区块链的合理实用价值是当前的效用值加上今后每一期（无穷大）当期额外价值的折现额 $ACUV_t$。

$ACUV_t$ 等于当期 CUV_t 减去上一期 CUV_{t-1} 所得的值，公式表示如下：

$$ACUV_t = CUV_t - CUV_{t-1}$$

为了包含所有时期，我们在网络成熟期计算 ACUV 的终值（TV），因此，该模型就将所有年份考虑在内。该方法类似于评估银行的方法，传统的 DCF 不适用于银行，金融机构的估值为其当前股东权益与未来超额权益回报的现值（超过权益成本所需的回报）。

举一个简单的例子，如表 4.11。假如在一个在五年内成熟并随后以速度 g 无限增长的网络中，CUV_t 是年底网络效用值，则周期 t 的附加效用值 $ACUV_t$ 等于 $CUV_t - CUV_{t-1}$。今年年底的终值等于 $ACUV_6/(r-g)$，这是计算终值的经典公式，其中 r 是折现率。

这里简化终值的计算公式，鉴于 $ACUV_6 = CUV_6 - CUV_5$ 且 $CUV_6 = CUV_5 \times (1+g)$，我们得到：

$$ACUV_6 = CUV_5 \times g, TV = CUV_5 \times g/(r-g)$$

表 4.11 某网络 CUV 和 ACUV 增值表

变量	第 0 年	第 1 年	第 2 年	第 3 年	第 4 年	第 5 年	终值
CUV	CUV_0	CUV_1	CUV_2	CUV_3	CUV_4	CUV_5	
ACUV		$CUV_1 - CUV_0$	$CUV_2 - CUV_1$	$CUV_3 - CUV_2$	$CUV_4 - CUV_3$	$CUV_5 - CUV_4$	$CUV_5 \times g/(r-g)$
折现率	1	$1+r$	$(1+r)^2$	$(1+r)^3$	$(1+r)^4$	$(1+r)^5$	$(1+r)^5$

在这个例子中,RNV 如下:

RNV＝$CUV_5/(1+r)^5$. (INET 模型)

RNV＝$\sum CUV_t/(1+r)^t$,其中,$t=0,\cdots,5$. (Multicoin Capital 模型)

RNV＝$CUV_0+\sum ACUV_t/(1+r)^t+ACUV_5\times(1+g)/(r-g)/(1+r)^5$,其中,$t=1,\cdots,5$. (HASH CIB 模型)

图 4.35 显示了每个模型中 CUV 的值:

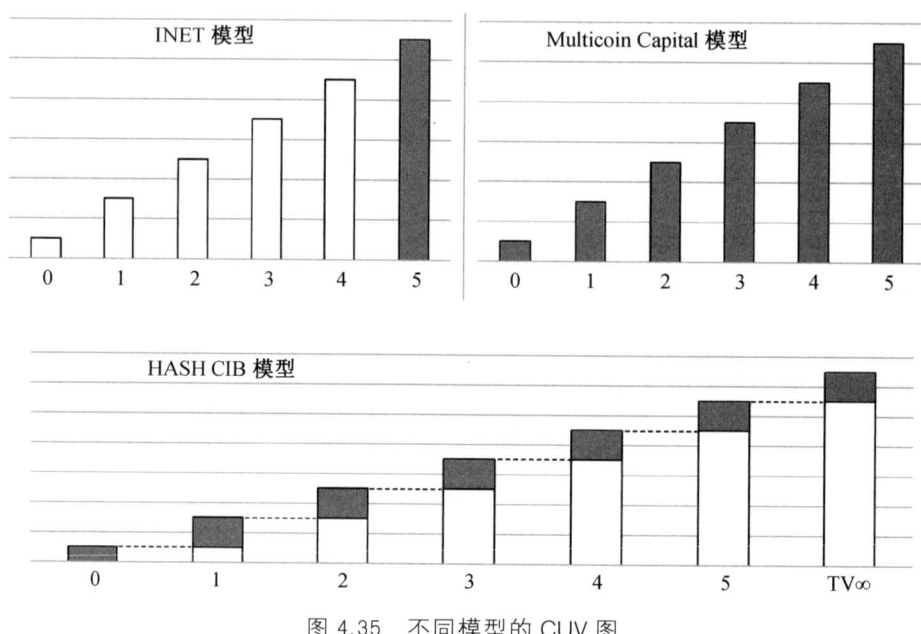

图 4.35　不同模型的 CUV 图

为了做进一步的比较,我们采用三种不同方法分别对 INET 通证进行估值。由于假设不变,因此 Chris Burniske 的 INET 模型得出了相同的初始价格 0.26 美元。然后,我们使用 Multicoin Capital 方法对 INET 模型中所有时期通证的折现值 CUV_t 进行加总得到 3.02 美元。

两种方法得到的结果相差很大,几乎相差了 12 倍!使用 HASH CIB 模型,我们得到 INET 通证的估值为 1.08 美元,仍然超过原始目标价格 4 倍。由于我们对三个模型都采用了恒定流通速度,从而导致结果相差很大,见表 4.12。

表 4.12 HASH CIB 模型

年份	2018	2019	2020	2021	2022	2023	2024	2025	2026	2027	2028	合计
INET 模型												
每个通证效用现值	$ 0.14	$ 0.31	$ 0.53	$ 0.82	$ 1.19	$ 1.72	$ 2.41	$ 3.29	$ 4.41	$ 5.79	$ 7.45	
折现因子	1.00	0.71	0.51	0.36	0.26	0.19	0.13	0.09	0.07	0.05	0.03	
折现效用值	$ 0.137	$ 0.220	$ 0.268	$ 0.297	$ 0.311	$ 0.320	$ 0.320	$ 0.312	$ 0.299	$ 0.280	$ 0.258	
2018年市值	$ 0.26											
Multicoin Capital（模型）												
每个通证效用现值	$ 0.14	$ 0.31	$ 0.53	$ 0.82	$ 1.19	$ 1.72	$ 2.41	$ 3.29	$ 4.41	$ 5.79	$ 7.45	
折现因子	1.00	0.71	0.51	0.36	0.26	0.19	0.13	0.09	0.07	0.05	0.03	
折现效用值	$ 0.137	$ 0.220	$ 0.268	$ 0.297	$ 0.311	$ 0.320	$ 0.320	$ 0.312	$ 0.299	$ 0.280	$ 0.258	
2018年市值	$ 3.83											
HASH CIB 模型												
每个通证效用现值	$ 0.14	$ 0.31	$ 0.53	$ 0.82	$ 1.19	$ 1.72	$ 2.41	$ 3.29	$ 4.41	$ 5.79	$ 7.45	
折现因子	1.00	0.17	0.22	0.29	0.38	0.53	0.69	0.89	1.12	1.38	1.66	
折现效用值	$ 0.137	$ 0.71	$ 0.31	$ 0.26	$ 0.098	$ 0.091	$ 0.084	$ 0.076	$ 0.087	$ 0.93	$ 0.037	
2018年市值	$ 1.08											

如果我们在模型中使用动态流通速度，我们将得到以下预估价格：INET 的模型：0.014 美元；Multicoin Capital 模型：0.79 美元；HASH CIB 模型：0.39 美元，如下表 4.13。

表 4.13 HASH CIB 模型

年份	2018	2019	2020	2021	2022	2023	2024	2025	2026	2027	2028	终值
INET 模型												
每个通证效用现值	$ 0.14	$ 0.31	$ 0.53	$ 0.82	$ 1.19	$ 1.72	$ 2.41	$ 3.29	$ 4.41	$ 5.79	$ 7.45	
折现因子	1.00	0.71	0.51	0.36	0.26	0.19	0.13	0.09	0.07	0.05	0.03	
2018年市值	$ 0.137	0.149	0.128	0.102	0.078	0.060	0.046	0.034	0.026	0.019	0.014	
	$ 0.81											
Multicoin Capital（模型）												
每个通证效用现值	$ 0.14	$ 0.31	$ 0.53	$ 0.82	$ 1.19	$ 1.72	$ 2.41	$ 3.29	$ 4.41	$ 5.79	$ 7.45	
折现因子	1.00	0.71	0.51	0.36	0.26	0.19	0.13	0.09	0.07	0.05	0.03	
2018年市值	$ 0.137	0.149	0.128	0.102	0.078	0.060	0.046	0.034	0.026	0.019	0.014	
	$ 0.79											
HASH CIB 模型												
每个通证效用现值	$ 0.14	$ 0.17	$ 0.22	$ 0.29	$ 0.38	$ 0.53	$ 0.69	$ 0.89	$ 1.12	$ 1.38	$ 1.66	$ 1.06
折现因子	1.00	0.71	0.51	0.36	0.26	0.19	0.13	0.09	0.07	0.05	0.03	
2018年市值	$ 0.137	0.083	0.053	0.036	0.025	0.018	0.013	0.009	0.006	0.005	0.003	0.002
	$ 0.39											
速度	20	29	42	58	79	106	140	183	234	295	365	

为了更好地理解 HASH CIB 模型，Rustam Botashev 虚构了一个名为 UT 的区块链项目通证进行案例说明。UT 旨在提供分布式存储服务，预计到 2028 年占据全球存储市场份额的 10%。

假设如下：

2018年全球存储市场估计为300亿美元,预计从2019年到2028年各年分别将增长22%,20%,19%,18%,17%,16%,15%,14%,13%,12%。

根据经典S曲线,UT市场份额从2018年的0%增长到2028年的10%。

根据相同的S曲线,UT通证速度从2018年的0增加到2028年的365,同时具有和UT相同的市场份额。

UT拥有5000万枚通证,无限期年度通胀率为5%。

折现率为40%。

估值步骤如下:

①根据逻辑函数(S曲线)得出每个时期的UT市场份额。

②每年的UT交易量等于其市场份额和总存储市场的乘积。根据估值模型,此交易量为CUV_t。

③计算2019年到2028年的每个时期的$ACUV_t$和终值(TV)。

④推导出每年的UT通证流通速度,然后找到每个时期流通的通证数量。

⑤计算每个时期的折现$ACUV_t$和2028年的终值,并将它们中的每一个值都除以对应的通证数量和速度值。

⑥对2018年初的CUV_t以及上一步派生公式得到的所有值进行加总,得到2018年末UT通证的合理定价,其结果如表4.13。

表 4.13 UT 通证估值模型

年份	2018	2019	2020	2021	2022	2023	2024	2025	2026	2027	2028	TV
云存储市场规模（10亿美元）	$30.0	$36.6	$44.8	$54.9	$67.3	$82.4	$96	$110	$125	$142	$159	
增长率		22%	20%	19%	18%	17%	16%	15%	14%	13%	12%	
UT市场份额	0.0%	0.1%	0.3%	0.8%	2.3%	5.0%	7.7%	9.2%	9.7%	9.9%	10.0%	
UT存储交易额（百万美元）	$0	$30	$119	$457	$1 557	$4 120	$7 345	$10 077	$12 197	$14 043	$15 819	
增长率			299%	283%	241%	165%	78%	37%	21%	15%	13%	5%
ACUV（百万美元）	$0	$30	$89	$337	$1 100	$2 563	$3 226	$2 732	$2 120	$1 847	$1 775	$2 260
流通速度		3	10	30	85	183	281	335	356	363	365	365
UT数量（百万）	50.0	52.5	55.1	57.9	60.8	63.8	67.0	70.4	73.9	77.6	81.4	85.5
折现因子	1	0.71	0.51	0.36	0.26	0.19	0.13	0.09	0.07	0.05	0.03	0.03
折现ACUV（百万美元）	$0	$21	$46	$123	$286	$476	$428	$259	$144	$89	$61	$78
UT单价		$0.136	$0.085	$0.070	$0.056	$0.041	$0.023	$0.011	$0.005	$0.003	$0.002	$0.003
UT合理价格	$0.43											

4.2.3 DCF 模型

DCF 模型是一个用来分析股票和初创公司的绝对估值方法,非常适用于对产生现金流的区块链项目的估值。

DCF 分析使用未来的自由现金流预测,并使用所需的年利率对其进行折现,从而得出现值估计值。通过 DCF,我们可以比较现值和投资价值来决定这是否是一项好的投资。

以下利用两个案例进行说明:

(1) Pinkdate 估值

Federico Caccia 以 Pinkdate 项目为例进行了 DCF 模型估值演示。Pinkdate 是一个伴游平台,其白皮书提供了以下现金流预测:

	第一年	第二年	第三年	第四年
年末城市数	6	18	30	30
年末供应商数	965	3 871	6 173	6 173
年交易量	45 544	274 414	610 333	711 120
毛收入	$3 644 302	$21 953 155	$48 826 608	$56 889 252
减广告支出和激励支出	($1 503 398)	($8 303 525)	($31 439 960)	($19 941 000)
毛利	$2 140 904	$13 649 630	$17 386 648	$36 948 252
固定成本和间接费用				
办公费用	$960 608	$1 639 066	$2 664 552	$2 949 408
运营费用	$2 403 004	$3 353 000	$3 769 000	$3 969 000
总固定成本和间接费用	$3 363 612	$4 992 066	$6 433 552	$6 918 408
净利润/现金流	$1 222 708	$8 657 564	$10 953 096	$30 029 844

图 4.36 Pinkdate 现金流预测

下一步是估计项目的终值(TV)。TV 可以使用戈登增长模型:

$$TV = \frac{CF_{final} \cdot (1+GR)}{(d_r - GR)}$$

其中CF_{final}为期末项目年度现金流量，GR为长期现金流量增长率，d_r为折现率。预计期末项目年度现金流为3 000万美元。假设长期现金流增长率为零，折现率为40%，我们计算出终值为7 500万美元。

接下来，我们需要计算折现后的总和，来估算企业价值（EV）：

$$EV=\sum_{i=1}^{3}\frac{CF_i}{(1+r)^i}+\frac{TV}{(1+r)^3}\approx 3\ 500\ 万美元$$

对于1.15亿个未释放的通证，每个通证价值应该在0.3美元左右。这意味着在爱西欧阶段，投资者支付0.14～0.17美元是一笔不错的投资。

从长期来看，每股（通证）收益约为0.26美元（3 000万美元的长期现金流除以发行在外的通证数量）。基于科技/初创企业50倍的市盈率，每股（通证）参考价格可以是13美元（50美元×0.26美元）。如果现金流在8～10年内达到，每股的现值在0.45美元到0.88美元之间。

（2）Augur估值

Multicoin Capital使用DCF模型对Augur REP通证进行了类似的分析。Augur是以太坊上的去中心化预测市场平台，平台通证为REP。

在估值之前，这里先介绍三个概念：

①通证市场规模

通证市场规模是指在市场上留存的所有货币总量，既包括流通的部分，同时也包括质押的部分。由于区块链技术显著降低了信用门槛，基于该技术发行的通证市场规模将远超当前法币的市场规模。

②网络交易费

交易费用是一个货币体系的核心竞争力，是决定用户是否愿意持有的重要指标。Augur网络中的交易费用由两部分组成：市场创建费用和播报费用。由于投资者倾向于在交易费用更低的平台上交易，市场是充分竞争的，各大平台的市场创建费用差别不大。真正决定REP价值的是播报费用，该费用是随着Augur网络变化动态变化的。当网络价值低于5倍的通证市场规模时，网络中的费用就会增加，促使平台用户购买更多的REP，从而提高REP的价格。

③活跃播报员的数量

由于区块链网络是通过向节点发送交易信息，再由播报员向全网播报信息,这笔交易才能算完成。因此,活跃播报员的数量对这个网络达成共识的速度起着关键作用,活跃播报员的数量对网络交易费用有影响。网络中的播报员越少,那么每个REP区块所包含的现金流量就越多。

基于以上结论,我们先创立REP的现金流量模型:

$$REP的年化收益 = 通证市场规模 \times 交易费用 / 0.11亿$$

在这个估值方法中,我们将会采用现金流乘数法,假设Augur的通证市场规模在2021年达到250亿美元,交易费用为1%。因此每枚REP的年化收益可以表示为:

$$REP的年化收益 = 250亿 \times 1\% / 0.11亿 = 22.73(美元)$$

接下来我们参考股票市场市盈率的做法,即投资者愿意支付多少钱来换取2021年22.73美元现金流。纽约大学的金融学教授Aswath Damodaran研究了各个板块的市盈率发现,互联网软件公司的平均市盈率为221.88。这里作一个保守估计,分别取10倍、25倍和100倍进行估值,见表4.14。

表4.14 估值计算

情景	乘数	计算过程
悲观	10	22.73×10=227.3
中性	25	22.73×25=568.18
乐观	100	22.73×100=2 273

最后对从2017年到2021年的现金流进行折现,这里取折现率为40%,因此折现因子为$(1+0.4)^4 = 3.84$,结果如下:

悲观情景的折现值为:227.3/3.84=59.16(美元)

中性情景的折现值为:568.18/3.84=147.90(美元)

乐观情景的折现值为:2 273/3.84=591.61(美元)

值得注意的是,REP的估值是和折现率的取值紧密相关的。考虑Augur项目还处于早期阶段,折现率取40%。该值与项目面临的风险是相匹配的。

同时,这里只是给出了费率为1%,通证市场规模为250亿美元情况下得出的结果。如果读者有兴趣去探究变量取不同值的结果,下面给出了悲观情景下的一些计算结果作参考,见表4.15。

表 4.15 REP 估值

费率	通证市场规模（亿美元）						
	1	10	100	250	500	1 000	2 500
0.10%	0.01	0.09	0.91	2.27	4.55	9.09	22.73
0.25%	0.02	0.23	2.27	5.68	11.36	22.73	56.82
0.50%	0.05	0.45	4.55	11.36	22.73	45.45	113.64
1.00%	0.09	0.91	9.09	22.73	45.45	90.91	227.27
1.50%	0.14	1.36	13.64	34.09	68.18	136.36	340.91
2.00%	0.18	1.82	18.18	45.45	90.91	181.82	454.55

4.2.4 戈登增长模型

以瑞波币 XRP 为例，采用戈登不变增长模型的价值公式对其进行估值：

根据相关数据，取瑞波母公司去年支付每股股利为 0.0134 元。同时假设 XRP 通证的折现率为美国标普 500 ETF 长期年均收益率，即 7%。

根据《2018 年全球支付报告》，预计在未来日子里全球范围内非现金批发业务交易量的年均复合增长率将达 12.7%。我们采用成熟市场数据，假设瑞波币的未来盈利增速为 6.7%。

根据公式

$$V = D_0 \frac{1+g}{k-g}$$

可以计算出瑞波币的内在价值为：

$V = 0.0134 \times (1+6.7\%)/(7\%-6.7\%) = 4.77$（美元）。

另外，为了简化估值，我们对戈登增长模型进行推导：

假定增长率 g 等于 0，则

$$V = D/(r-g) = D/r$$

我们采用零增长模型对分布式存储项目 Filecoin 进行估值。

假设 2021 年 Filecoin 的目标市场是 110 亿美元，假设利润率为 50%，则：

$D = 110 \text{亿} \times 50\% = 55 \text{亿（美元）}$。

取 $r=40\%$,则 Filecoin 生态价值为:
$$V = 55\text{亿}/40\% = 137.5\text{亿(美元)}$$
其生态通证 FIL 的单价为:
$$P = V/\text{总量}(20\text{亿}) = 137.5\text{亿}/20\text{亿} = 6.875\text{(美元)}$$
(以上估值仅用于案例说明,不用于投资指导。)

4.3 不确定性模型

在通证估值的过程中,许多核心指标往往来自"最好"或"最可能"的预期。这种预期具有不确定性。为了使估值模型更加严谨,我们需要用数学的方式找到一个可靠的基准。这个基准就是各项预估指标的离散程度,也就是方差。接下来,我们引入几个解决不确定性问题的方差数学模型。

4.3.1 营收偏离

我们按照项目未来若干年所能取得的市场份额来预估项目营收。实际上,当项目业务真正开始的时候,实际营收金额会发生很大的偏差。所以,我们采用目前对不确定性建模的标准方法 Beta 分布来对项目的预期收入范围进行数学建模,以此来推断通证的价值预期。

Hristo 是国际上领先的通证设计研究专家,他曾对 Lance 项目通证估值过程中的变量进行了 Beta 分布研究:

Hristo 假设,Lance 项目在最好的情况下将获得 300% 超预期营收,在最坏的情况下将获得预期营收的 5%。最大可能发生的情况是保持原来的营收目标,即原营收的 100%。图 4.37 为累积概率函数图。

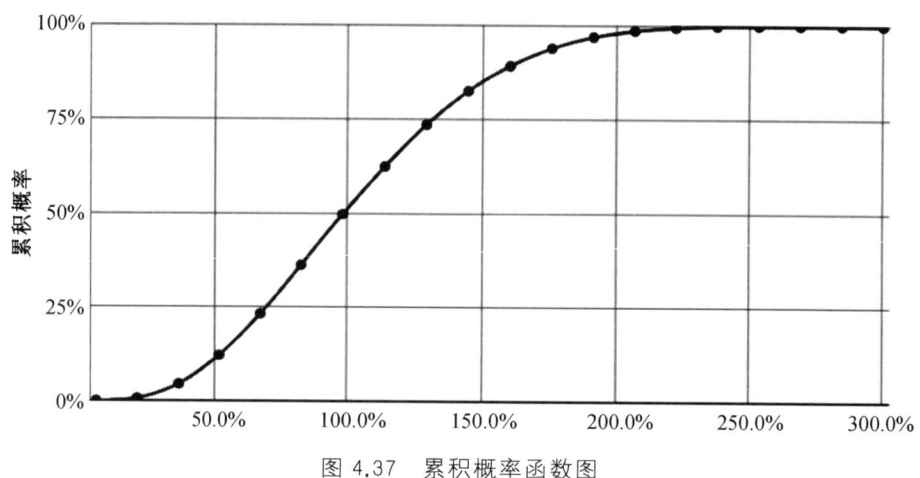

图 4.37 累积概率函数图

图 4.38 为离散概率函数，对公司营收的期望变化范围进行数学建模：

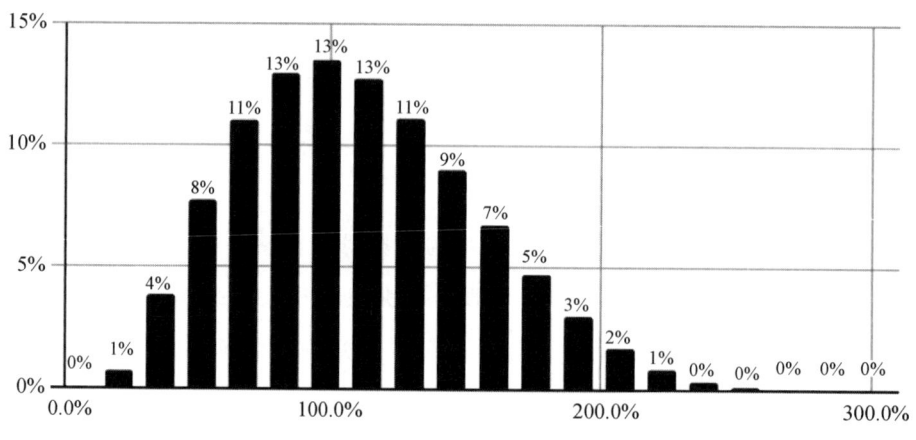

图 4.38 离散概率函数图

从图 4.38 中可见，我们估计期望范围内的通证价值将呈每年下降的趋势。

我们以年为单位，绘制不同的通证价值曲线，建立基于预期的通证价值和营收敏感度函数，见图 4.39。

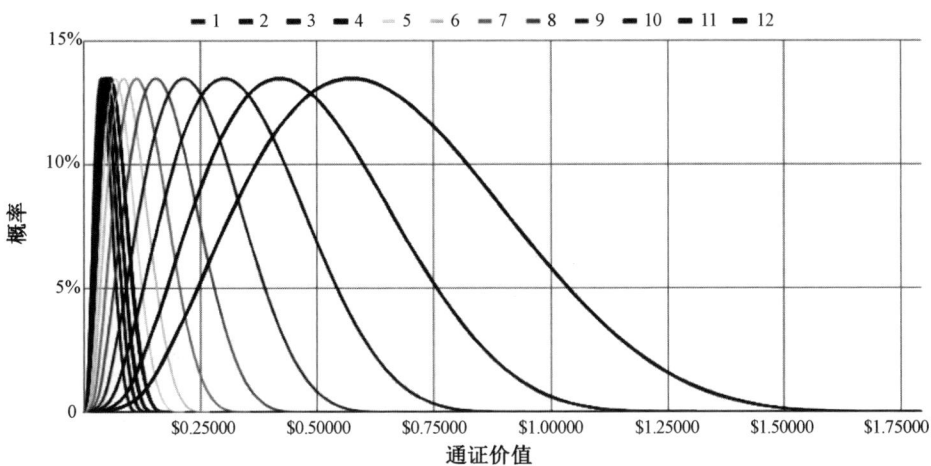

图 4.39　通证价值与营收敏感度函数图

从图 4.39 可以看出,在 90% 置信度下,第 12 年的通证价格将在 0.25 美元和 1 美元之间。

4.3.2 融资表现

影响项目估值的另外一个因素是爱西欧阶段募集资金的多少。如果募集的资金额低于硬顶①,是否会对项目营收和通证价值造成影响呢?Hristo 对不同硬顶下的项目在未来 12 年对营收的影响建立函数,见图 4.40。

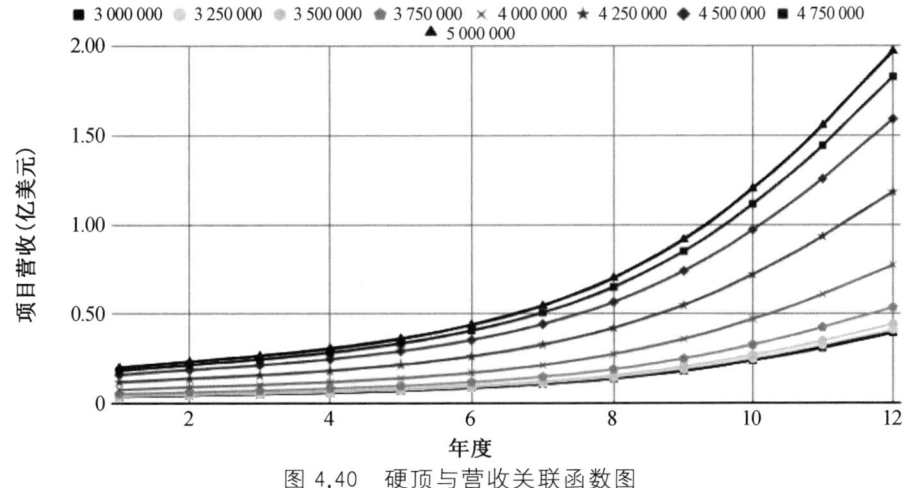

图 4.40　硬顶与营收关联函数图

---

①　hard cap,指投资者在爱西欧中获得的最大金额

如果项目爱西欧金额没有达到硬顶,也会对通证总量产生影响。未被认筹的通证如果销毁,将会对生态系统中的总流通量产生影响,见图 4.41。

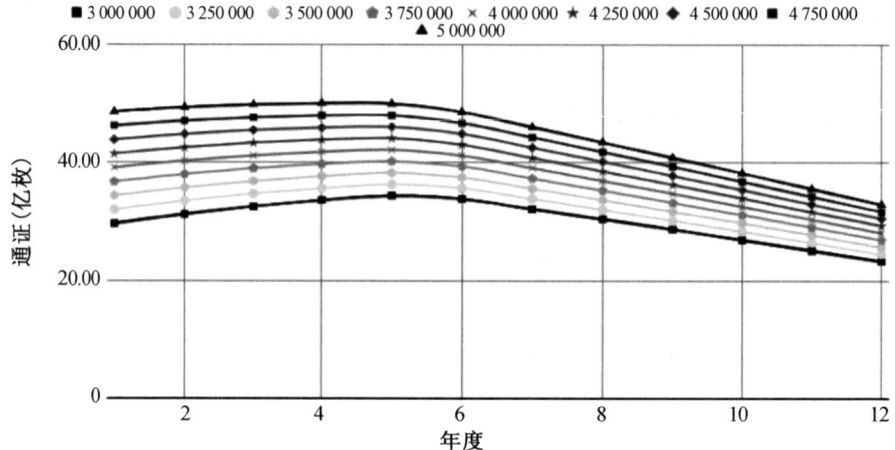

图 4.41　硬顶与通证流通量关联函数图

最后,基于上述两个假设,我们可以再次估算通证的价格,见图 4.42。

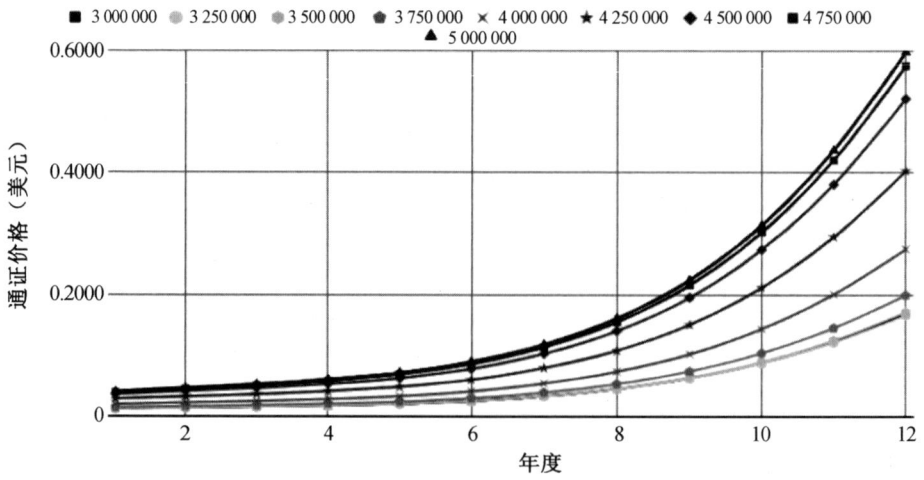

图 4.42　硬顶与通证价格关联函数图

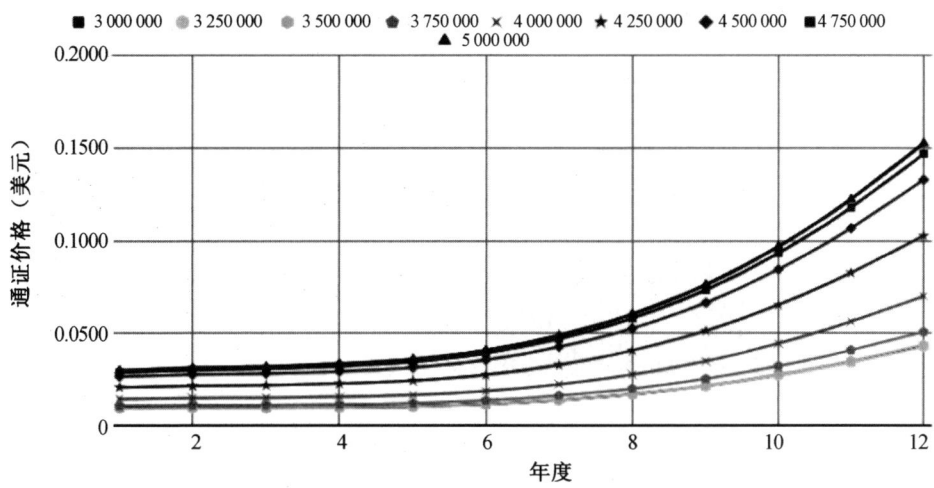

图 4.43 硬顶与通证价格关联函数图(考虑折扣和风险)

4.3.3 蒙特卡罗灵敏度模拟

以上两节的建模方法行之有效,它们可以衡量某个变量不确定的情况下,对函数结果的可能性造成的影响。但是,它们仅对一个变量进行了建模,是一个单一的交互模型,只对最终结果进行估算。

在某些情况下,我们想要理解多个变量之间的交互,以及多个变量变化时对结果造成的影响。所以,我们引入了一个更高级的不确定性建模技术——蒙特卡罗模型。我们利用该模型对营收和流通速度这两个通证价格的核心变量进行敏感性模拟。

在为这两个变量的方差建模时,我们将使用与前文建模时相同的营收预估:5%到300%之间。然而,这个预估范围是一个年度营收的总和,我们需要将其转换为每月预估值。我们取数值分别为78%和160%(一年的值,累计12个月)。由此得到对两个变量的月方差模型,见图4.44。

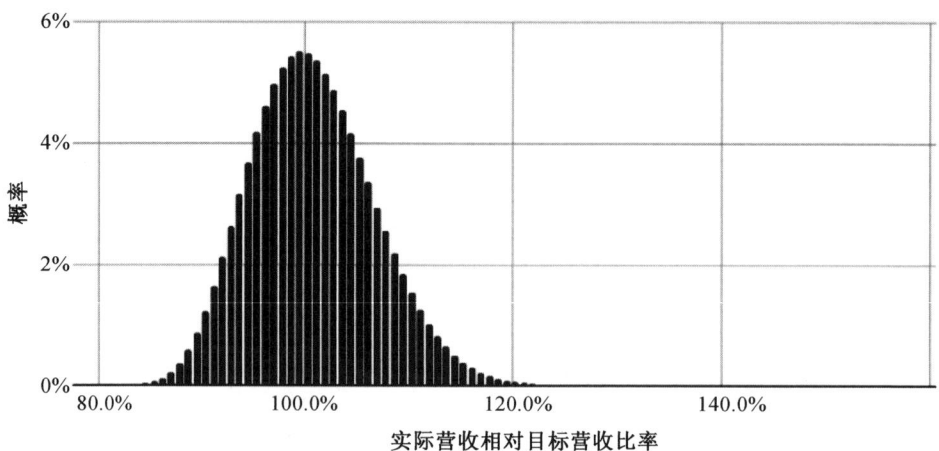

图 4.44 离散概率的逐月营收变化函数（相对于目标）

在图 4.45 和图 4.46 输出的营收和速度仿真结果中，我们将关注 25% 分位，75% 分位和平均值。我们认为这个范围内的值应该在我们的预测中占大多数的方差。

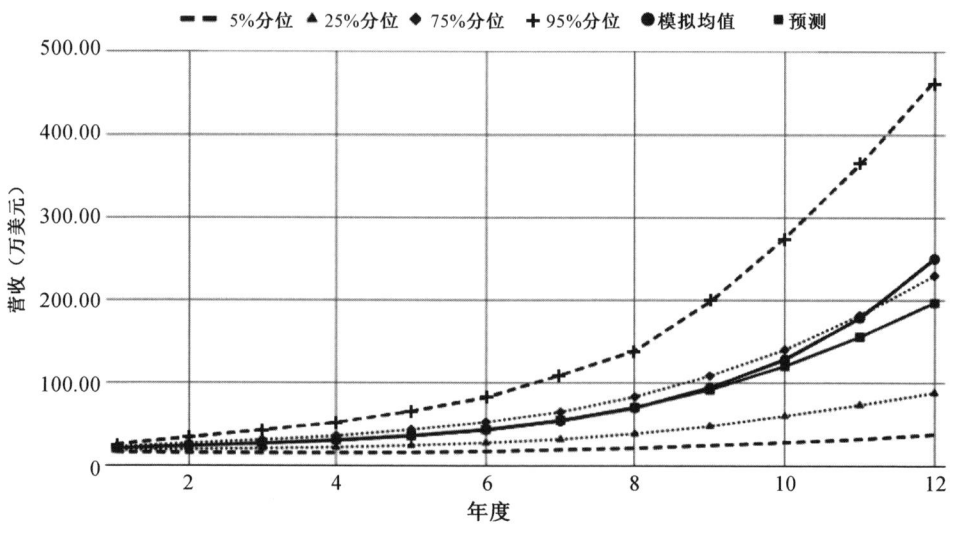

图 4.45 营收范围图

第 4 章 通证的估值

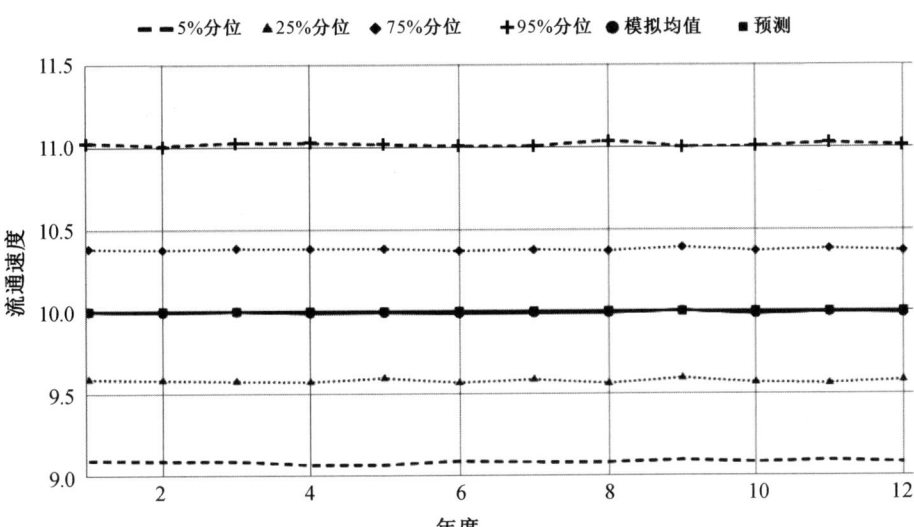

图 4.46 流通速度范围图

以上面两个仿真结果为依据,我们可以估算通证的价格。通证估值将采用全范围百分比,由模拟函数产生,见图 4.47。

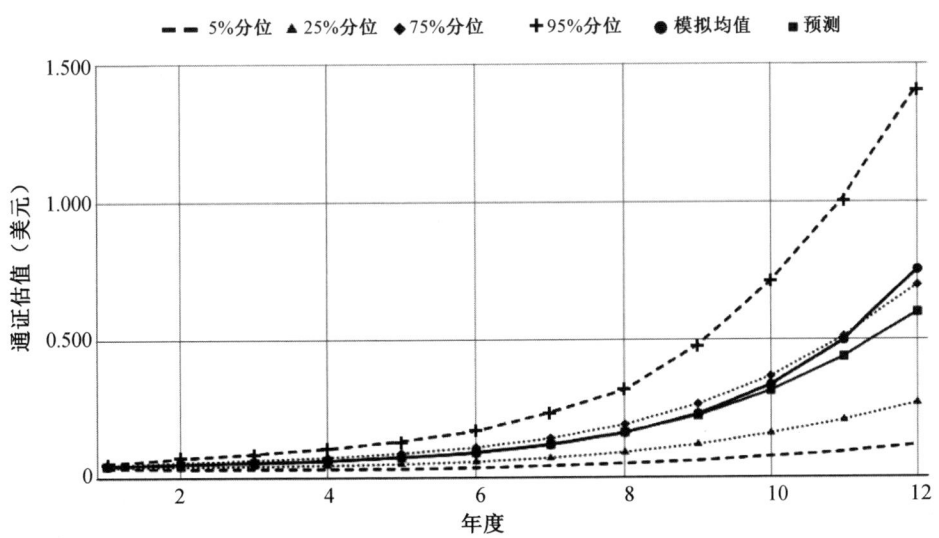

图 4.47 通证估值模拟函数图

有了所有这些范围,我们现在可以逆向推导。根据所需的发行量,我们需要把价格控制在预测范围之内。

从图 4.48 可以看出,超出当前通证发行量预测范围的最坏情况可能发生在模拟结果的 5% 分位或更低的位置。这说明项目当前的通证方案足以支撑通证价格,并且保留了修正的弹性余量。

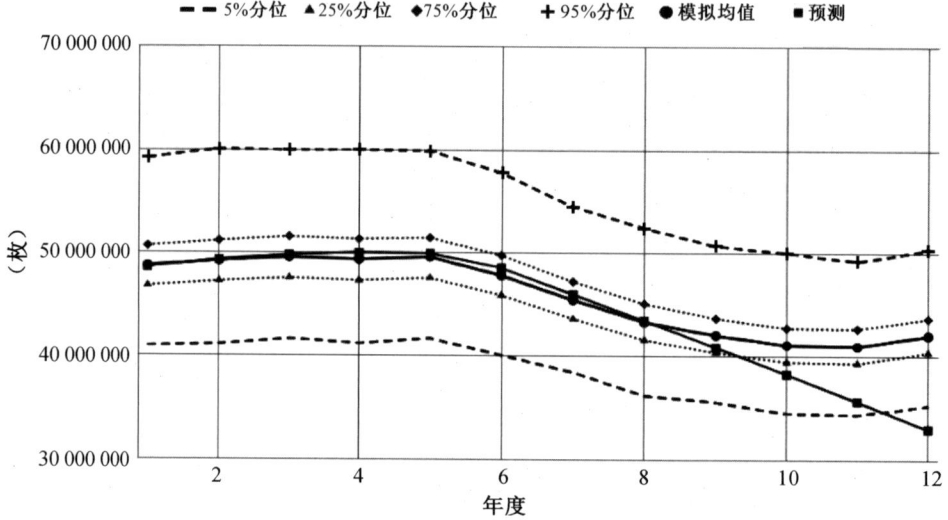

图 4.48 通证发行量范围图

PART 2 第二部分

设计篇

第5章 通证研究

通证研究是通证设计正式开始之前的准备阶段。在研究阶段,我们需要对项目方(企业)进行深入调研,充分了解企业信息,明确项目方的核心诉求。

同时,我们要理解项目的受众群体,明确目标用户的切身需求。用户需要什么价值,价值如何流通、转换,这些都需要我们对市场有深入的了解后方可获知。

调研的方式采用自行调研和询问项目方相结合的方式,以下分阶段展开论述。

5.1 研究输入

在上文中,笔者提出了"通证工程学"的学科概念。从工程学的角度来考虑通证设计更为适合。

在这个阶段,我们需要收集以下几个方面的资料:

(1)项目(企业)信息

包括用户模式、消费者行为、市场数据、定价和其他相关业务信息,以及其他相关的任何现有研究或数据。

(2)项目方诉求

①融资需求

是否要融资,融资多少,决定通证初始总估值的设定。初始总估值是通证经济模型设计的基础。

②项目期望及资源

项目方想要做一个公链还是应用,项目方是否具有行业资源,项目方的优势是什么,等等。

5.2 研究工具

5.2.1 问题研究

通证承载区块链项目生态价值并提供交易介质,给予网络参与者以权益。通证是区块链项目生态的核心,是链接各方资源并为系统参与者提供激励的媒介。区块链生态犹如一个微缩版的小型社会,是一个高度复杂的系统。通证设计的目的是使得这个复杂系统能够实现各项资源的最优配置,并使得生态参与者得到激励。为使得这个复杂问题简单化,我们需采用一系列工具将系统问题化繁为简,找出各项问题的约束条件,实现目标函数达到最优值。

(1) 5W1H

明确问题的定义,可以通过使用工程经济学中的5W1H工作研究方法,如表5.1所示。

表 5.1　5W1H 工作研究方法

what	对象	研究对象具体信息统计
where	场景	研究对象的适用场景
when	时间和程序	甘特图时间节点
who	人员	责任人员科学配置
why	原因	研究背景课题选择
how	方式和解决方案	方案对比分析

明确项目的整体信息,在研究过程中可以逐层开展,如表 5.2 所示,通过列出七大研究要点,快速、全面、精确地完成工作。

表 5.2 七大研究要点

核心问题	关注的核心问题是具体的、可衡量的、面向行动的、相关的和时效性,同时确保问题核心点不偏离
环境	列出设计过程所面临的问题,利用 80/20 法则,进行深入分析
成功的必要条件	项目成功的条件,并且应该包括定性和定量的度量
解决方案集	确定解决方案的参数——解决方案集中包括/不包括哪些参数
解集约束	确定解集的极限/边界
利益相关者	确定相关的关键参与者
关键领域	找出研究的关键领域

(2) PDCA 循环

PDCA 循环是美国质量管理专家戴明博士首先提出的,又称戴明环。全面质量管理的思想基础和方法依据就是 PDCA 循环。PDCA 循环的含义是将质量管理分为四个阶段,即计划(plan)、执行(do)、检查(check)、处理(action)。在质量管理活动中,要求把各项工作按照做出计划、计划实施、检查实施效果,然后将成功的纳入标准,不成功的留待下一循环去解决的工作方法,这是质量管理的基本方法,也是通证设计工作的一般规律。

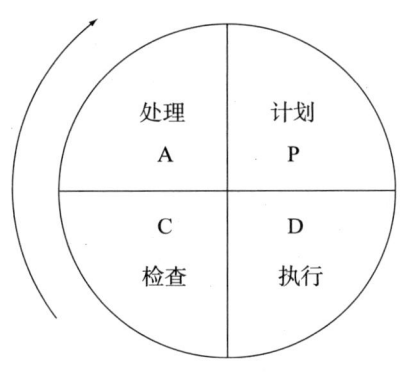

图 5.1 PDCA 循环

(3) QC 七大工具

QC 七大工具一般用于制造业的质量管理中,用于统计分析品质状况并进行改善。我们将通证设计定义为一种工程学,必须采用一些量化的统计学工具进行研究。QC 七大工具分为"旧 QC 七大工具"和"新七大工具",以下一一介绍。

① 旧 QC 七大工具

a. 调查表

调查表又叫检查表、核对表或统计分析表,是用以收集和整理信息资料的事先设计好的一类表格。

例:会议签到表、月度考勤表、顾客满意度调查表等。我们在做项目通证设计前,会对项目方从各个维度进行询问,这种表格就是调查表。调查表是通证设计过程中最常用的表格。

表 5.3 通证设计调查表

序号	步骤	工作内容	注意事项	预计时间(天)	产出成果
1	拜访对接	拜访所服务之企业,了解企业人员架构,明确服务对接窗口及关键负责人,建立顺畅的沟通渠道	以老乡或者其他同频道方法,建立亲和的沟通方式,为项目顺利进行做好铺垫	5	通证设计画布、用户行为结果、白皮书框架……
2	明确需求	与企业负责人及相关人员进行深度交流,再次明确企业的诉求及对符合结果的期望	分主次明确企业诉求,满足合理诉求,不在服务范围内的不做承诺		
3	数据收集	与企业对接窗口进行深度交流,收集或让对方按格式提供企业及行业相关的一系列数据,如市场状况、消费者行为、产品信息、供应链状况等	(1)请对方提供其所掌握的所有资料;(2)请对方按格式填报我们需要了解的所有资料		
4	数据分析	使用一系列分析工具,对收集到的数据进行整合、梳理、剖析,形成可用的通证设计材料库,为通证设计做准备	—		

(a)调查表的目的

系统地收集资料、积累信息、确认事实并可对数据进行粗略的整理和分析。也就是确认该做的是否完成(检查是否有遗漏)。

(b)调查表的用途

i.收集资料。

ii.避免观察与分析同时进行。

iii.以记录代替记忆使观察深入。

iv.避免收集资料时,掺杂情绪文字叙述等不具体明确因素。

(c)调查表应用方法

i.明确收集资料的目的和所需收集的资料。

ii.确定负责人和对资料的分析方法。

iii.决定所要设计的表格形式。

iv.决定记录的形式,选择[○][×][⊕][□][△]等记号中之适当者记入。

v.决定收集的方法。由谁收集、收集的周期、调查时间、调查方法、调查数……均应决定。

vi.打上记号并整理成频次分布表,能直观地看出整体的形态,并能兼有收集情报与解析的功能。

(d)注意事项

i.应尽量取得分层的信息。

ii.应尽量简便地取得数据。

iii.应立即与措施结合。

iv.调查项目如果是很久以前确定现已不适用的,必须重新研究和修订。

v.真实性(必须确保记录数据的真实性,否则没有意义)。

vi.可操作性(一份调查表在实际运用中的记录用时长不应超过1分钟,如一份调查表记录内容较多、时间较长则易出现数据虚假、记录错误、不准确等诸多问题)。

vii.可追溯性(一份调查表必须明确保存时限,便于后续原始数据的查询和追溯)。

b.层别法

层别法是所有QC手法中最基本的概念,亦即将多种多样的资料,因应目的的需要分成不同的类别,使之方便以后的分析。

(a)常见的层别方法

生态角色:开发者、平台、投资者、用户。

通证发放方式:基石、天使、私募、爱西欧、空投。

通证类型:底层技术、中层协议、应用。

(b)层别法应用

层别法就是把资料有系统有目的地加以分门别类地归纳及统计。在通证设计之前,需要运用层别法将复杂资料进行归类处理。

c.帕累托图

帕累托图又称为排列图、重点分析图、ABC分析图,由此图的发明者19世纪意大利经济学家帕累托(Pareto)的名字而得名。帕累托最早用帕累托图分析社会财富分布的状况,他发现当时意大利80%的财富集中在20%的人手里,后来人们发现很多场合都服从这一规律,于是称之为帕累托定律。后来美国质量管理专家朱兰博士将帕累托的统计图加以延伸用于质量管理。帕累托图是分析和寻找影响质量主要因素的一种工具,其形式是双直角坐标图,右边纵坐标表示频数(如件数、金额等),左边纵坐标表示频率(如百分比表示)。分折线表示累积频率,横坐标表示影响质量的各项因素,按影响程度的大小(即出现频数多少)从左向右排列。通过对帕累托图的观察分析可抓住影响质量的主要因素。这种方法实际上不仅在质量管理中,在通证设计中也有很大用处。

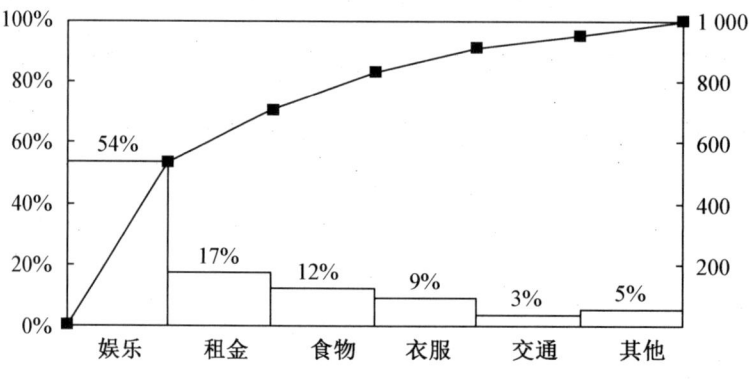

图 5.2 帕累托图示例

在通证设计中,为了获得通证设计的统计学依据,需对数据进行帕累托图分析。比如我们为了得出团队持有通证占比的设计依据,需要对采集样本中的各类团队占比进行帕累托图分析。

假设我们采集 1 000 个投资回报率最高的项目,对其团队占比进行分析。团队占比 0～10% 的为 10%,占比 10%～20% 的为 60%,占比 20%～30% 为 20%,占比 30%～100% 的为 10%。以此可以绘制帕累托图,并得出团队占比设置为 10%～20% 较为合理的依据。

d.直方图

直方图是一种二维统计图表,它的两个坐标分别是统计样本和该样本对应的某个属性的度量。

直方图在生产管理中使用的目的是研究产品质量的分布状况,据此判断生产过程是否处在正常状态。因此,在画出直方图后要进一步对它进行观察和分析。在正常生产条件下,如果所得到的直方图不是标准形状,或者虽是标准形状,但其分布范围不合理,就要分析其原因,采取相应措施。

在通证设计中,设计标准随着时间的推移会发展变化。随着区块链市场环境和人们认知的变化,设计标准也在发展变化。利用直方图,我们可以观测某个设计指标实际市场情况的变化,从而及时调整设计标准。

以初始总估值这一项指标为例,我们设定最大值为 5 000 万美元,最小值为 0,取投资回报率前 1 000 的项目作为样本。设定 0～500 万美元、500 万～1 000 万美元……共 10 个分组,组距为 500 万美元。基础数据表如下表 5.4 所示。

表 5.4 "初始总估值"基础数据表

组号	组别(万美元)	中心值(万美元)	项目个数
1	0～500	250	16
2	501～1 000	750	23
3	1 001～1 500	1 250	65
4	1 501～2 000	1 750	57

续表

组号	组别(万美元)	中心值(万美元)	项目个数
5	2 001～2 500	2 250	363
6	2 501～3 000	2 750	221
7	3 001～3 500	3 250	95
8	3 501～4 000	3 750	88
9	4 001～4 500	4 250	49
10	4 501～5 000	4 750	23

根据此表,制作直方图如图 5.3 所示。

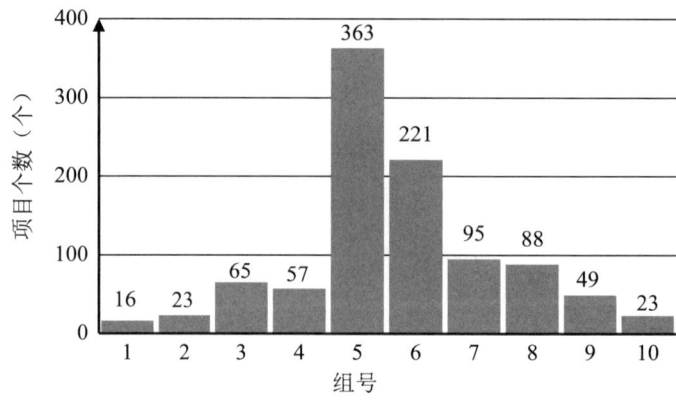

图 5.3 "初始总估值"直方图

由图 5.3 可见,直方图右侧较左侧明显偏高,"初始总估值"呈增大趋势,通证的"初始总估值"设计标准应当调整。

e.因果分析图

所谓因果分析图,就是将造成某项结果的众多原因,以系统的方式图解,即以图来表达结果(特性)与原因(因素)之间的关系。其形状像鱼骨,又称鱼骨图。

某项结果之形成,必定有原因,应设法利用图解法找出其因。首先提出这个概念的是日本品管权威石川馨博士,所以因果分析图又称"石川图"。因果分析图,可使用在一般管理及工作改善的各种阶段,特别是树立意识的初期,易于使问题的原因明朗化,从而设计步骤解决问题。

因果分析图提供的是抓取重要原因的工具,其以结果作为特性,以原因作为因素,在它们之间用箭头联系表示因果关系。因果分析图是一种充分发动项目参与者动脑筋、查原因、集思广益的好办法,常用于实行民主管理的产品工作小组。当出现了某种质量问题,未搞清楚原因时,可针对问题发动大家寻找可能的原因,使每个人都畅所欲言,把所有可能的原因都列出来。

在通证研究阶段,对造成传统企业销量下滑或其他问题的原因进行深入分析,有助于陈述利弊,让企业管理者更能够认识到通证经济对实体产业的赋能作用。

图 5.4 为通证升值的鱼骨图示例。

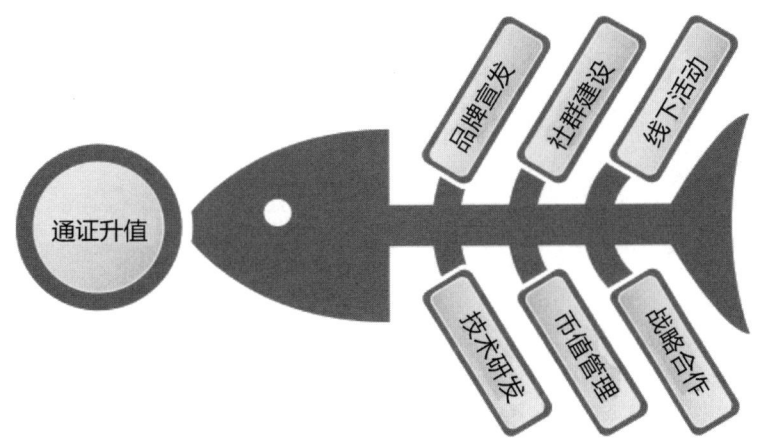

图 5.4 "通证升值"鱼骨图

f.散点图

散点图又叫相关图,它是将两个可能相关的变量数据用点画在坐标图上,用来表示一组成对的数据之间是否有相关性。这种成对的数据或许是特性—原因、特性—特性、原因—原因的关系。通过对其观察分析,来判断两个变量之间的相关关系。这种问题在实际生产中也是常见的,例如热处理时淬火温度与工件硬度之间的关系,某种元素在材料中的含量与材料强度的关系等。这种关系虽然存在,但又难以用精确的公式或函数关系表示,在这种情况下用相关图来分析就是很方便的。假定有一对变量 x 和 y,x 表示某一种影响因素,y 表示某一质量特征值,通过实验或收集到的 x 和 y 的数据,可以在坐标图上用点表示出来,根据点的分布特点,就可以判断 x 和 y 的相关情况。

在我们的生活及工作中,许多现象和原因,有些呈规则的关联,有些呈不规则的关联。我们要了解它,就可借助散点图统计手法来判断它们之间的相关关系。

在制定各项通证设计指标的标准时,散布图具有极为重要的作用。

(a)高度相关

i.高度正相关——X 变量增大时 Y 变量随之增大,散点逐渐上升成一斜线(如图 5.5 所示)。

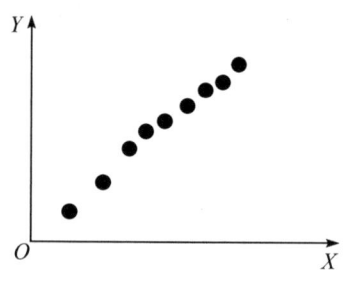

图 5.5　高度正相关

ii.高度负相关——X 变量增大时 Y 变量却减小,散点逐渐下降成一斜线(如图 5.6 所示)。

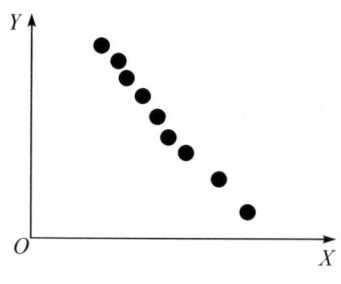

图 5.6　高度负相关

(b)中度相关

中度正相关——X 变量增大时,Y 变量亦增大,散点有逐渐上升趋势谓之中度正相关(如图 5.7 所示)。

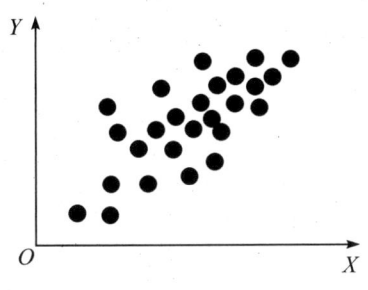

图 5.7　中度正相关

中度负相关——X 变量增大时,Y 变量却减小,散点有逐渐下降趋势谓之中度负相关(如图 5.8 所示)。

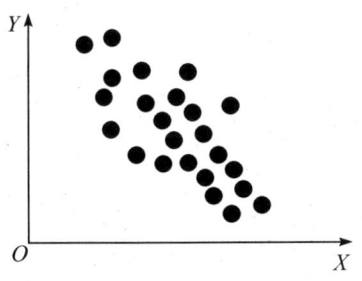

图 5.8　中度负相关

(c)无相关

无相关——当 X 变量增大时,Y 变量并未随之增大,散点没有上升或下降之趋势,谓之无相关(如图 5.9 所示)。

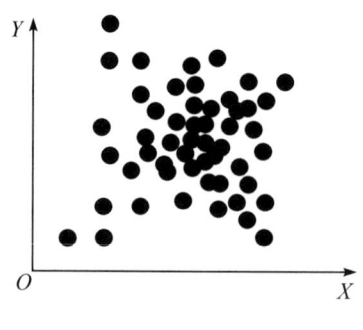

图 5.9　无相关

(d)曲线相关

曲线相关——X 变量与 Y 的变量之间没有线性相关关系,但知有曲线关系存在,谓之曲线相关(图 5.10 所示)。

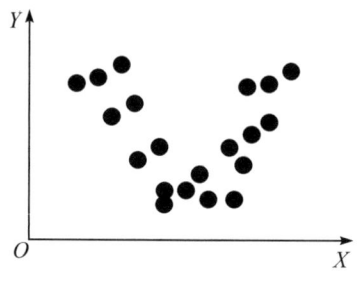

图 5.10　曲线相关

在制定通证设计的各项参考指标时,散点图起到了重要作用。由于区块链项目及通证设计属于新兴行业,尚无绝对的相关设计标准。因此,寻找各项指标与目标变量的相关性是当前的最佳方法。

我们假设以投资回报率作为通证设计的目标变量,区块链项目的投资回报率越高,则认为该项目通证设计的效果越好。在此基础上,我们可以构建一系列通证设计指标与投资回报率这两个变量之间的散点图。

图 5.11 为一系列金融类区块链项目的"投资回报率"和"流通总量"的散点

图。由图 5.11 可见,投资回报率较高的项目流通总量分布在 20 亿枚以下。

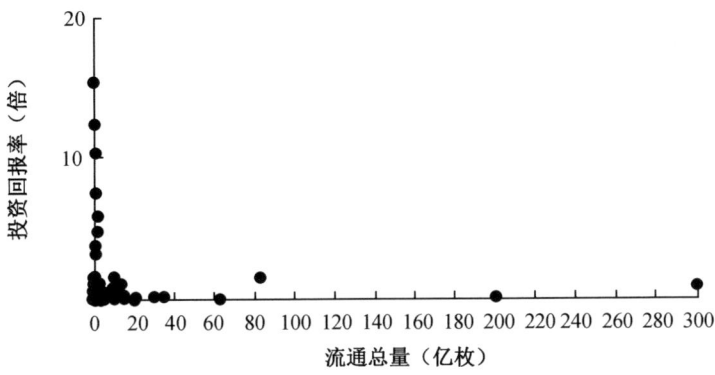

图 5.11 "投资回报率"与"流通总量"散点图

由图 5.11 可得出结论,金融类区块链项目的流通总量设置上限标准为 20 亿枚。

g.控制图

控制图(control chart)在 1924 年由美国品管大师休哈特(W.A.She-whart)博士发明,是根据假设检验的原理构造的一种图,用于监测生产或服务过程是否处于控制状态。它是统计质量管理的一种重要手段和工具。将实际的品质特性与根据过去经验所建立质量标准控制界限比较,按时间先后的次序,以判别质量是否稳定。

控制图的基本结构是在直角坐标系中画三条平行于横轴的直线,中间一条实线为中心线,上下两条虚线分别为控制上下限。横轴表示按一定时间间隔抽取样本的次序,纵轴表示根据样本计算的、表达某种质量特征的统计量的数值,由相继取得的样本算出的结果,在图上标为一连串的点子,它们可以用线段连接起来。如图 5.12 所示。

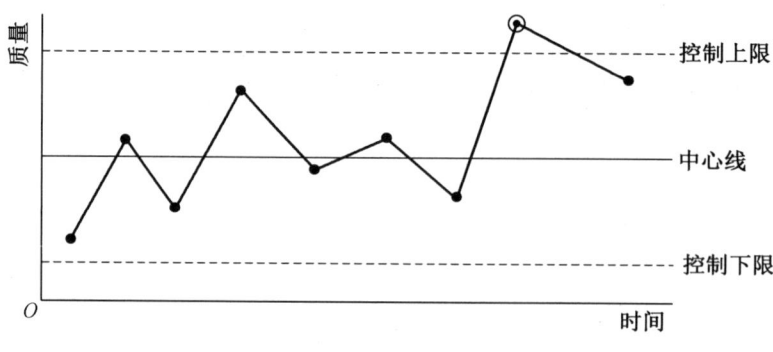

图 5.13 控制图

控制图可用于通证维护阶段的币值管理中。

在二级市场中,通证价格的波动会受各种因素的影响。引起价格变动的原因可分为两种,一种为正常因素,一种为异常因素。正常因素是交易双方正常的价格博弈,是无法消除并且鼓励发生的。异常因素指的是恶意的价格操纵,恶意打压币价或者拉盘,导致价格大起大落,严重影响生态正常运转。这种情况要通过币值管理手段去消除。

我们可利用控制图对币价进行监控。一旦币价突破控制上限或控制下限,立即采取币值管理措施进行干预。

②新 QC 七大工具

a.关联图

关联图又叫关系图,就是把现象与问题有关系的各种因素串联起来的图形,见图 5.13。通过关联图可以找出与此问题有关系的一切要素,从而进一步抓住重点问题并寻求解决对策。

它是解决关系复杂、因素之间又相互关联的原因与结果或目的与手段的单一或多个问题的图,是根据逻辑关系理清复杂问题、整理语言文字资料的一种方法。

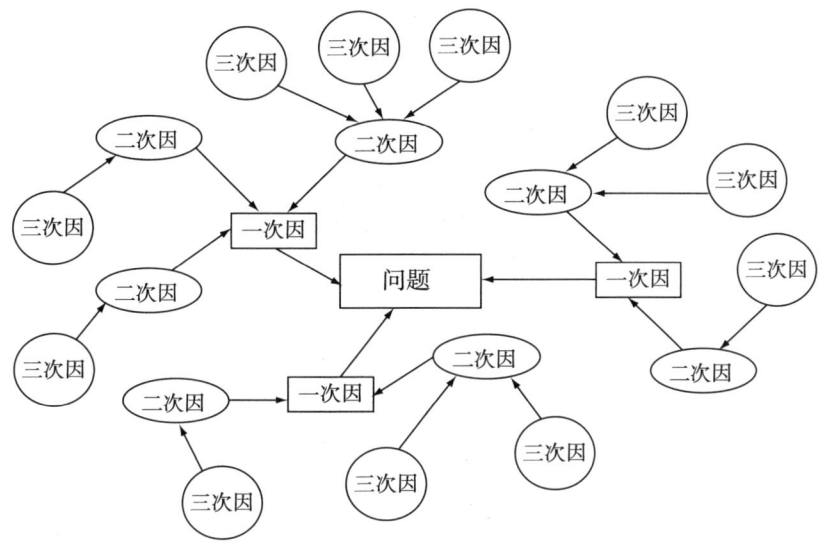

图 5.13 关联图

b.亲和图

亲和图法(KJ 法/affinity diagram)是把收集到的大量事实、意见或构思等语言资料,按其相互亲和性(相近性)归纳整理这些资料,使问题明确起来,求得统一认识和协调工作,以利于问题解决的一种方法。

亲和图法针对某一问题,充分收集各种经验、知识、想法和意见等语言、文字资料,通过 A 型图解进行汇总,并按其相互亲和性归纳整理这些资料,使问题明确起来,求得统一认识,以利于解决的一种方法。

亲和图法的核心是头脑风暴法,是根据结果去找原因。我们在通证激励方案制订时,可以采用亲和图法。会议主持人引导大家提出自己的每一个想法,先不要求具体分析,只是把想法记录在案,这样会议的讨论才得以热烈地进行。会后,再组织人对这些问题进行分析排查。这样不仅会议可以正常进行,而且也找出了最佳的通证激励方案。

c.系统图

简单来说,当某一目的较难达成,一时又想不出较好的方法,或当某一结果令人失望,却又找不到根本原因,在这种情况下,建议应用系统图。通过系统图,可以使得原来复杂的问题简单化。系统图就是为了达成目标或解决问题,

以目的—方法或结果—原因层层展开分析,以寻找最恰当的方法和最根本的原因。在通证运营过程中遇到难以解决的问题时,可以采用此法。

d.过程决策程序图法

过程决策程序图法又称 PDPC 法(英文 process decision program chart 的缩写),是针对为了达成目标的计划,设法导向预期理想状态的一种方法。过程决策程序图法是在制订计划阶段或进行系统设计时,事先预测可能发生的障碍(不理想事态或结果),从而设计出一系列对策措施以最大的可能引向最终目标(达到理想结果)。该法可用于防止重大事故的发生,因此也称之为重大事故预测图法。

PDPC 法可分为两种,一种是顺向思维法,一种是逆向思维法。

顺向思维法是定好一个理想的目标,然后按顺序考虑实现目标的手段和方法。这个目标可以是任何的东西,比如大的工程、一项具体的革新、一个技术改造方案等。为了能够稳步达到目标,需要设想很多条路线。

逆向思维应该从理想状态开始,考虑实现这个目标的前提是什么,为了满足这个前提又应该具备什么条件。一步一步退回来,一直退到出发点。

运用此法,可以避免通证设计及运营过程中由于某个细节失误引发通证系统性风险。

e.矩阵图法

矩阵图法就是从问题事项中,找出成对的因素群,分别排列成行和列,找出其间行与列的相关性或相关程度的大小的一种方法。

f.矩阵数据分析法

矩阵图上各元素间的关系如果能用数据定量化表示,就能更准确地整理和分析结果。这种可以用数据表示的矩阵图法,叫作矩阵数据分析法。它是一种定量分析问题的方法。目前,矩阵数据分析法尚未广泛应用,只是作为一种"储备工具"提出来的。应用这种方法,往往需借助电子计算机来求解。

g.箭条图

箭条图法是将项目推行时所需的各步骤、作业按从属关系用网络图表示出来的一种方法,见图 5.14。

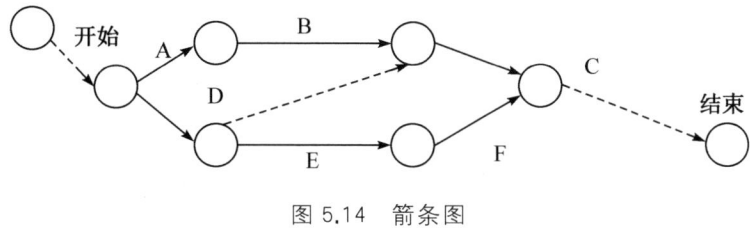

图 5.14 箭条图

（4）MECE 分析法

MECE，英文全称是 mutually exclusive collectively exhaustive，中文意思是"相互独立，完全穷尽"。也就是说，对于一个重大的议题，能够做到不重叠、不遗漏地分类，而且能够借此有效把握问题的核心，并成为有效解决问题的方法。

它是麦肯锡咨询顾问巴巴拉·明托（Barbara Minto）在金字塔原理（the Minto pyramid principle）中提出的一个很重要的原则。

所谓的不遗漏、不重叠指在将某个整体（不论是客观存在的还是概念性的整体）划分为不同的部分时，必须保证划分后的各部分符合以下要求：

①各部分之间相互独立（mutually exclusive）

②所有部分完全穷尽（collectively exhaustive）

MECE 是麦肯锡思维过程的一条基本准则。"相互独立"意味着问题的细分是在同一维度上并有明确区分、不可重叠，"完全穷尽"则意味着全面、周密。

在通证设计的每一个环节，都贯穿着"MECE"的思维准则。结构化思维的本质就是逻辑，其目的在于对问题的思考更完整、更有条理。但"结构"不是"解构"，结构化的思维并不意味着对问题机械、简单地肢解。事实上，需要通证设计服务的客户的问题多是一团相互纠缠、纵横交结的乱麻，结构化的思维在于帮助我们一个一个地找到线头，理清思路，而不是否认事物之间的相互联系。

在实际操作过程中，每一部分的划分方法以及部分之间的联系并不是绝对的。需要经过反复推敲，最终得到适合项目方需求的结构。

（5）逻辑导图

通证模型的核心问题可以通过逻辑导图的形式（如图 5.15 所示）将其分解为不同的问题来解决。严谨的逻辑导图分析应遵循 MECE 法则：相互独立，完全穷尽。因此，在通证设计前，我们应当深入调查和分析。

另外，我们应当优先考虑治理、安全以及经济可行等要素。

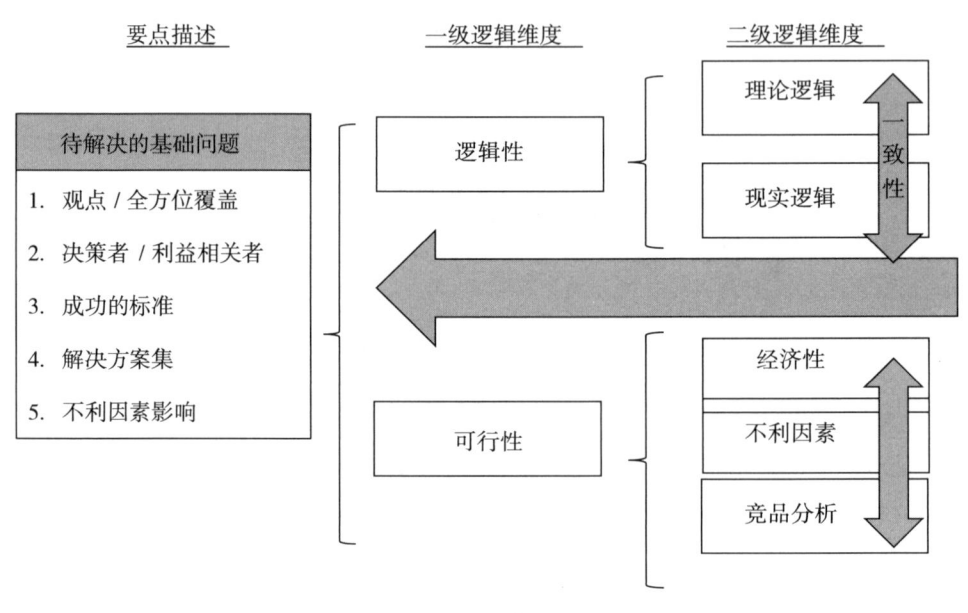

图 5.15　逻辑导图

5.2.2 角色研究

通证设计的一项重要工作是理解生态参与角色以及他们之间的价值流动。在设计前，我们必须深入分析传统行业的同类市场产品，了解各类产品参与者的诉求，以此方能确定合理高效的激励经济机制。

在分析用户角色时，我们需对产业链条的所有参与者进行角色定义，从而理清他们的价值关系。

（1）生态角色利益图谱

生态角色利益图谱对生态角色进行了梳理，界定了各类参与角色的关系，见图 5.17。

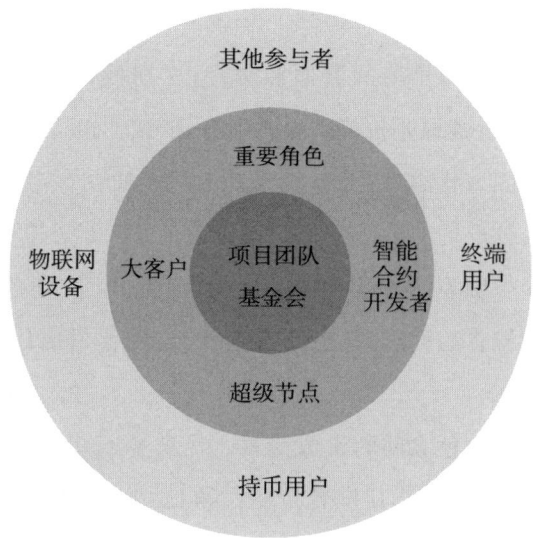

图 5.17　通证生态用户利益图谱

在图 5.17 中,我们可以清楚看到各个生态参与角色在生态中的关系。这个简单工具可以帮助我们解决和优化生态角色主要问题并构建他们之间的关系。

当一个项目面临分叉时,我们需要在各类参与者之间做一些取舍,利用此图,会对项目团队的选择提供一些指导。

在开源系统(OSS)中,分叉指的是创建软件的替代版本。通常情况下,分叉是有益的,它实际上可以增强代码库的功能,或者作为网络参与者表达其权利和意图的一种手段。但在区块链网络中,分叉具有双面性。

在区块链网络生态中,有两种类型的分叉,即硬分叉和软分叉。社区是区块链项目的核心,失去社区对生态项目来说是致命的打击。因此,项目团队需要谨慎权衡。

硬分叉是与区块链网络前版本的永久分裂,这样运行以前版本的所有节点将不再被接受到新链上。例如 2016 年 10 月,ETH 和 ETC 硬分叉。

软分叉指的是只有更新后的客户才支持的更改,但是旧版本仍然兼容。通常需要对采集器、验证器进行升级,这样只要它们进行了升级,社区一般不会出现严重分歧。

（2）价值交换体系

区块链生态必须支持价值的流通和交换，早期投资者可以获利退出，后期加入者可以付费入场。通证是价值交换的媒介，承载了相当于生态货币的作用。

生态价值以通证为载体，在生态参与者之间流通。参与者对价格的不同认知和博弈形成了二级市场的价格变化。设定价值体系的步骤如下：

①利用生态参与者关系图谱，确定每个参与者的生态角色。

②研究每个参与者的诉求，他想要得到什么，能够付出什么，每个参与者如何工作，如何获取奖励。

③理清不同生态角色之间的价值关系。比如普通用户和开发者，普通用户使用开发者开发的应用，付给开发者费用。再比如，在IPFS生态中，存储节点向存储需求者提供存储服务，存储服务需求者向储存节点支付通证，价值向存储节点流动。

④与传统行业的同类项目进行对比分析，研究生态角色的诉求的满足状况，从而找到区块链项目与传统项目的用户体验差异点。

⑤建立初始原型并迭代细化。创建初始原型，并进行评估，考虑发生系统性风险的可能性。

⑥考虑基金会的作用。虽然说区块链项目应当社区自治，但是当前链上治理的方式并没有被广泛应用，一般的区块链项目均采用链下治理的方式。一般情况下，基金会负责生态治理，对项目发展有一定的干预能力。

在制定和完善价值交换体系之后，应当以共赢为目标来运营这个体系。在机制设计当中，有一个激励相容原理。我们应当使得用户为了自己私利博弈的同时，为整个生态发展做出贡献。此外，还应该考虑用户诉求的优先级：是更关心隐私安全，还是更关心利益。

5.2.3 通证功能框架

通证经济包含两个部分,一是分布式账本,二是市场。

分布式账本处于技术层,是每笔交易的关键属性需要验证和简单合同需要执行的地方。分布式账本的主要目标是将网络验证成本降到最低。与传统的中介或审计机构相比,区块链服务的主要优势在于降低成本和去中介化。传统的中介或审计师在这一验证过程中收取了大量的费用。对整个生态而言,这是非常大的损失。

在货币类、开发平台类和存储类项目中,如比特币、ETH 和 Filecoin,通证用于促进中介费用的降低。

市场处于应用层,旨在调整生态角色之间的价值分布,借助强大的网络效应,以使得市场更有活力。此时,通证用作激励和惩罚工具,引导生态参与者的行为,使其行为既符合自身利益,又符合生态总体利益。此类通证可分为两种类型:商业通证和社区通证,见表 5.5。

表 5.5 通证功能框架

社区网络为中心			商业应用为中心
网络部署	市场层	分布式账本层	基本要素
参与者			分类
			角色和目的
			生态价值
惩罚			价值流动
			价值创造
			价值获取
激励			项目实力
			团队成员
			背景
机制			路线图

（1）商业应用通证

表 5.5 右侧为以商业应用为中心的通证框架，其中包含影响通证生态能否成功的因素。

按照这种思路，我们需根据通证的类型、角色和目的以及潜在的价值对其进行分类，以此来制定通证运营的总体策略。

① 基本要素

a. 分类

通证的分类可以参考本书第 3 章的阐述。

b. 角色和目的

（a）货币：充当交易媒介，为商品交易提供流动性。

（b）工作权：代表访问网络或进行某项工作的权利。

（c）分红权：获得生态利润分红的权利，类似于股票。

（d）其他角色和目的。

c. 生态价值

（a）锚定价值

通证与何种资产锚定，股权、债权、收益权还是其他？通证锚定的必须是数字资产或者可以数字化的资产，并且这些资产可以交易。

（b）网络价值

这些通证的价值与网络的价值和发展相关联，并与网络参与者之间的关键交互和通过网络交换的价值相关联。

② 价值流动

在区块链项目生态中，有人创造价值，有人获得价值。比如在内容分享平台 Steem 中，内容创作者创造价值，内容阅读者获得价值。通过点赞等行为，内容创作者获得通证。这是一种典型的价值交换和流通。

③ 项目实力

创始团队是项目的缔造者，对项目成败具有决定性的作用。

行业背景决定了市场是否足够大。"天花板"太低的市场，就算做到了行业第一成长空间也有限。

路线图决定了抢占市场的速度。在"币圈一天,人间一年"的区块链世界里,速度也是项目成败的重要因素。

(2) 社区网络通证

以网络为中心的通证模型,主要包含以下影响生态系统长期成功和可持续性的因素。

a.参与者

在市场层和账本层,参与者分别扮演什么角色?

b.惩罚

惩罚哪些不受欢迎的参与者行为?

c.激励

期望参与者做出哪些行为,激励哪些行为?

d.机制

建立什么机制来保证激励和惩罚的正常运行?

5.3 研究产出

5.3.1 基础数据资料

使用前文所述的一系列问题分析工具,对收集到的数据进行整合、梳理、剖析,形成可用的通证设计材料库,为通证设计做准备。

资料包含市场规模、用户痛点、盈利模式等。利用 MECE 分析法可以简单、有序、高效地收集好通证设计所需要的一系列资料。

5.3.2 用户角色研究

分析每一位用户的特征和诉求非常重要,只有这样我们才可以有针对性地建立激励机制,调动每一类参与角色的积极性。

利益相关者分析图:每一类参与到生态的人需要什么,可以提供什么,我们必须分析得非常清楚。每一类参与者与哪些其他参与者存在利益关联,通证设计者必须了如指掌。

价值交换图:各类参与者之间如何产生价值交换和流通?利用价值交换图,通证设计者可以充分了解价值的流动方向和路径。

5.3.3 通证设计画布

通证设计画布可以全面完整地将通证的各个维度展示出来,将传统业务映射到区块链网络上。每一个区块链项目在通证研究阶段结束时,都应产出一张通证设计画布,见表5.6。

表5.6 通证设计画布

问题	规模与增长	生态	治理	利益相关者
列举1~3个通证经济所要解决的问题	列出规模和参与者参与的业务	对生态如何运作进行简短而清晰的描述	谁来做经济决策,决策是如何实施的	网络、角色、责任
现有方案	发行与流通	区块链必要性	外部生态	动机
列出现在是如何解决这些问题的	生态通证发行给谁,什么时候发行,发行多少	为什么要使用区块链	哪些外部行为(数据、技术或系统)与通证经济相联系	列出参与者的参与动机
通证分配及其价值		通证用途		
通证如何完成首次分配?通证价值是如何随着时间的推移而增加的		通证如何在生态内使用		

通证设计如本书前文所述，是一门工程学。通证设计是一门新兴学科，它包括围绕市场或业务模型构建一个生态系统，通过区块链技术创建并运行企业业务模型。

通证设计的核心在于尽可能以简单、易于理解的方式构建一个激励机制，产生一个行之有效的博弈和交互结果，使得生态持续自运行并不断强大。当前一些通证设计方法基于某些假设，这些假设可能为生态系统埋下隐患。因此，我们需要利用工程学手段尽可能严谨地设计通证体系，避免简单定性设计导致的通证生态系统性风险。

通证设计可大致分为设计输入（input）、设计过程（process）、设计输出（output）三大部分。

6.1 设计输入

通证设计需要清楚生态中每一个参与者的参与动机、各个板块的业务流程、市场状况以及网络结构的价值。通证生态的技术层应当能够使得网络底层良性运行，同时其市场层应当能够设立正确的激励机制提升每一个参与者的参与动力。

从工程学的角度讲，对于任何一个问题，都存在多个解决方案。在寻找达到目标函数的最优解的过程中,存在多个约束条件。通证设计的目的就是在满足约束条件的情况下,通过能够量化的工程学方法找到最优解。

通证研究阶段的输出成果,如检查表、鱼骨图、MECE问题树、通证设计画布等,将成为通证设计的输入资料。

6.1.1 角色定义

角色定义是通证设计的第一个关键步骤。在设计阶段,我们需要重新检视在通证研究阶段制定的生态参与者角色列表,并做进一步分解和完善。通证设计师需要更深地挖掘生态参与角色,不仅仅明确其网络分工,而且要理清其经济学身份,以及他们之间是如何协作和相互影响的。

此外,应当动态地考虑生态参与角色。当前的生态参与者并非是最终的参与者,生态参与角色随着生态的发展不断地演化,参与者也在不断地发生变化。同时,每一个参与者的行为随着时间的推移也在不断变化。这一变化可参考"学习曲线"的模型进行量化分析。

生态参与者还应当区分直接参与者和间接参与者,所有明确的参与者和潜在的参与者都应当进行考虑。

角色定义是通证研究阶段的重要输出。只有拥有了全面深入的角色定义,才可以确立网络成功的度量标准(如用户参与或其他收益),并定义目标函数的约束条件。

确定网络生态的目标函数是通证设计的主要目标,这一目标是各个参与角色的主要目标的一个聚合。这个聚合应当符合机制设计当中的激励相容原理。

角色定义的步骤如下:

(1)确定所有的潜在生态角色

利用检查表和层别法列出所有能想到的直接和间接的生态参与者,并站在参与者的角度分析其参与动机。

（2）全面分析生态角色

列出每一个生态角色的所有参与动机，按主次排列。分析针对每一项参与动机，生态参与者可能采取的行动和决策。这一步使得我们能够找出参与者的自身利益与网络的最佳利益之间的关系，以满足生态的激励相容。

（3）理清生态角色间的交互关系

生态角色不是独立存在的，尤其是在区块链项目生态中，参与者之间存在着紧密而复杂的交互关系。伴随着通证在他们之间的流通，价值也在发生传输和转移。我们需要明确这些价值传输符合整个生态的目的，不会造成系统性风险。

（4）防范系统风险

对各种自利行为造成的结果进行推演，穷尽各种可能结果。自利行为应当为生态运行提供保障而非造成障碍。无法为生态发展起到正向作用的，甚至可能对生态造成负面影响的自利行为应当被禁止。在通证设计时，应当制定惩罚措施。如 IPFS 类项目中的抵押机制，如果存储服务提供者提供的服务没有达到承诺预期，则系统会扣除其抵押的通证作为惩罚。

以下介绍几个案例。

案例一：某全球彩票公链的角色定义。

(1)公链生态角色

①开发者

各国获得牌照的优秀彩票公司等开发机构。

②使用者

公链上面的应用(DApp)的用户。

③服务提供者

野生动物保护组织及协会等款项接收方。

④平台方

项目方。

(2)应用(DApp)生态角色

①消费者

彩票购买者是生态的消费人群,目标用户群是中低收入人群,每次娱乐消费能力大于10美元,具备移动支付能力。

②销售者/平台方

项目方为彩票产品的生产者和销售者。同时,项目方为买卖双方提供平台。

③推广者

所有为应用推广的人。

④服务提供者

a.野生动物保护组织

保护野生动物的大型机构和组织,包括野生动物保护区和野生动物保护协会等。

b.野生动物保护志愿者

野生动物保护志愿者指那些热衷于野生动物保护的机构和个人。

(本质而言,彩票购买者的一部分未中奖的款项为野生动物保护做了贡献,相当于购买了野生动物保护这一服务,而野生动物保护机构及志愿者提供这一服务)

⑤其他

野生动物爱好者等其他角色。

野生动物爱好者是对野生动物摄影作品、视频、学术论文、科普文章、线下动物保护主题旅游等感兴趣的用户。他们可能会去购买彩票,也可能为平台贡献内容。

案例二:某分布式存储项目的角色定义。

(1)矿工

提供存储空间和共享数据的用户,包括贡献PC硬盘等自有设备闲置空间的个人或企业、购买专用存储设备的用户以及提供有价值共享数据的用户。

(2)开发者

在公链上开发应用的技术人员。

(3)用户

使用存储空间、共享数据、生态内应用服务的普通用户。

(4)其他贡献者

为生态做出贡献的参与者,如推广者、早期内容贡献者等。

(5)平台

项目方。

案例三:某宗族文化传承项目的角色定义。

(1)数据贡献者

上传家谱、个人资料等数据的用户。

(2)数据消费者

使用数据检索服务的用户,使用平台其他服务的用户。

(3)其他贡献者

为生态做出其他贡献,如推广、社群建设、运营等的参与者。

(4)轻节点

持有项目生态硬件节点的用户。

(5)平台

项目方。

案例四:某AI人工智能公链项目。

(1)矿工

贡献共享数据的用户,包括共享数据的企业和个人。通过共享数据,在智能生态的AI增强型DPoS共识机制的基础上,提供安全认证,为生态通证提供算力支持。

(2)开发者

在生态公链上开发应用的技术人员。

（3）用户

使用存储空间、共享数据、智能生态内应用服务的普通用户。

（4）其他贡献者

为生态做出贡献的参与者，如推广者、早期内容贡献者等。

（5）平台

项目方。

6.1.2 价值流通

通证是区块链生态价值交换的载体，价值流通伴随着通证的反向流通。生态角色之间的价值流通图能够清晰反映生态通证的流通状况，对通证设计具有重要指导意义（见图 6.1）。

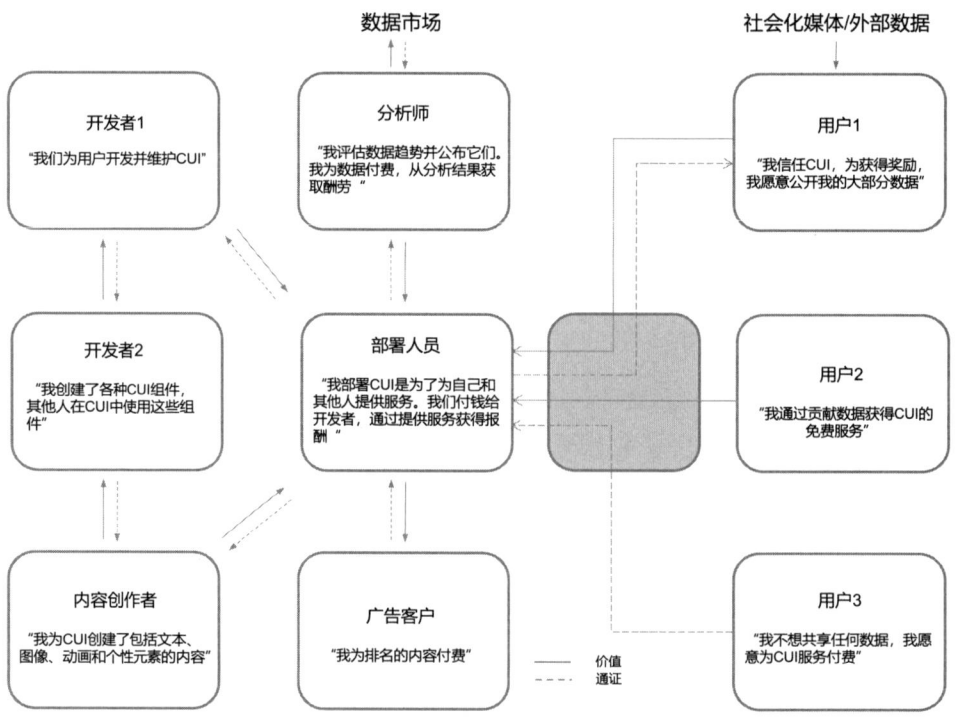

图 6.1　生态价值流通图

6.2 设计工具

如本书前文所述,在通证设计中,数学、博弈论和机制设计、组织行为学、经济学等都是必不可少的工具。除此之外,甘特图作为时间流程管理的工具,在通证设计执行中具有重要作用,这里进行简单介绍:

甘特图(Gantt chart)又称为横道图、条状图(bar chart)。以提出者 Henry Laurence Gantt 的名字命名。

甘特图内在思想简单,即以图示的方式通过活动列表和时间刻度形象地表示出任何特定项目的活动顺序与持续时间。基本是一条线条图,横轴表示时间,纵轴表示活动(项目),线条表示在整个期间计划和实际的活动完成情况。它直观地表明任务计划在什么时候进行,以及实际进展与计划要求的对比。管理者由此可便利地弄清一项任务(项目)还剩下哪些工作要做,并可评估工作进度。

甘特图是基于作业排序的目的,将活动与时间联系起来的最早尝试之一。该图能帮助企业描述对诸如工作中心、超时工作等资源的使用。甘特图可用于检查工作完成进度。它表明哪件工作如期完成,哪件工作提前完成或延期完成。

在通证设计的进度管控中,甘特图可起到重要作用,见图6.2。

	工作事项	第一周	第二周	第三周	第四周	第五周	第六周	第七周	第八周
通证调研	拜访对接	■	■						
	明确需求	■	■						
	数据收集	■	■						
	数据分析		■						
通证设计	逻辑梳理			■					
	白皮书撰写			■	■				
	通证设计			■	■				
	报告制作				■				
通证部署	技术开发					■			
	通证分配						■		
	通证运营						■		
	通证上所						■		
通证维护	绩效跟踪							■	
	市值管理							■	
	优化调整							■	
	重新设计								■

图 6.2 通证设计甘特图

6.3 设计过程

通证设计不同于互联网产品设计和积分设计,基于区块链的不可篡改属性,智能合约一旦部署,便无法变更。不合理的通证设计如果在运行一段时间后进行修正,必须重新部署智能合约,这个过程会给区块链项目带来较大的损失。有些时候,因为重新设计通证机制甚至导致社区共识破裂,项目夭折。因此,通证设计过程要极其慎重。

通证网络匹配类似于产品市场匹配,旨在为区块链生态找到合适的通证模型。市场层的激励应该与账本层的激励机制保持一致,从而使得激励相容。人工智能项目 PAI 是一个典型的考虑了这一因素的项目,它在市场层设立了积分机制,使得市场层与账本层的激励不会发生严重干扰。

6.3.1 通证使用场景模拟

通证在什么场景下获得,在什么场景下消耗,应当逐一列出。以下用案例说明。

案例一:某全球彩票公链的通证使用场景模拟。
(1)公链通证使用场景
①通证消耗/抵押场景
a.货币支付场景
(a)开发者购买内存,用于存储数据,用通证支付。
(b)消费者在应用购买彩票,用通证支付。
(c)各应用与服务提供者结算时用通证支付。
b.行使权益场景
(a)开发者抵押一定比例通证,方可进行应用开发。
(b)服务提供者(野生动物保护组织、协会)抵押一定比例通证,方可参与生态。

(c)所有通证持有者具有参与重大经营事务决策的权利。

其他权益同上。

c.平台惩罚

开发者如存在诈骗等违规行为,平台经过社区投票后给予通证锁定或销毁的惩罚。

②通证获取场景(激励)

a.开发者的应用用户活跃度达到一定量或者一定排名,给予通证奖励。

b.普通用户可设立开发者专属链接,给予推荐开发者的用户通证奖励。

注:公链上应用项目自行收取的通证不在此范围内。

(2)应用通证使用场景

①通证消耗/抵押场景

a.货币支付场景

(a)消费者购买彩票,用通证支付。

(b)平台与服务提供者结算,用通证支付。

(c)通证兑付法币。

b.行使权益场景

(a)消费者持有通证,购买彩票可获得优惠折扣。持有通证越多,购买彩票获得的优惠折扣越大。

(b)消费者持有通证,可获得平台利润分红。持有通证越多,获得平台的分红越多。

(c)消费者持有通证,与可获得的通证激励有关。持有通证越多,为平台推广或贡献内容获取的通证就越多。

c.平台惩罚

平台参与者存在违反平台或社区规定的行为,通证会被锁定或销毁。惩罚行为范例:在平台发布的内容违规,如违反法律或抄袭等行为;恶意刷点赞量骗取通证奖励的行为。

②通证获取场景(激励)

a.平台推广者(各个角色都可以成为推广者)为平台推广,可使用专属推广

链接和智能合约实现。

b.平台参与者为平台提供摄影作品、视频、学术论文、科普文章等内容,按照点赞数给予通证奖励,可由智能合约实现。

c.彩票购买者购买彩票未中奖的,获得通证奖励。

d.其他平台认为应该激励的行为。

案例二:某分布式存储公链项目的通证使用场景模拟。

(1)行使权益场景

①通证消耗/抵押场景

a.闲置空间、带宽和共享数据提供者在提供资源前需抵押通证,方可提供存储服务。如果存储服务因掉线或其他原因未达到要求,系统会自动扣除相应通证。

b.开发者开发应用,需抵押通证。

c.用户持有通证,可获得生态内服务折扣权利。

d.用户持有通证,享有分红权利。

e.用户消耗通证,可对生态事项进行投票,参与生态治理。

②通证获取场景

a.创世挖矿获得通证。

b.生态推广获得通证。

c.其他生态贡献如早期内容贡献等。

d.二级市场购买。

(2)支付流通场景

①支付通证消耗/抵押场景

a.用户享受存储、共享数据服务,消耗支付通证。

b.开发者开发应用,消耗支付通证。

②支付通证获取场景

a.闲置空间、带宽和共享数据提供者提供服务获得支付通证。

b.平台提供底层开发支持获取支付通证。

案例三:某宗族文化传承项目通证使用场景。

(1)通证消耗

在以下使用场景,用户将消耗通证:

①用户上传的个人资料(不含族谱)超过限额的。

②用户购买虚拟祭祀商品的。

③用户购买修建祠堂、装修祠堂等服务的。

④用户打赏生态内容提供者的。

⑤用户购买其他商品或服务的。

(2)通证抵押

在以下使用场景,用户将抵押通证:

①用户享受购买商品或服务折扣的。

②用户参与社区治理的。

③用户提供商品或服务的。

④项目硬件节点用户提供存储服务的。

⑤用户组织某项活动的。

⑥用户享受修建祠堂等其他特殊权益的。

(3)通证获取

在以下使用场景,用户将获得通证:

①用户上传家谱、族谱的。

②用户注册账号并完善基本资料的。

③确认家谱、族谱的。

④项目硬件节点用户提供存储服务的。

⑤邀请新用户注册的。

⑥完成其他平台任务的。

⑦出售商品或服务的。

案例四：某AI人工智能项目的通证使用场景。

（1）行使权益场景

①通证消耗场景

智能生态网络致力于为广大参与者提供安全、智能服务。双层币结构在很大程度上降低平台开发准入者门槛，同时配合智能合约，大大降低普通用户使用区块链去中心化应用和AI平台的门槛。

通证消耗场景如下：

a.开发者开发应用，需抵押通证。

b.用户持有通证，可优享生态内服务折扣权利。

c.用户持有通证，享有分红权利。

d.用户消耗通证，可对生态各类项目进行投票，参与生态治理。

②通证获取场景

任何在智能生态中对通证价值做出贡献的用户都能获得通证。每一个参与智能生态区块链生态的用户都能够成为矿工。任何在应用层级参与生态共享的用户都可以得到积分作为激励。

通证获取场景如下：

a.挖矿获得，在生态中为生态智能网络提供安全验证。

b.生态推广获得通证。

c.其他生态贡献，如早期内容、社群等资源贡献等。

d.可以在有交易牌照的数字货币交易所，用其他数字货币换取或直接购买通证。

e.在本国法律适用的情况下，可通过法定货币直接购买通证。

（2）支付流通场景

应用层级的积分（应用积分）智能通过共享数据或开发、使用应用程序来进行获取，或者通过通证来兑换。应用积分只能用来购买生态内的各类服务和商品，或者进行应用开发成本抵扣，而不能进行交易和转让。一方面，考虑对于生态建设长期发展意义深远。另一方面，可以让生态内的价值流通成为现实，让数据实现价值最大化，保障生态用户的权益最大化，并避免生态价值流失。

绝大部分用户可通过生态中的各种去中心化应用程序来获取积分,用户通过数据共享为生态智能算法训练提供资源。因此可用生态内积分奖励来换取生态服务,并让自己在生态中享受更多的权益,这是一种双向循环积分系统,可很好地满足生态用户的激励需求。

6.3.2 通证应用属性解耦

(1) 升值与流通属性解耦

根据费雪方程式 $MV=PQ$,当生态中经济活动增多,商品数量增加时,如果货币量不变,则会导致物价下跌(这里假设 V 不变)。物价下跌会导致居民消费意愿减弱,经济陷入通货紧缩。此方程式应用在区块链生态中,PQ 可视为生态的 GDP。

在项目生态中,随着生态参与者不断加入,生态的 GDP(PQ)不断增大,如果 M 保持不变,会使得生态中通证对法币的价格不断升高。这时生态中的用户选择持有通证等待升值,而不去进行交易活动,这种情况严重阻碍了生态发展。

升值和流通是一对天然矛盾体,尤其对于公链生态而言,当通证价格上涨过快时,必然使其流通性下降。因此,增设稳定币是一个不错的方案。

如果项目存在支付场景,则通证具有货币属性。如果存在权益场景,则通证具有权益属性。如果两者兼有,则考虑设置稳定币或者对生态商品的价格设置为锚定法币的波动机制。

(2) 市场层和账本层解耦

应用的通证设计与底层公链不同,所以必须解耦,一分为二地分析。底层公链主要生态角色为开发者,属于 B 端用户。其通证结构相对单一,基于某一种共识机制构建。应用的用户主要为 C 端用户,场景具备多样性特征,通证结构较为复杂。

（3）单币系统如何解决流通与升值悖论

由于稳定币解决方案和技术尚不成熟，以及稳定币的设置成本较高，很多项目设置单币系统。生态通证同时承担项目生态的交易媒介和激励工具功能。

作为激励工具，通证应由早期贡献者、其他贡献者、团队和投资者获得。

项目生态的早期参与者认可项目的价值，为项目的早期建立和发展做出了贡献，应当获得通证价值上涨带来的回报。其他贡献者虽然早期没有参与生态建设，但是在生态运行过程中为生态做出了贡献，也将获得通证奖励。

创始团队负责项目的开发和运营执行，是项目的主要运作者，应当获得通证奖励。同时，锁仓机制将通证价值与团队个人财富捆绑起来，有助于项目的良性发展。

投资人在早期对项目进行了资金支持，应当获得资本回报。

由此可见，作为激励工具，通证应当随着生态的完善和壮大持续提升价值。通证的价值提升将遵循"S曲线"，在生态GDP达到市场容量天花板时趋于恒定。

作为交易媒介，通证承担着生态内流通工具的作用。按照经济学原理，作为交易媒介，通证应当价值恒定。因此，为了避免通证升值对项目生态交易活动产生的制约，阻碍生态经济繁荣，我们对项目平台的商品实行法币锚定，通证标价。通证标价实行动态汇率，以二级市场过去120天加权平均值为参考进行动态调整。

项目平台运营的核心思想是不断赋予通证生态权益，使得通证价值上升。

6.3.3 通证的价值赋予

通证是区块链项目生态激励的核心，为生态角色提供参与动力。通证作为一种奖励分发给生态早期参与者，只有通证升值，早期参与者才可以获得回报。生态通证只有具备升值逻辑才能吸引更多的参与者参与到生态当中来，从而使得项目生态网络效应增强，实现指数式的价值增长。

所以，通证设计的核心要求是不断赋予通证以价值。赋予价值的方式是：

不断鼓励用户长期持有。一方面刺激需求,另一方面降低流动性,这样会使得在总量恒定的情况下,市场上通证极度稀缺,从而提升其价值。生态通证在二级市场的价格是用户对通证价值预期的心理博弈,价格将围绕价值波动。

用户权益主要分为工作权、折扣权、治理权、分红权等。

以下用案例进行说明。

案例一:某分布式存储项目的通证价值。

(1)持有并抵押生态通证,方可提供存储服务。IPFS存储项目不同于一般的项目,它通过持续为用户提供存储服务,会获得源源不断的现金流收入。

(2)持有生态通证,可享受存储服务折扣。

(3)持有并锁仓生态通证,可获得更多生态通证奖励(加速挖矿)。

(4)持有并抵押生态通证,方可在项目公链开发应用。

(5)持有生态通证,可获得项目生态利润分红。

(6)持有生态通证,可参与项目生态治理。

(7)项目生态每年拿出利润的一定比例,对生态通证进行回购和销毁。

(8)其他生态权益。

案例二:某文化传承项目的生态通证价值。

(1)工作权

持有并抵押生态通证,可获得提供存储服务的权利。

(2)治理权

持有并消耗生态通证,可获得参与生态治理的权利。

(3)折扣权

持有生态通证,可获得购买商品或服务时享受折扣的权利。

(4)分红权

持有生态通证,可获得生态通证利润分红权。每季度拿出平台利润的30%回购和销毁生态通证。

6.3.4 稳定币的实施方案

在稳定币发行总量确定的前提下,采用法币准备金率制度,将总量的50%以法币抵押方式发行,另外的50%以算法央行的方式发行。

在稳定币发行时,同时开放法币兑换和权益通证兑换稳定币的双通道,引导用户采用法币兑换方式进行。引导方法有加大法币兑换折扣,加速法币兑换速度等,如权益通证兑换稳定币按1美元等值权益通证=1稳定币计算,法币兑换稳定币按0.98美元=1稳定币兑换;权益通证兑换生态稳定币需24小时到账,而法币兑换稳定币只需10分钟到账。以此方式维持稳定币总量最低50%以法币抵押方式发行。

在稳定币回兑时,亦同时开放法币兑换和权益通证兑换稳定币的双通道,但引导用户采用稳定币兑换权益通证通道。引导方法有将稳定币兑换到账时间设定为即时到账,提高生态稳定币兑换法币到账时间和兑换最低额度,比如一周后到账和满1 000元方可申请提现等。

如果稳定币价格高于1美元,平台开启法币兑换通道,可平抑币价。

如果稳定币价格低于1美元,系统会提高利率,鼓励更多人持有稳定币,使稳定币价格上涨。系统在稳定币发行时会控制稳定币总体发行量,以应对市场上所有稳定币集中兑换权益通证的挤兑事件发生时,仍然有足够的权益通证可以兑换。

如果发生极低概率的"黑天鹅"事件,稳定币被集中兑换且权益通证价格短时间暴跌时,启用法币准备金,平抑币价,稳定用户信心,避免系统崩溃。

6.3.5 通证发行机制

通证发行机制包括初始总估值、发行总量、发行单价、分配比例、锁仓机制五大部分。以下用案例进行说明。

案例一:某分布式存储项目的发行机制。
(1)初始总估值

生态通证初始总估值为 10 亿美元。

设计原理：依 Gartner 预测，到 2020 年投入在传统 IT 上的支出直接或间接转移到云上，预计将超过 1 万亿美元。我们依据此数据做保守估计，项目生态所涉及的全球数据存储、处理等与云计算相关业务在 2025 年达到 1 万亿美元的市场规模。

根据达沃斯论坛创始人克劳斯·施瓦布的观点，预计到 2025 年之前，全球 GDP 总量的 10% 将利用区块链技术储存。因此，项目生态所涉及行业的全球市场规模为 1 000 亿美元。

综合考虑项目生态的团队实力及行业资源，预估 2025 年项目生态市值可占全球市场的 30%，达到 300 亿美元。结合市场期望及全球优质区块链项目表现，预估项目生态未来 5 年内增长 30 倍，以此设定项目生态的初始总估值约为 10 亿美元。

需要说明的是，由于分布式存储项目涉及硬件节点，所以初始总估值较大。

（2）发行总量

生态通证发行总量 21 亿枚，总量恒定。

设计原理：项目团队对全球投资回报率较高的数据存储相关行业区块链进行了统计分析并绘制散点图，分析结果显示，优质项目的通证发行总量集中落在了 20 亿~30 亿枚区间。考虑发行单价便于计量，发行总量取 21 亿枚。

（3）分配比例

创世挖矿 80%，团队 4%，基金会 5%，生态激励 5%，基石 3%，机构 3%。

（4）锁仓机制

基石持有的生态通证锁仓 6 个月；机构锁仓 1 年，1 年后按每月 10% 释放；团队锁仓 2 年，2 年后按每年 20% 释放。

案例二：某宗族文化传承项目的发行机制。

（1）初始总估值

初始总估值为 5 000 万美元。

据统计数据显示，我国文化市场总容量达 3 万亿人民币以上，传统文化市场占到了 1/3，并且正成增长态势。另外，综合考虑海外市场，预计该项目所在行业市场空间2025年将达到1万亿人民币,折合约为1 500亿美元。

根据项目团队实力,我们预测,到2025年,该项目平台占到全球市场份额的10%,则总市值为150亿美元。假设5年内价值增长1 000倍,则推算初始总估值为1 500万美元。

(2)发行总量

发行总量为100亿枚。

(3)发行单价

发行单价为0.0015美元。

(4)分配比例

分配比例如图6.3所示。

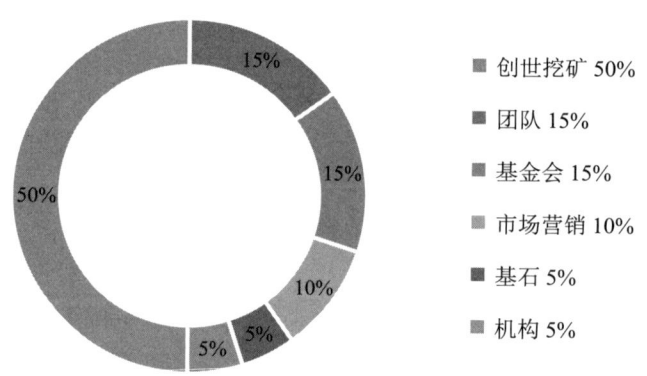

图6.3　通证分配比例图

(5)锁仓机制

团队通证锁仓一年后,每年释放5%,3年释放完毕;基石和机构锁仓6个月后,一次性释放。

6.3.6　通证的流通循环与燃烧机制

(1)通证的流通循环

通证在项目生态内经历数次分配,不断流通和循环,从而促使生态繁荣。

总体来讲,通证分配主要包括四次分配。通证的第一次分配为销售、空投、挖矿等方式发放到投资者和用户手中。第二次分配为在生态内购买商品、二级市场交易、C2C交易等通证在用户之间的流通。第三次分配为通证流回平台或项目方的分配，如手续费、治理投票或其他平台服务。第四次分配为平台将收到的通证进行销毁或再次通过空投或挖矿等形式回流到用户手中。

图 6.4 和 6.5 为某分布式存储项目和某宗族文化传承项目的通证循环图案例：

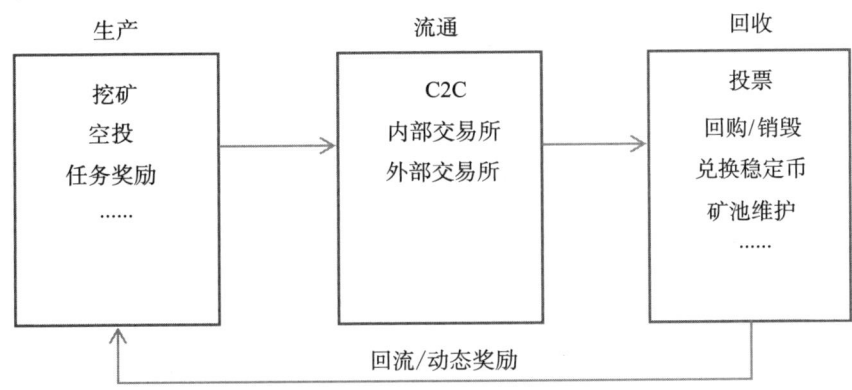

图 6.4　某分布式存储项目通证循环图

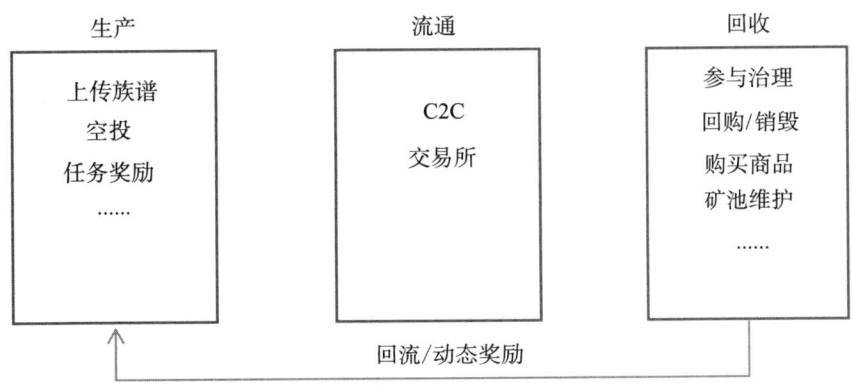

图 6.5　某宗族文化传承项目通证循环图

（2）通证的燃烧机制

权益类通证总量恒定，在不断赋予其价值的前提下，通过各种途径不断燃烧，促使其更加稀缺，从而使得价值上升。

以下用某分布式存储项目的燃烧机制案例进行说明。

①利润回购销毁

a.平台手续费

项目生态每个月的平台手续费(如交易摩擦、投票等)的50%通证燃烧销毁,剩余的50%将进入基金会用于后续的生态建设和社区激励。

b.商品服务费

项目生态每年总利润的10%,在二级市场对生态通证进行回购并销毁。该利润指项目生态所提供以生态稳定币进行交易的服务利润,如开发服务、孵化服务等。

每月进行一次公开燃烧,将对应数量的生态通证打到一个无私钥的地址。这一销毁的策略将持续进行直到生态通证总量缩减到10亿规模,届时整个项目的生态建设和商业应用已经到达一定的成熟度,生态通证价值将持续提升。

②应用销毁

在项目生态上,将建立杀手级应用,如视频直播、竞猜等。这些高频应用将建立一定的通证燃烧机制,将手续费或奖池中的一定比例的通证进行销毁。

6.3.7 联合曲线

联合曲线(bonding curve)是一种新型的通证发行机制,不限定发行总量,允许用户向智能合约买卖通证。这种发行机制克服了当前通证发行中的一些问题,有望成为新的主流发行机制。

(1)联合曲线概述

①定义

简单来说,联合曲线可以理解为描述"通证买卖价格"与"通证发行总量"之间的函数关系,由智能合约以去中心化的方式自动执行,允许用户向智能合约买卖通证。Bancor协议的白皮书中提到了"价格—发行量"曲线,这个曲线做进一步的改进,就成为联合曲线。

②特征

联合曲线合约是一种自动做市商(智能合约),其具有以下特性:

a.可以根据智能合约设定的价格随时购买(铸造)通证;

b.随着通证供应的增长,通证价格会上涨;

c.支付通证的钱(如 ETH 或 DAI)保留在智能合约(储备池)中;

d.在任何时间点,通证都可以被出售(销毁)。

③用途

联合曲线是很好的设计激励机制的工具。从本质上讲,联合曲线是激励早期使用者(在曲线底部购买通证的人)的一种方式。这种方式分为两种情况:

a.一种情况是,具有内在价值的通证应该使持有人有权获得未来的现金流。这样我们可以轻松地将通证的现值等同于所有未来现金流量的总和。一旦我们知道一个通证值多少钱,就很难操纵它的价格。

b.另一种情况是,如果我们创建一条联合曲线而没有任何未来现金流的承诺,我们将难以推断通证的公平价格。在这种情况下,联合曲线更容易操作,类似于赌博游戏。此时,任何现金流量预测均基于假设它是一个金字塔计划,即所有潜在收益都取决于是否有源源不断的后期用户加入。

没有内在价值的联合曲线通证不一定是无效方案。我们知道,文化、观念这些东西具有无形的价值,对现实世界产生了切实的影响。艺术行业就是一个很好的例子:无形的艺术品质通过艺术市场被赋予有形的价值。同样的道理,一条联合曲线也可以用来创建代表大量人类发现有价值的无形资产的记号。

值得注意的是,在设计这类联合曲线时,必须格外小心,以避免通证价格被恶意操纵。

(2)联合曲线适用函数

①幂函数

在设计联合曲线时,我们不必限制价格函数。从理论上讲,可以使用具有易于计算的定积分的任何函数。

最常见的联合曲线是可以用幂函数表示的曲线:

$$y = m \times x^n$$

其中：

y ＝通证价格；

x ＝通证供应；

n ＝指数参数；

m ＝斜率参数。

通过使用参数 n, m 可以微调联合曲线。

a.计算买入需要支付的钱（卖出获得的钱）

因为通证的价格随着通证供应的每次极小的变化而变化，如果我们想要购买 k 通证，必须修正价格函数。

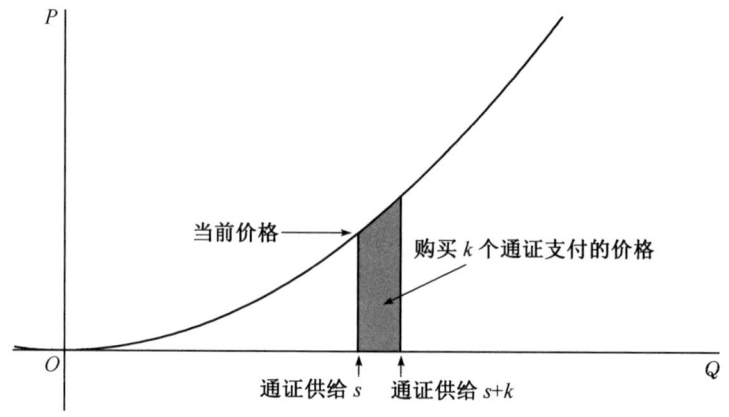

图 6.7　价格函数图(1)

我们使用微积分来计算两点之间的曲线下面积，如图 6.7 阴影部分。

例如，要计算出在购买 k 通证时必须支付的金额，我们计算以下积分：

$$p = \int_{s}^{s+k} mx^n \, dx$$

$$= \frac{m}{n+1}(s+k)^{n+1} - \frac{m}{n+1}s^{n+1}$$

$$= \frac{m}{n+1}s^{n+1}\left[\frac{(s+k)^{n+1}}{s^{n+1}} - 1\right]$$

$$= \frac{m}{n+1}s^{n+1}\left[\left(1+\frac{k}{s}\right)^{n+1} - 1\right]$$

b.计算铸造通证数

根据上述公式进行变化,我们能计算出用户向合约支付后,应该制作多少通证返还给用户:

$$k = s\left\{\left[\frac{p(n+1)}{m \times s^{n+1}} + 1\right]^{\frac{1}{n+1}} - 1\right\}$$

c.计算合约当前持有多少钱

我们通过计算曲线下在 O 和通证供给量之间阴影区域的面积就能知道合约当前持有多少钱,见图 6.8。

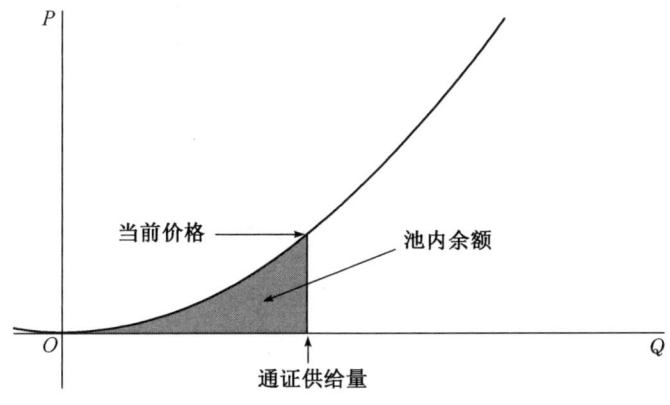

图 6.8 价格函数图(2)

$$池内余额 = \int_0^{s_0} mx^n \, dx = \frac{m}{n+1} s^{n+1}$$

用 b 表示池内余额,我们有:

$$b = \frac{m}{n+1} s^{n+1}$$

我们可以根据上述计算买入卖出价格的幂函数公式得到一个简化的公式:

$$p = \frac{m}{n+1}(s+k)^{n+1} - b$$

进一步简化得到:

$$p = b\left[\left(\frac{k}{s} + 1\right)^{n+1} - 1\right]$$

p 为购买 k 通证需要支付的价钱。

将公式进行简单变化，给定存款 p，我们能购买 k 个联合通证：

$$k = s\left[\left(\frac{p}{b}+1\right)^{\frac{1}{n+1}} - 1\right]$$

②Sigmoid 函数

Sigmoid 函数，也称 S 形曲线，通常用于在一定时期后或在公众可感知的拐点之后稳定的市场。Sigmoid 函数可以在许多自然过程中找到，例如人口增长和人口密度、生物学中的 S 形生长曲线等，示例如图 6.9：

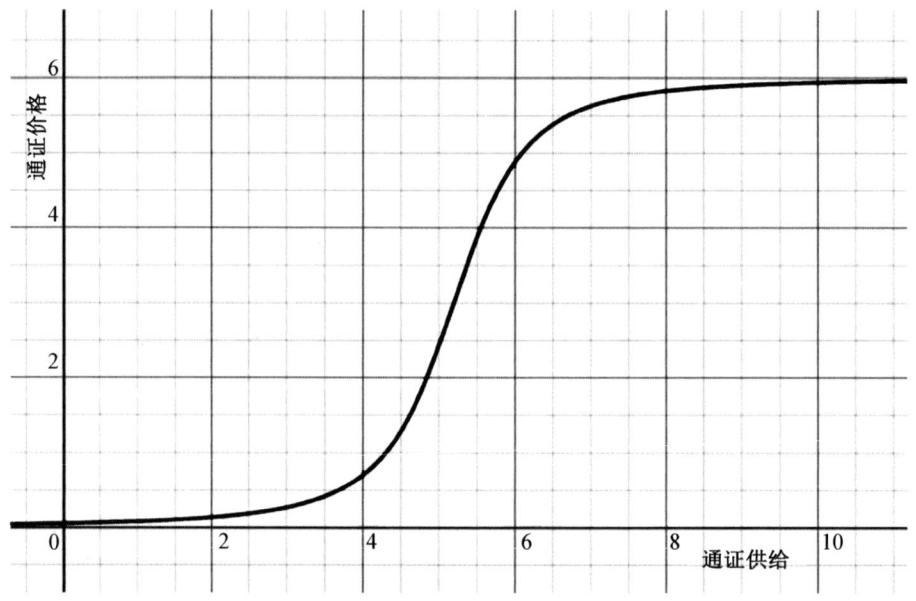

图 6.9　Sigmoid 函数

具有这种曲线的通证在其早期阶段呈指数增长，然后逐渐过渡到与储备货币挂钩的稳定通证。

常见的 Sigmoid 函数为

$$\frac{1}{1-e^{-x}}$$

它有以下积分：

$$\int \frac{1}{1-e^{-x}} dx = \ln(1-e^x)$$

以下为另一种形式的 Sigmoid 函数：

$$\frac{x}{\sqrt{1+x^2}}$$

它有以下积分：

$$\int \frac{x}{\sqrt{1+x^2}} dx = \sqrt{1+x^2}$$

③基于规则的混合函数

我们在考虑这些曲线的另一种设计时，从投资者的角度来看，可以在通证模型中定义一个简单的规则：对于每个倍增的数字，通证应该升值 $X\%$（发布的通证/平台上的用户数量）。

我们可以在函数中表示这一点，如下公式所示。根据使用的变量，它可以是超线性、线性或次线性：

$$y = m(1+a\%)\log_c x + b$$

其中 a 表示每个因子带来的价格增长百分数，b 是一个常数，它以 $y=mx+b$ 的方程式调整函数，c 是因子增加的基础（例如，加倍时为 2），并且 m 是乘法因子，用于调整定义曲线的"斜率"。

例如，如果我们将规则定义为：对于每次发布的通证数量，通证 A 将升值 25%，该等式将如下所示。然后我们可以使用 m 和 b 变量来调整一些其他因素，这些因素有助于达到目标价格或目标金额，如图 6.10 所示。

$$y = m(1+25\%)\log_2 x + b$$

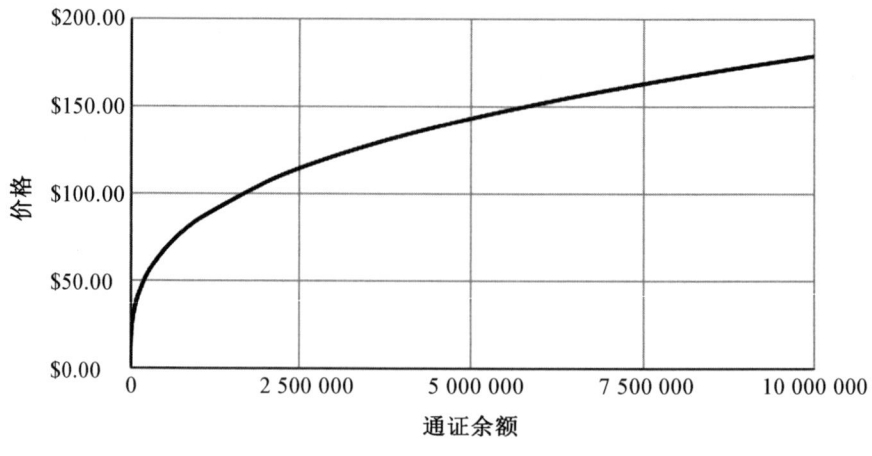

图 6.10　混合函数图

④指数函数

Simon（联合曲线的提出者）在其文章中提出了使用指数函数来构建联合曲线。虽然指数函数应用在技术增长中很有意义，但是当其涉及价格问题时，显得不切实际，特别是当我们人工设定基础变量（通证数量）增长幅度时。随着基础变量的增加，指数函数无限期地加速，因此当设计跨越多个幅度的曲线时，价格趋向于在曲线的 80% 处并保持非常低的水平，然后不可避免地加速到难以控制的程度。更重要的问题是，随着铸造的通证数量的增加，增长率和收益会加速。随着项目变得越来越受追捧，会带来更多的投机者入场，此时价格面临系统性崩溃的风险。

（3）价格决定机制

众所周知，任何联合曲线通证都可以在智能合约之外交易，如中心化交易所和去中心化交易所。那么，如果一个通证同时在外部交易所被广泛交易，那么价格将受到怎样的影响呢？

对于具有陡峭的联合曲线的通证，最终即使是小订单也会使价格大幅下降。那时，大部分交易和价格发现将在外部交易所进行，债券曲线合约将紧随其后。

通证价格将受到具有最大市场深度的交易所的最大影响（市场能够在不影

响通证价格的情况下维持相对较大的市场订单)。这是因为如果任何两个交易所的价格出现分歧,套利者将利用价格差异,而较低市场深度的交易将首先调整其价格以消除价格差异。

当然,如果这两个市场的市场深度相似,那么两个市场的走势都会相同。这表明,如果联合曲线与公开市场相比具有显著的市场深度,则可以抑制后者的波动性。

(4)联合曲线应用领域

①适用领域

联合曲线最为重要的应用是策展市场,以及和策展结合较为紧密的应用场景,如版权、知识产权的所有权等。在这些领域设置该机制的目标是分配知识资产的风险、回报和所有权,并使市场在早期研究和开发阶段具有流动性和可交易性。这一点在技术开发、制药、软件开发和工程中具有广阔的应用前景。

a.制药领域

制药行业以暴利著称,药品售价通常是成本的数倍。但是,其研发费用也极其高昂。现行的封闭式药品研发方式具有很高的成本,这意味着消费者将承担很高的价格。在高科技研发项目中,都存在这样的问题。

因此,我们可以设计一个激励通证,使得多家研发机构或者用户能够进行分布式协作,并且分散式承担研发成本。通过建立一个开源系统,可以加快研发周期,实现整个产业链的正常循环,从而赋能实体经济。

b.其他策展领域

(a)开源项目货币化

策展市场允许开源项目在共同协作的工作中获利。任何开源项目都可以附带一个相关的策展市场,因为策展可以帮助开源项目确定哪些请求应该合并,哪些特性需要修正。

(b)个人IP市场

随着短视频、"网红"经济和知识付费的兴起,个人IP商业化的发展已经相当成熟。对于每一个"网红"或者意见领袖,都可以有一个相关的策展市场附属于他们。基于策展市场,可以发行通证,用户不仅可以利用通证获得"网红"提供的信息,而且可以投资于"网红"。

(c)音乐创作市场

在策展市场,乐队或艺术家可以进行分布式协作,一起创作某种音乐。通过通证进行策划管理,可以使得位于全球不同位置的乐队或艺术家进行分布式协作,做出最好的音乐。同时,音乐具有版权,且版权所有者可以出售通证进行获利。

(d)分布式虚拟世界

与以上几种方式类似,策展市场允许共同创造任何共享的、具有创造性的艺术品。典型的例子是共同创建一个分散的虚拟世界,这个世界的规则可以由它的全体用户共同创建和策划。

②具体案例

以太坊的出现和去中心化组织结构的发展打开了网络参与者分配治理权的大门,这些工具通过经济激励措施实现了新的集体协调手段,使得互联网公民建立和控制他们每天经常访问的平台成为可能。Distric0x网络将促进去中心化市场和社区的运营和治理,消除寻租并将个人数据归还个人用户。

Distric0x由不同的区域组成,每个区域的核心都是运营市场或公告板应用程序所必需的组件,每个板块都有以下基本功能。

a.发布和列表

b.搜索和过滤

c.排名和声誉

d.付款和凭证

这些功能捆绑在一起,并通过列表、缩略图和图库式用户界面供用户访问,这些用户界面由Reddit等在线服务平台进行推广。

目前Distric0x推出了三个应用,第一个是2017年在以太坊上发布的一个自由职业市场Ethlance。第二个是名字Bazaar,是通过互联网注册的名称交换的点对点市场。第三个是Meme工厂,这个应用的设计正是来源于Simon对于策展市场的设计,允许用户制作自己的联合曲线通证并进行出售。Meme工厂提供在以太坊区块链上创建可证明的稀有数字资产的界面,该界面可以立即发布到公告板市场进行交换。在 Meme 工厂发行联合曲线通证的过程类似于在 Reddit 上创建新帖子的过程。在任何给定的时间,通证数量将作为排名机制,这些功能将与策展市场模型捆绑在一起。

(5)联合曲线的应用风险

①不足与改进

伴随着不确定性的发生,采用固定联合曲线设计通证机制的方法也存在很大问题。以 Sildenafil(品牌名称 Viagra)为例,Sildenafil 最初由 Pfizer 开发,用于治疗高血压,市场潜力相对有限。假设基于该市场潜力定义初始曲线。在临床试验期间,科学家发现 Viagra 有着著名的副作用——治疗勃起功能障碍,并创造了数十亿美元的巨大市场。类似这种情况,初始曲线创建者如何能够事先将其考虑在内?

目前,联合曲线还没有变为动态的可行性方法,或者根据外部输入或新信息改变曲率的方法。当市场变为现实时,改变曲线也将受到很大争议并难以实施。提高曲线将导致购买压力增大,而降低可能会导致卖压增大。

②存在的风险

a.前沿攻击

前沿攻击指的是,当一个交易对手看到一个大的购买订单进来,立即发送自己的购买订单与更多的手续费,这样系统会先执行手续费高的订单。一旦执行原始订单,攻击者就会以有保证的利润出售他的通证。

一种解决前沿攻击的方法是对手续费设定一个限制,买方和卖方可以提交,并鼓励每个人在发送订单时使用允许的最高价格。这阻止了对手在已经提交的命令之前执行他们的命令。

b.多嵌套联合曲线风险

在我们有几层子通证的情况下,每一层都有自己的联合曲线,这种情况下风险是叠加的。

为了更加形象地说明,我们以 Bancor 机制为例。假设用户 A 创建了一个带有 10% 储备比率的通证 A,用 ETH 作为储备通证。他允许用户创建任意数量的子通证,每个子通证都有自己的联合曲线。

用户 B 在用户 A 通证的基础上创建自己的通证 B,以 A 作为储备通证,储备比率为 50%,则用户 B 发行的通证 B 的价值抵押只有 10%×0.5＝5% ETH。

这时,用户 C 以 20% 的比例用用户 B 的通证 B 作储备,则用户 C 的通证 C 只有 5%×0.2＝1% 的 ETH 等值抵押,这样会使得价格非常不稳定。

这类曲线需要寻求一种限制上述状况发生的方法,并向用户披露风险。一种解决办法是限制嵌套储备比率,使其不超过最低复合储备比率。

联合曲线给我们提供了一种新的交易思路,人为定义价格曲线使其符合市场发展规律,而策展市场是联合曲线应用的最大场景。个人通证现在可以代表许可权,使得持有人可以在使用 IP 时收取版税。这意味着除了代表资产整体价值一部分的通证外,它们还可以以版权使用费的形式提供稳定的收入来源。很多版权通证类项目已经开始区块链尝试,未来数字资产通证化值得期待。

联合曲线可以说是 Bancor 曲线的一种推广。但是,这两个概念的提出并不是一脉相承,而是描述同一种事物的两种方式。本质上讲,联合曲线和 Bancor 协议是可以通过数学公式进行互推的。相比于联合曲线,Bancor 曲线形态完全由 CW 或准备金率来进行控制,因此曲线的变化形态是有限的。因此,针对不同业务逻辑的场景,可以设定不同的价格曲线。比如 Sigmoid 函数曲线、类线性函数、分段函数等。当然,每给出一个新的函数曲线,其对应背后的成交价格计算,也需要有一套完整的价格推演公式,并且需要符合相应市场发展的逻辑。

尽管联合曲线给我们展现了一些关于市场的新的可能性,但是其固有的价格曲线带来了更容易遭受操控的风险。另外,其定价特点使其更适用于没有特定价值的市场,因此造成了价格的不稳定性。但是,从另一个角度讲,这样的特性更适合于新兴市场和创意市场。这样可以通过早期激励和去中介化,将价值还给真正的创造者。

6.4 关键设计输出

通证设计的输出为一个以通证设计为核心,兼顾技术实现原理的白皮书。严格意义上讲,除白皮书外,还应该输出一个通证估值报告,以使得用户和投资人对通证的价值提升有一个心理预期。

6.4.1 项目白皮书

项目白皮书应当包含以下关键部分:

(1)行业背景

包括市场空间、用户痛点等。

(2)项目介绍

包括概述、解决方案、组成部分等。

(3)技术架构

项目实现的技术原理及技术架构图等,常见于公链项目。

(4)经济模型

包括设计原理、发行机制等。

(5)团队介绍

包含项目团队和顾问团队。

(6)时间规划

项目实现的路线图。

(7)治理机制

项目基金会及治理机制。

(8)免责声明和风险提示

6.4.2 通证估值报告

通证估值报告应该分析项目所在行业的市场容量，以及项目团队在未来几年后能到达的市场空间，以此来预估生态价值。然后结合通证属性及各阶段释放量和需求状况，预估通证价值。通证估值报告详见前文。

第7章 通证部署

7.1 小批量验证

通证设计完成后,应该在早期社区的小群内进行小规模测试。具体测试方法为:

(1)组织一次基于生态事务的模拟协作活动。
(2)针对协作中存在的问题各抒己见。
(3)根据参与者的建议对通证机制进行修订。
(4)更新通证设计。

7.2 通证部署工具

我们应当使用一些部署工具对通证模型进行验证并优化模型参数。对模型的测试验证贯穿于通证设计的整个过程。在部署阶段,更重要的是测试真实数据实验,从真实用户与生态的交互中找出问题并优化模型。

7.2.1 蒙特卡罗模拟

由于项目生态中每个事件的发生都有一个相关的概率,所以运用蒙特卡罗模拟具有一定的必要性。为了让每一个生态参与者获得最大价值,必须使得每个参与者能够与其他参与者进行交互。因此,我们必须模拟生态中最可能发生的事务,包括它们的频率以及对生态网络价值的影响。

7.2.2 马尔可夫链

利用蒙特卡罗方法来进行通证随机模拟,有时需要得到对应的概率分布的样本集,而想得到这样的样本集很困难,因此我们需要马尔可夫链来解决这个问题。

马尔可夫性质表示这样一个事实,即在给定的时间步长和已知当前状态的情况下,通过收集有关过去的信息,我们不会得到任何关于未来的额外信息。基于前面的定义,我们可以定义"马尔可夫链"。马尔可夫链是一个具有离散时间和离散状态空间的马尔可夫过程。因此,马尔可夫链是一个离散的状态序列,每个状态序列都是从一个离散的状态空间(有限或无限)中提取出来的,并且遵循马尔可夫性质。

7.3 通证的监控和调控

通证模型部署并投入使用之后,需要立即开始不断地监控、维护、迭代通证模型。

我们可以尝试让不同类型的用户在网络中来回切换,来观察网络效用变化状况。持续跟踪这些变化,并创建生态网络监控数据库。

最典型的通证调控方法是提高或降低通证释放速率。当生态新增用户速率放缓,则应同样降低通证释放速率,避免市场上通证供大于求的局面。当生态新增用户速率变快,则应同样提高通证释放速率,避免市场上通证价格增长过快。

此外,在通证调节的同时,采用币值管理手段进行辅助。

7.4 通证首次分配策略

通证首次分配,也称零次分配,是从智能合约生成通证之后第一次发到用户地址的过程。首次分配有多种形式,包括销售、空投、挖矿、做任务等。

7.4.1 挖矿模式

挖矿的本质是用户付出和得到的过程。用户付出能源、资源、时间、金钱等,获得通证。

(1)能源挖矿

常见的能源挖矿指的是电能产生价值,比如挖比特币的 ASIC 矿机等。其挖矿本质是电能转换成数字货币,属于能源挖矿。

能源挖矿是消耗计算资源来处理交易,确保网络安全和保持网络中每个人的信息同步的过程。以目前大多基于 PoW 的币种来说,挖矿是区块链网络中参与记账的节点争夺记账权的过程。

能源挖矿方式经历了四个阶段:

①2009 年 1 月 4 日,比特币创世区块的挖出为数字货币挖矿生态拉开了序幕。在开始的相当长的一段时间内,都可以判定是中本聪通过一台 CPU 主机挖矿,随着比特币生态的扩大,越来越多的人参与到了比特币挖矿的行业中来,比特币挖矿正式进入 CPU 竞争的时代。

②2010 年 9 月,第一个显卡挖矿软件发布,一个显卡相当于几十个 CPU,

挖矿性能明显提升，随着显卡挖矿的进一步扩大，普通 CPU 的挖矿速度已经无法满足高难度的挖矿算法，一块或者多块较高端的显卡组装的挖矿设备就诞生了。

③随着比特币网络难度的进一步提升，人们开始走向针对单一算法的高性能低能耗的专业型矿机的研发之路——ASIC 矿机。2013 年初，南瓜张研发了第一台现货 ASIC 矿机，在此之后矿机进入百花齐放的季节，大量 ASIC 矿机如雨后春笋般出现，或宣布研发，或宣布预售，或现货形式。如烤猫矿机、鸽子矿机、TMR 矿机、比特儿矿机、兰德矿机、小蜜蜂矿机、阿瓦隆矿机、花园矿机、Smart 矿机等，因此接下来的 5 个月，每期算力增长平均达到 30% 以上。经过一轮牛熊的交替，由比特大陆研发的蚂蚁矿机占据了比特币挖矿生态大部分市场，成为数字货币挖矿领域当之无愧的霸主。

④随着更多算力的加入，单一 ASIC 矿机也无法挖到比特币，矿工们联合了起来，形成了矿场和矿池，通过矿池将算力集中到一起挖矿再根据实际算力进行分配成为现在比特币挖矿的主流。

（2）资源挖矿

资源挖矿是指利用现有的共享 CDN、P2P 等技术，将挖矿设备转化为共享节点，来集合普通用户电脑上的上行带宽和硬盘，再提供给需要带宽的互联网公司。普通用户通过分享闲置的网络带宽与存储的方式来挖矿，并获得相应奖励。主要方式有硬盘挖矿、路由器挖矿、手机挖矿、电视盒挖矿等。

（3）行为挖矿

行为挖矿是指用户参与并对生态做出贡献而获得通证奖励的过程，比如阅读、点赞、推广、投票、交易等。行为挖矿的本质是价值创造。

举例：某浏览器推出了浏览器挖矿，使用浏览器打开网页，则奖励通证。某导航仪推出导航挖矿功能，使用导航仪，行走的路程越多，获得的通证越多。

7.4.2 分配策略

通证首次分配策略,用以下项目案例(某全球彩票公链)进行说明。假设该项目首次通证分配未来完成两个目标,一是完成募资800万美元,二是建立相当用户数量的社区。

(1)总体分发思路

在通证分配比例计划中,分配总量50%的通证用于前期的推广分发,并完成募资任务。

分发募资活动主要以分等级节点(代理)招募形式进行,分两个阶段,见表7.1。

表 7.1 总体分发比例表

阶段	节点构成	分配比例（占总量）	通证数（枚）	价值（USD）	价值（RMB）	单价（USD）	折扣
第一阶段	投资机构	15%	300 000 000	5 400 000	37 800 000	0.01	56%
	其他	5%	100 000 000	1 800 000	12 600 000		
	合计	20%	400 000 000	7 200 000	50 400 000		
第二阶段	投资机构	15%	300 000 000	5 400 000	37 800 000	0.017	93%
	其他	15%	300 000 000	5 400 000	37 800 000		
	合计	30%	600 000 000	10 800 000	75 600 000		

(2)具体分发方案

①第一阶段(融资目标:300万美元)

a.分配方法

具体分配方法见表7.2。

表 7.2 通证分配方法表

节点等级	成员构成	分配比例	权利	义务	预算（美元）	预算（枚通证）
皇冠	投资机构	15%	1.彩票DApp分红权 2.更大的折扣（五折） 3.优先参与超级节点竞选			300 000 000
金牌	彩票开发机构/战略合作伙伴	2%	1.在项目公链开发的权利 2.获得项目生态通证支持 3.优先参与超级节点竞选	战略合作		40 000 000
银牌	媒体（PR）	3%		完成运营任务	50 000	30 000 000
	广告主（付费硬广）				20 000	
	评级（评级机构）				30 000	
	社群/社交媒体运营者				50 000	
	线下活动组织者（路演）				50 000	
	其他				10 000	
铜牌	社区代表					30 000 000

b.分配说明

（a）本阶段为皇冠节点基石投资机构分配3亿枚通证，获取300万美元融资，通证折扣6折。

（b）本阶段为金牌节点分配约4 000万枚通证，等值80万美元。可开发10个节点，达成战略合作。每个分配8万美元等值通证。此通证用于公链上线后开发资金，开发时解锁，但不能流入二级市场。10个节点中可根据实际情况配置1~2个公益机构节点。

（c）银牌节点以运营任务为主，需支付酬劳，可以法币＋通证结合的方式进行。纯糖果支付可以两倍美元等值通证支付。现金＋糖果支付方式可以糖果等值三倍现金方式进行，如费用50 000美元＝30 000美元＋40 000美元等值通证。

(d)储备最低60万美元(3 000万枚)社群糖果,用于社群运营及社区建设。在此过程当中培养一批社区代表。此项可作为社群/社交媒体运营者节点的KPI。

c.推广要点

(a)基石投资机构

i.项目价值和生态以及币值管理会保证投资者安全获利退出。

ii.只有金牌节点才有项目DApp分红权,每年高达1 000万美元。除按持币比例分红30%利润外,所有金牌节点按持币比例再分20%。

(b)开发者

免费送价值8万美元的通证,并且做全球免费推广,对方只需要挂名即可。

(c)运营支持者

i.推广时要塑造以下可能性:

如果服务方收取糖果可获得两倍原价收益,使其接受糖果通证支付。

ii.社群运营者糖果发放可以领500万糖果(类似2元彩票中500万元大奖)为噱头。

iii 塑造中心化彩票系统盈利可能性。

②第二阶段(融资目标:500万美元)

a.分配方法

具体分配方法见表7.3。

表7.3 通证分配方法表

节点等级	成员构成	分配比例	权利	义务	预算(美元)	预算(枚通证)
皇冠	投资机构	15%	1.项目权益通证彩票DApp分红权 2.更大的折扣(五折) 3.优先参与超级节点竞选			300 000 000

续表

节点等级	成员构成	分配比例	权利	义务	预算（美元）	预算（枚通证）
金牌	彩票开发机构/战略合作伙伴	2%	1.在项目权益通证公链开发的权利 2.获得项目权益通证生态通证支持 3.优先参与超级节点竞选	战略合作		40 000 000
银牌	媒体（PR）	13%		完成运营任务	50 000	30 000 000
银牌	广告主（付费硬广）				20 000	
银牌	评级（评级机构）				30 000	
银牌	社群/社交媒体运营者				50 000	
银牌	线下活动组织者（路演）				50 000	
银牌	类微商团队				100 000	
银牌	其他				10 000	
铜牌	社区代表					30 000 000

b.分配说明

本阶段除各类节点按照第一阶段相同预算持续进行外，可引入类微商团队，加强社群建设，为基石投资者获利退出提供强有力的币值支撑。本次分配通证2亿枚。

c.类微商社群打造要点

（a）建立制度

以DApp或中心化网站为载体，建立类微商推广系统。核心思想是鼓励用户长期持有。应用区块链概念如下：

i.算力：持币即拥有算力。持币越多，算力越大；持币时间越久，算力越大；推广人数越多，算力越大；推广的用户持币越多，推荐人算力越大。

ii.挖矿:获得项目权益通证和项目积分奖励。项目权益通证由预分配的2亿枚中发放,发完为止。项目积分从所推广下级购买彩票的利润中提取,算力越高,提取佣金比例越大。该部分计入运营成本,不计入利润。佣金按月提取,佣金比例为每月所有下级会员的营业利润的百分比。

算力及挖矿对应表如表7.4所示。

表7.4 算力及挖矿对应表

算力等级	持币(枚)	下级会员最低数量	项目权益通证挖矿比例（每日释放）	项目积分挖矿比例（佣金）
S级算力	100万	100	一代总持币量的4%	90%
一级算力	50万	50	一代总持币量的3.5%	50%
二级算力	10万	10	一代总持币量的3%	40%
三级算力	1万	1	无	5%

设计要点:

i.推广的主流用户重点放在二级算力,投资1万元人民币,一般用户可以接受。

ii.推广者可获得一代下级每日持币量3%的项目权益通证奖励。如果一代下级总持币量为10万枚,则一个月即可获得翻倍回报。运营要点为鼓励下级去二级市场买币并持有,下级持币越多,上级分红越多。

iii.随着推广者的持币量增大,其算力提高,挖矿比例增大。所以推广者亦会持续持币或直接从二级市场购买。

iv.基础持币量可设定一定的锁仓时间,达到锁仓时间方可升级算力。如持币量低于最低要求,则算力下降。

v.2亿枚项目权益通证发完为止,剩余量可以在系统平台公示,制造紧迫感,吸引用户入场。规定下级会员最低数量,保证持币地址分散,防止了集中抛盘带来的币价下跌。

vi.随着用户数增多,项目积分佣金会增多,用户为了佣金仍会继续持币,通证价值进入稳定上升通道。

(b)吸引网头

网头是微商项目中拥有一定用户群或市场资源的头目,做市场的前提要保证网头获利。平台对网头负责,网头对其团队内容成员负责。所以,要给予网头更高比例的佣金回报和挖矿回报。

PART 3 第三部分

治理篇 ▶▶

第8章 通证治理

8.1 治理的概念和意义

8.1.1 治理的概念

区块链网络是自组织网络。所谓自组织是一种以自我意志运转的组织形式,它奉行自下而上的权力逻辑,能够激发组织内个体的积极性。人类社会自组织是层级制度和市场之外的第三种组织形式,它以信任为基础,可以降低组织内部的管理成本和交易成本,具有成本优势。但由于激励机制的设定和接近直接民主的治理形式,物理世界中的人类社会自组织在空间和人口规模方面存在瓶颈。

区块链自组织是一种创新的组织形式,它能突破物理世界自组织的空间和人口规模限制,调动更大范围的人类协作。《巴比特自组织研究报告》称:区块链以其透明的分布式记账方式与建立在博弈论基础上的共识机制,使得全球范围互不相识的人共同参与到同一个系统的协作中。系统是由人设计的,也由人来参与维持和运转,由于人们对区块链项目协议的认同与参与,在网络上形成了自发性的组织形态,即社区。

从技术角度看,区块链涉及了多个领域,包括分布式系统、存储、密码学、心理学、经济学、博弈论、控制论、网络协议等,这就意味着它要面临大量工程实践上的技术挑战。

从社会组织角度看,区块链生态参与者众多,包括开发者(代码贡献者)、矿工(验证人)、长期投资者、短期投机者等,这也就意味着在区块链协议修改和升级的过程中,由于参与者的角色和利益角度不同往往会出现各种分歧。

区块链项目在发展过程中,一定会随着使用者的需求和变化更新升级,而由于参与者的角色和利益角度不同,协议在修改和升级的过程中往往会出现各种分歧,这就需要生态内的参与者决策与选择,并达成一致意见。这个社区内决策、选择并达成一致的过程叫作区块链的治理,它包括生态参与者如何集体协调执行什么决策,使用什么流程,拥有什么规范,以及采用何种其他协调机制。

当然,决策无法避免分歧与争论,严重的情况下会导致区块链的硬分叉。硬分叉是指在新共识规则发布后,没有升级的节点无法验证已经升级的节点生产的区块。分叉发生既影响区块链发展方面的客观成本,也涉及主观方面的社会协调成本。从治理上看它会导致此前的网络效应一分为二,而且分叉常常伴随对正统的争夺(例如哪个才是真正的比特币)甚至互相攻击(例如算力大战),给经济体的运行造成干扰。

分叉是把双刃剑,它对区块链治理的意义在于:

首先,可分叉性可以制衡各方公平地参与经济体建设,是去中心化的"守护神"。如果开发团队、"巨鲸"(超级大户)试图控制加密协议,不公平地挤压其他参与方的权利,其他参与方可以利用分叉形成新的加密协议经济体,剔除垄断者,保护自己的利益。

其次,分叉是加密协议独有的快速进化方式,避免社区对加密协议升级的争议久拖不决。通过分叉可以继承原链的数据和参与者,网络效应不必从零开始重建,试错成本远远低于推倒重来。

8.1.2 生态治理的意义

由于去中心化系统的发展道路存在很多分歧,除了技术的分歧,还涉及理念的分歧、意识形态的分歧等,区块链的治理促使区块链社区和生态中利益相关者达成一致的决策。在应对有组织的社会攻击时，也需要有一定的社区治理作保障。此外，在众多去中心化的区块链项目的用户竞争中，良好的社区治理可以使项目获取更多应用群体。

本质上，治理架构是区块链最顶层的设计，它涉及社会、经济方面的各要素，良好的区块链治理机制有助于减少分裂和混乱的发生，帮助提高软件的更新迭代效率，让区块链协议适应不断变化的环境，并提高社区成员的参与度，促进区块链生态稳定健康发展。

区块链网络需要技术的竞赛，也需要运营的高效。而技术和运营又取决于治理的高明和富有成效，因此区块链网络的内功修为集中体现在治理的机制设计和执行能力上。治理的目标就是让区块链协议适应不断变化的环境，并维护其在生态系统内决策的合法性。良好的治理模式能够让去中心化组织高效、公平地做出有利于区块链生存和发展的决策。

在区块链世界里，技术演进从来不是项目的护城河，代码的开源让技术可以共享；社群的建设可以通过诸多工具拉新去实现，而建设一个能够迭代的生态治理网络才是一个项目的核心竞争力。

8.1.3 共识机制是治理的基础

共识机制是区块链技术的重要组件，区块链治理也是在共识机制的逻辑上展开的。

对于区块链的解释，可以用去中心化分布式账本来概括，在这个分布式系统中，多个主机通过异步通信方式组成网络集群。异步网络中可能出现无法通信的故障主机，而主机的性能可能下降，网络可能拥堵，这些可能导致错误信息在系统内传播。因此需要在默认不可靠的异步网络中定义容错协议，以确保各主机达成安全可靠的状态共识。如何在这些不可靠主机之间复制状态需要采取一种机制，以保证每个主机的状态最终达成相同一致性状态，这就涉及区块链网络的共识机制。

所以，共识机制就是在一个时间段内对事物的状态最终达成共识的一种算

法,它的目标是使所有的诚实节点保存一致的区块链视图。区块链技术正是运用一套基于共识的数学算法,在机器之间建立"信任"网络,从而通过技术背书而非中心化信用机构来进行全新的信用创造。就像一个国家的法律,维系着区块链世界的正常运转。

区块链作为一种按时间顺序存储数据的数据结构,可支持不同的共识机制。现今区块链的共识机制主要有三种:工作量证明机制、权益证明机制和实用拜占庭共识算法。

(1)工作量证明机制(PoW)

在基于工作量证明机制构建的区块链网络中,节点通过计算随机哈希散列的数值解争夺记账权,求得正确的数值解以生成区块的能力是节点算力的具体表现。工作量证明机制具有完全去中心化的优点,在以工作量证明机制为共识的区块链中,节点可以自由进出。大家所熟知的比特币网络就应用工作量证明机制来生产新的货币。然而,基于工作量证明机制的挖矿行为还造成了大量的资源浪费,达成共识所需要的周期也较长,同时由于工作量证明机制在比特币网络中的应用已经吸引了全球计算机大部分的算力,其他想尝试使用该机制的区块链应用很难获得同样规模的算力来维持自身的安全。

(2)权益证明机制(PoS)

PoS(proof of stake)即权益证明,对比 PoW 共识中矿工们通过竞争计算来试出哈希函数目标结果才能拥有出块权,PoS 链的新区块是由随机选择的节点来创建,被选中创建新区块的概率与持币的数量挂钩。权益证明机制根据每个节点拥有通证的比例和时间,依据算法等比例地降低节点的挖矿难度,从而加快了寻找随机数的速度。它是一个同步算法,出块的效率是由整个系统参与并成功投票的节点中最慢的那个节点来决定的。对比 PoW,PoS 共识提高了系统的能源使用效率,也提升了交易处理速度。

PoS 有一些改进版本,如 DPoS、SPoS、NPoS、LPoS 等,这些改进版的 PoS 共识机制主要希望改进的地方就是"选举验证人"环节,具体有 BP(block producer,区块生产者)数量、选举规则、权力大小等。发展出增发奖励机制、抵押金机制、slash(扣除)机制等,以应对 PoS 刚提出时被发现的"无利害关系"、长程攻击等问题。PoS 共识及其衍生类型在吞吐量、延迟、速度、能耗等方面的不断探索,性能表现愈发优秀,目前在生态治理方面有所创新的项目主要就是基于这一共识机制在探索。

(3)实用拜占庭共识算法(PBFT)

实用拜占庭共识算法(practical Byzantine fault tolerance,PBFT)也是一种常见的共识证明。它与之前两种都不相同,PBFT 以计算为基础,也没有通证奖励。由链上所有人参与投票,少于 $(N-1)/3$ 个节点反对时就获得公示信息的权利。PBFT 具有很好的最终性,一旦最终确认区块将不可分叉,交易将不可再撤销或是回滚。

这些共识算法,虽然风格各异,却拥有共同的目的和使命,那就是致力于建立良好的治理顶层设计,实现网络的健康稳定的发展。

区块链上采用不同的共识机制,在满足一致性和有效性的同时会对系统整体性能产生不同影响。综合考虑各个共识机制的特点,从以下 4 个维度评价各共识机制的技术水平:

(1)安全性。即是否可以防止二次支付、自私挖矿等攻击,是否有良好的容错能力。以金融交易为驱动的区块链系统在实现一致性的过程中,最主要的安全问题就是如何防止和检测二次支付行为。自私挖矿通过采用适当的策略发布自己产生的区块,获得更高的相对收益,是一种威胁比特币系统安全性和公平性的理论攻击方法。

(2)扩展性。即是否支持网络节点扩展。扩展性是区块链设计要考虑的关键因素之一。根据对象不同,扩展性又分为系统成员数量的增加和待确认交易数量的增加两部分。扩展性主要考虑当系统成员数量、待确认交易数量增加时,随之带来的系统负载和网络通信量的变化,通常以网络吞吐量来衡量。

(3)性能效率。即从交易达成共识被记录在区块链中至被最终确认的时间延迟,也可以理解为系统每秒可处理确认的交易数量。与传统第三方支持的交易平台不同，区块链技术通过共识机制达成一致，因此其性能效率问题一直是研究的关注点。比特币系统每秒最多处理7笔交易，远远无法支持现有的业务量。

（4）资源消耗。即在达成共识的过程中，系统所要耗费的计算资源大小，包括CPU、内存等。区块链上的共识机制借助计算资源或者网络通信资源达成共识。以比特币系统为例，基于工作量证明机制的共识需要消耗大量计算资源进行挖矿提供信任证明完成共识。

8.2 治理模式

治理模式涉及如何做决策，如何使决策合法化，以及生态系统中参与者的权利。通常情况下，这是区块链协议可以自动升级的唯一方式。为了分析不同的治理模式，我们需要研究生态系统中治理模式的目的、治理模式的组成部分和网络参与者。

8.2.1 协议规则

到目前为止，我们已经确定了两种类型的区块链治理模式：链下治理和链上治理。

（1）链下治理

链下治理是很多早期区块链项目采用的管理方式，由关注区块链项目的人员组成社区，他们自发地对区块链基础协议的开发方向提出改进意见，积极参与到生态治理中来。链下治理的三层结构可以归纳为：多数人提案→少数人决策→多数人表决。

①链下治理的代表项目

采用链下治理的代表项目有比特币和以太坊,我们分别来研究一下。

A.比特币:链下技术精英治理

比特币治理模式的重点是在网络参与者之间达成共识,尤其是在运营全节点的参与者之间建立共识。开发人员提交改进建议,矿工可以决定是否实施。在比特币网络里,核心开发者在技术层面有很大话语权,而用户则在新代码的使用层面有投票权。

在开源的技术社区里,任何人都可以对比特币网络的协议发表提案。尔后,比特币的核心开发者会通过BIP(比特币改进建议)机制来达成共识。如果核心开发者达成共识认为某一项改进是必要的,那么最后还需要得到95%以上的哈希算力的支持,代码的改进才会被广泛的比特币网络所接受。在链上治理中,全节点自行决定是否有必要下载和实施更新,自主全节点的存在为生态系统提供了重要的制衡。总的来说,比特币核心开发者为比特币网络用户提供代码改进的建议,是否采纳则由全网算力共同决定。

B.以太坊:链下创始权威治理

以太坊的治理模式在许多方面都借鉴了比特币的治理模式。开发人员可以通过EIP(以太坊改进建议)进行更新。作为一个基础的应用程序,EIP让开发人员可以表达他们对代码改进的想法和建议。开发人员整理这些建议并整合方案,之后社区(全节点)就可以使用。

此前,以太坊的君士坦丁堡升级是由PoW迈向PoS的关键一步。在实现PoS后,以太坊系统中矿工和持币人之间的边界将越发模糊,从而在去中心化的程度上较之比特币算力会有较为显著的提升。与比特币的治理结构相比,以太坊的一个显著特征是它的"中本聪"尚未隐退。由于Vitalik的个人影响力,以太坊治理效果比比特币稍高,Vitalik个人号召力可以推动提案进展,如在Dao事件导致的ETH和ETC硬分叉中,投票用户中有85%同意Vitalik的分叉提案,仅有15%反对。

②链下治理的优点和缺点

有观点认为,参与链下治理的人员相对更加专业,开发者和矿工相对于普

通用户更能理解区块链发展的方向,更可能做出有利于区块链项目发展的决策。

但也有观点认为,链下治理过于中心化,它的权力集中在开发者和矿工手中,而大部分的利益相关者可能无法影响治理的进程。这种模式的风险在于,开发人员权力过大,可能导致开发人员作恶。

此外,开发人员和矿工并不持有大量比特币,在遭受攻击或者出现疏漏时他们的利益受到冲击的力度较小。这一点从他们经常离开比特币开发工作,创建自己的协议,并力图使之成为比特币替代品中就能窥见,这导致了生态系统的碎片化和社区的分裂。

(2)链上治理

链上治理是一种在协议中进行,并通过智能合约对协议进行更新的治理模式,与链下治理相比,链上治理的规则是嵌入到区块链协议层里的。这意味着,许多被执行的决定,例如关于区块大小的决定,都会自动转换为代码。

一般是开发者可以在链上提交他们的改进意见,意见会按反馈规则进入投票阶段,一旦提案通过链上投票获得批准,它就会在测试网中实施。经过一段时间后,如果最后一轮投票通过,此提案就会在主网上运行。

①链上治理的知名项目

目前在链上治理探索比较多的项目大多基于 PoS 共识机制,一些尝试实现链上治理模式的知名项目包括 Tezos、Maker Dao 等。

A. Tezos

和以太坊类似,Tezos 是一个用于开发 DApp 和智能合约的区块链平台。不同的是其特有的链上管理架构和新增的形式化验证功能。该平台的设计重点是通过链上治理,可以做到在不硬分叉的情况下实现区块链自我升级和修正,并且允许所有持币人参与到决策中来。此外,这个管理架构本身也可以随着社区的需求做出更改。

所有的通证持有者都可以参与到共识出块中并获得通证奖励,同时还设置了挖矿周期、随机种子等机制来保证共识奖励分配的安全性。Tezos 一定程度上弱化了传统 PoS 机制面临的通证集中化问题。

B. Maker Dao

Maker Dao 是一种加密通证抵押型稳定币,它基于以太坊智能合约平台发行,通过抵押债仓(CDP)超额担保方式,发行 1∶1 锚定美元的稳定币 DAI。Maker Dao 中的治理模式通过 MKR 通证实施。MKR 则是该系统的管理型通证,用于提案表决、支付 DAI 的利息费用。Maker 是以太坊上的智能合约平台,通过抵押债仓、自动化反馈机制和适当的外部激励手段支撑并稳定 DAI 的价格。

MKR 持有者可以选取一个有效提案——能编辑 Maker 平台的智能合约。该提案可以有两种形式:

a.单个有效提案合约(获得批准后只能执行一次,使用后自行删除,不能重复使用)。

b.委托提案合约(持续使用 root 访问)。

黑天鹅事件是这个生态系统最大的威胁。对于这种情况,Maker Dao 的解决方案如下:

MKR 持有者对系统进行监管,由此获得费用奖励。然而,他们也是最后的买家。如果系统中的抵押品价值低于现有的 DAI,那么 MKR 就会在公开市场上被创造出来并出售,以筹集额外的抵押品。这在很大程度上激励了 MKR 的持有者,促使他们负责任地规范 CDP 的参数,而 CDP 可以用来生成 DAI。如果系统失败,遭受损失的是 MKR 持有者,而不是 DAI 持有者。

②链上治理的优点和缺点

就决策过程而言,相对于链下治理,链上治理似乎更加稳定、正规和简洁。它有利于更快决策,能够确保流程的贯彻执行,避免出现分叉分流项目的共识价值。

然而就像链下治理一样,链上治理也有许多的问题。在链上治理中,全节点遵循治理流程中的决策。如果链上治理过程失败,即出现了对协议有害的更新,那么所有全节点都不得不更新,最后导致整个网络处于危险之中。

此外,链上系统通常比较容易被利用作恶,即利用博弈理论框架进行博弈。

在一个明确定义的链上治理系统中，一些利益相关者可能会利用系统没能精确定义的规则，采用不恰当行为钻空子。链上治理的优点是可预测和稳定，所以当一个协议被钻了空子，很难决定是否需要进行深度的升级。

许多专家认为，区块链治理内容里有很多不可预测的和突发事件，因此编写一个能够协调所有利益相关者的智能合约是非常困难的，它的灵活程度不足以满足个体社区的需求，链上治理反而会导致模式僵化。

8.2.2 治理模式的目的

区块链体系中，代码是可以被评估的，升级也是可以被审查的，但是在区块链治理这一"分散的"系统中，参与者协调实现目标的方式却是难以度量的。那么该如何评判治理的成功和失败呢？

我们已经知道，良好的治理模式是让去中心化组织高效、公平地做出有利于生存和发展的决策。如同一个有机体，能够实现各部分有序运转，当遇到故障也可以实现自我修复。一个实现了以上目标的项目一定可以解决其自身发展中的诸多阻碍，并不断吸引外部人参与进来实现网络效应的最大化。

因此，区块链治理的目标就是实现加密经济体长期网络效应最大化，这个目标的实现程度则可以用内置通证的总流通市值来衡量。区块链参与者的目的是获得经济激励，各方的激励都直接来自通证，因此治理的目标就是长期提高通证的价值。具体地说，可以将是否能长期推高通证总市值作为治理是否成功的评价标准。

8.2.3 生态参与者

（1）生态参与者

为了分析不同的治理模式，首先需明确典型区块链生态系统中的治理参与者。区块链是以开源软件社区为基础，通过代码迭代和多方共同维护一个商业价值网络信用体系。一般来说，区块链治理生态由四种角色组成：区块链协议开发者、矿工、上层应用开发者及用户。

①区块链协议开发者

开发者对区块链基础协议进行开发、维护和更新,是区块链协议顶层的制定者。他们主要的工作内容是:修复错误和漏洞;升级底层技术;修复攻击造成的损害。

一般情况下,在区块链项目的起始阶段,由于项目的影响范围有限,开发者往往是项目的创始团队,例如比特币的初始版本是由中本聪独立开发完成,以太坊的初始版本也是由 Vitalik 及其核心成员完成。

随着项目的推进和社区的发展,由于公有区块链社区极高的开放性,项目的版本更新和技术开发人员也逐渐转移为社区化。正如所有的开源开发者社区一样,开发者会自发地形成自组织来判断提交的代码的合法性。

②矿工

矿工根据共识算法的规则对整个区块链网络的交易信息进行验证并记账。以当前使用最为广泛的 PoW 共识算法为例,矿工主要是通过比拼计算能力来争夺记账的权利。矿工主要经济动力是为了赚取区块奖励和交易手续费,区块的奖励机制会不断吸引社区成员参与挖矿。由于掌握算力的矿工有着出块的权利,因此,在一定的情况下,矿工团体会对区块链网络的分叉产生重大影响。

具体到比特币生态的内部,一般由以下几个部分组成:小算力的普通矿工、市场行为的矿池、占据相对主导权的大算力、矿机生产商等。

比特币系统内部的权利主要集中在大算力上,他们有能力连续出很多块,有能力决定比特币的最长链,有能力发动 51% 攻击,有能力发起分叉的提议等。小算力的普通矿工,因为算力小,没什么发言权,要么默默地挖矿,要么加入矿池,获取更为稳定的收益。

③上层应用开发者

上层应用开发者在公有链基础上进行应用开发,借助于区块链的一般性共识和信任服务来提供针对性的服务。作为区块链的使用者,上层应用开发团队对于公有链的底层设置及资源配置有着特殊的诉求,他们倾向于使用交易费用低且保持系统高效安全运转的公有链。

④用户

用户是区块链网络的最终使用者,是区块链价值的持有者和使用者。从根本上讲,用户是区块链价值的本质基础,但他们往往处于较为被动的地位。

还有一个分支对区块链治理施加影响:通证持有者。尽管通证持有者通常不直接影响更新区块链的过程,但他们可以通过选择是否使用加密货币而造成间接影响。

例如,如果核心开发者和全节点都同意,而绝大部分通证持有者不想接受这次更改,那么通证持有者可能会集体抛售通证并使整个系统陷入混乱。

(2)生态参与者的权利义务对比

通过对上述四种参与者的分析可以发现,区块链生态的参与者有着不同的利益诉求,协调参与者的利益诉求十分重要。一个成熟的区块链生态,应该是参与多方各自独立、相互制衡,没有一方具有绝对的权力。虽然任何一方都无权单独进行决策,但参与方通过行使各自的权利不断互相博弈,最终达到动态平衡。

表8.1 参与者权利说明表

参与者	权利	影响	影响权利集中的治理因素	通证影响
区块链协议开发者	对区块链基础协议进行开发、维护和更新,是区块链协议顶层的制定者	影响项目方向,需要避免权力过大	公平高效的核心开发者的任用、协议改进提案的推举规则	间接影响者

续表

参与者	权利	影响	影响权利集中的治理因素	通证影响
矿工（验证人）	根据共识算法的规则对整个区块链网络的交易信息进行验证并记账。在特定情况下，矿工会对区块链网络的出块选择和协议选择产生影响	影响项目安全，越去中心化越安全	公平的验证人的推举规则	间接影响者
上层应用开发者	在公有链基础上进行应用开发，借助于区块链的一般性信任服务来提供针对性服务	影响应用用户数量，越多越好	提高治理参与度	间接影响者
应用用户	是区块链网络的最终使用者，有选择区块链的权利	影响项目通证的使用价值，越多越好	吸引更多用户，提高用户治理参与度	直接影响者

8.2.4 理清治理问题

除上述四类治理的参与者外，外部生态往往也起着重要作用。外部生态可以间接影响价格，从而影响矿工的成本，形成以价格为核心的博弈，最终使整个生态重新达到平衡。对公有链来说，博弈的过程就是治理的过程，而博弈的结果就是公有链的演进方向。要理清治理问题，需要着重思考以下方面：

（1）谁来参与治理

首先是由区块链协议开发者开发、改进加密协议，并发行通证。早期会有风险投资为开发者提供资助，以获得一部分通证。加密协议定义数字产品或服务的市场交易规则。由验证人（矿工）来保障加密协议的安全，通证具有价值和价格后在二级市场流通，投资者买入通证并期待升值。投资者可以分为长期投

资者和短期投资者。用户出于使用服务需要从市场上购买通证。服务提供商和验证人可以在市场上卖出通证,以支付服务成本并兑现利润。

目标清晰之后,谁来参与治理的问题就比较容易回答,就是应该由长期利益相关人来参与治理。因为他们的利益跟通证价格长期增长的目标是一致的。而且长期利益相关人,应该着眼于未来,而不是过去。例如服务提供商,即便他在经济体内有长期服务的历史,在出于某种原因决定离开之时,他也完全可能做出损害整体利益的行为,而且这样的情况很难进行预测。因此,我们更希望是未来跟整体利益一致的人来决定加密协议的未来。

(2)如何区分未来的长期利益相关人

我们可以将整个区块链生态划分为两种参与者:积极参与者和消极参与者。区块链协议开发者、矿工与上层应用开发者主动地参与贡献基础协议、网络维护及应用开发,是生态的积极参与者。而一般的用户除了持有和使用之外,对于网络和协议没有更多积极的贡献。

然而,在公有区块链系统中,由于占据了价值的中心,占绝大多数的消极贡献者(用户)占有重要的地位。以比特币治理模式为例,用户虽然没有在底层协议、网络记账及应用开发方面积极贡献与创造,但却拥有选择的权利。当社区内部出现分歧时,用户在协议变更和算力战中无法起到作用,但最终会在价值市场上做出选择。换句话说,积极参与者的贡献需要消极参与者的认可才能有实际的经济意义,庞大的用户价格市场最终决定了公有链的认可与发展程度。

比较明确的是区块链协议开发者,其为开发加密协议投入了时间精力,倾注了创业热情,而且通常拥有很大一部分通证,并带有长期的锁仓承诺。因此区块链协议开发者在治理中扮演重要角色,尤其是在项目的早期充当"仁慈独裁者",一般都可以被广泛认同。

还有就是投资者,可以通过权益质押(staking)证明自己是未来的长期利益相关人。服务提供商和服务使用者如果重视加密经济体的长期发展,应该持有相当数量的通证并参与权益质押或者委托,而不应被直接赋予治理权。早期投资者最终会变成长期投资者或短期投资者,而短期投资者跟加密协议的长期网络效应无关,所以不在考虑范围内。

综上所述,长期看来加密协议治理的核心角色是长期持币者,对于 PoS 链就是验证人和委托人。在加密协议发展的初期,区块链协议开发者可以临时充当核心治理角色。

8.3 奖励与惩罚机制的制定

治理的利器便是融为一体的经济激励体系,这是调动人性私欲的不二法门。区块链的运行需要维护网络安全性,确保其不会暂停或者是崩溃,这不仅需要激励来维护去中心化所带来的成本,也要尽可能地激励参与者的正确出块行为和有价值的投票选择,同时会对不良行为给予惩罚。因此在治理中奖惩机制的设计也十分重要。

8.3.1 系统的激励来源与比例

治理的前景影响因素,除了共识机制的选择,便是经济激励体系的设计。我们需要了解项目的激励来源,以及经济激励体系中不同阶段的分配比例。

(1)激励来源

比特币需要矿工维护网络的运行和去中心化,那么激励矿工参与网络是必要的。受利益驱使,人们会追逐矿工出块所带来的利润,比特币将铸币分发做成一种激励机制,使用固定总量,分发稀缺性来吸引大量矿工涌入,成为比特币网络维护的一员。比特币创世块只包含 50 个比特币,此后一天增发 7 200 个比特币。比特币的这种增发将会以每四年减半的规律持续下去,一直到 2140 年,比特币将停止通胀,数量无限接近 2 100 万个。这种分发方式成了 PoW 共识项目的一种激励手段,矿工的奖励来源是出块奖励和交易手续费。

而以PoS共识为主的新项目,往往通过出售通证的方式募集资金,所有通证将在创世区块全部创造出来。那么PoS的激励就不能像比特币一样由剩余总量做奖励,而是通过系统增发作为激励。在创世块创造了大量币后,系统会持续增发一定数量的币,一部分作为出块奖励,其他部分作为治理投票奖励或销毁,具体会根据项目的不同而有所区别。有些项目还对用户有交易手续费的要求。

(2) 通胀比例的设定

PoS共识中增发的这部分通证,会引起整体经济体系的通货膨胀。如同央行一样,适当的增发有利于经济体系的完善和发展,但如果增发过多过快,则可能引起本身货币的贬值。这时候,验证人挖矿的奖励再丰富,可能还不如贬值贬得快。但增发太少又导致币价无法带来验证人预期的收益,难以激励矿工参与网络验证,使潜在的攻击成本越来越低,甚至会出现网络堵塞、项目慢性死亡的情况。PoS早期的探索项目点点币Nxt、黑币、影子币便是因此失败的。

一般来说,通胀的比例会以参数形式被写到创世区块中,作为可改参数。根据项目所处时期不同,要求的最佳奖励比例也会有所区别,为保证项目的良好运转,需要根据项目所处的阶段去调节增发率,社区有权利对通胀率进行修改,从而满足不同阶段的需求。

(3) 不同阶段的比例

网络的初期发展特别重要,PoS机制里项目实行持币权重挖矿的方式,意味着网络运行初期就需要有足够的币来进行挖矿,足够多的币如同足够多的算力一样,能够更安全地保证去中心化的网络运行。所以通常来说,线性改变的增发率会把初始值设置得足够大,以此来吸引更多的验证人。

一般情况下,启动主网时,开发团队会在初始分发中预留一部分通证进行权益质押网络维护,同时禁止其他节点进入,在保证整个网络运行一段时间后再开放给所有持币人。之后在吸引外部矿工加入的初期,由于系统增发太少会导致无法带来矿工预期的收益,并进一步导致矿工参与网络验证积极性不足、初始权益不足的情况,此时系统的攻击成本过低。因此 PoS 网络启动之初的通胀设计要足够大,为了鼓励持币人参与权益质押,现有主流 PoS 公链的年增发率平均在 5% 以上,增发会使公链在数量上形成通胀率,目前 EOS 年化通胀率 5%,Comos 年化通胀率 6.94%,Vsys 年化通胀率 5.5%。

而在网络顺利启动之后,去中心化又成为一个重要的激励方向。

因为中心化会导致节点的固化以及外来新生资源的进入欲望减弱,当参与节点比新建公链更贵的时候,这个固化机制是对整体公链生态的一种伤害。一个持币量分散,往往能促进社区生态内部各角色间的制衡,推动项目良性发展。一个大部分通证持有在创始团队手中的区块链网络,会降低各方参与的积极性,让社区的治理难以为继。因此为了防止大户更大的情况出现,很多项目会在后期的激励准入规则上做文章,比如单一节点的总量超过整体总量一定比例后超出部分将获得较少的奖励,或者不会获得奖励。

(4)具体激励点

一般情况下,PoS 共识下创造区块有 6 个基本步骤:运行节点—成为验证节点(矿工)—选举出块节点—打包交易—广播交易—验证节点确认。PoS 中,矿工除了负责出块外,还要充当验证节点的角色。成为出块节点之前,持币人需要运行节点客户端,成为一个区块链分布式网络中的接入点,也叫节点。符合系统要求的节点可以成为验证节点(即矿工),系统将使用特定算法从验证节点中选举每个区块的出块节点。

验证节点除了要创造新的区块外,还要参与到链上治理中来。创造新区块是来保护区块链的延续性,而链上治理决定的是整个区块链系统的参数设置,这些参数决定着整个网络的运行方向,验证节点可谓肩负重任。

因此区块链项目具体的激励点包括以下几点:

①出块(打包交易);

②验证被打包的交易且签名;

③举报出块人的不良行为;

④参与链上治理。

8.3.2 惩罚机制的设定

在 PoW 机制中,矿工面临的惩罚是失去出块奖励,由于对应的矿工需要自己承担算力成本,所以竞争条件下,如果好不容易获得的出块机会因为作恶而失去出块奖励,这便会减少其参与作恶的概率。

不同于 PoW 的"惩罚",PoS 中独有的惩罚机制叫扣除(slash)。节点将他们的通证锁定为质押品,争取成为验证节点。系统使用算法从中选举每个区块的出块人,验证节点将有机会获得固定的出块奖励。如果验证人有不良行为,作为惩罚他们将无法获得权益质押奖励,甚至会失去质押。引入权益质押后,系统会对矿工行为进行检测,一旦发现不法行为,系统将会扣除矿工的权益质押。而矿工因为担心权益质押会被扣除,自然也不敢作恶了。

不只是出块过程,PoS 中的惩罚机制是用来惩罚 PoS 中矿工的不良行为的。具体的不良行为由不同的链自己决定,虽有不同,但大致都是一个原则,那就是保证系统稳定。任何危害系统的行为基本上都会被惩罚。

此外,除了上述的惩罚行为,当前区块链项目常见的惩罚行为还包括以下几点:

①出块分叉;

②验证区块时双签;

③长期不在线;

④链上治理作恶。

8.4 治理的投票机制

如同一个公司在公司制度之下运转良好,人们权责分明、各司其职,一个去中心化社区通过治理,也能使自己成长为像谷歌、微软一样伟大的企业。当然,社区发展中必然要对项目的发展方向、技术改进方案等作出各种决策,投票成为调和各方意见达成一致举措的重要手段。大家通过对决议的表决,决定资助、发展、调整等方向。这就对投票机制有了更明确的要求。

目前区块链项目投票机制也在不断演进,从最初最简单的投票系统,到复杂程度稍微高点的委托治理系统,再到有专家或者预测市场的投票系统。投票机制在不断地迭代、优化。不同项目区块链系统中的治理想法各有不同,在投票规则上也各有侧重,之后就是将想法实践出来并接受现实检测。

8.4.1 投票方式

目前主流的投票方式分为单项决议投票和多项选择投票。单项决议投票是对某项决议是否应用的决策,参与者选择支持或反对操作,最终根据项目设置的通过比例达成决策。多项选择投票主要是针对解决某个问题所提出的多项决策来投票,参与者根据系统设定,按一票一投或一票多投的方式操作,一般设置选取最高票数的决策去执行。

8.4.2 投票机制的设计原则

从治理目的来看,一个好的投票机制将引导项目做出持久有益的决策。而其中投票规则的设计则需要满足参与度、参与质量、去中心化、可进化性的协调发展。

(1)参与度

即调动起项目各方生态参与者参与治理的积极性,更能够综合各方意见最后作出均衡的投票选择。主要影响因素有以下几点:

①激励

目前区块链项目的治理参与比例都比较低,在问题重要性相对较低的时候,投票者都比较冷漠,虽然理论上积极参与治理可以使得底层网络发展得更好。直接经济利益关系的激励会使大部分的生态参与者主动参与到投票中来。

②理解复杂度

通证持有者绝大部分都不是相关讨论主题的专家,他们倾向于赞成知名度高且通俗易懂的提案,因此在社区治理过程中要避免提案过于复杂,并应做好基础的宣传让更多人知道投票的进程。

③参与复杂度

如果用户参与投票的过程过于繁复,或者对进行投票的基础设施要求较高,这将大大阻碍用户参与的积极性。所以项目最好有精细且简易的投票工具。

(2)参与质量

包括算力投票在内,大部分矿工实际上没有做过深入思考,也缺乏决策所需要的专业知识。很多议题的决定方向并不是非1即2,大部分用户连判断的参考来源都没有,更别说做出明确的选择了。所以导致的结果是大部分人无法对于专业领域的提议做出判断,他们要不就跟随大流,要不就是随便投,这样的结果会导致结果趋向中庸。

另外,在社区里面多数人的决策不一定是对的,很多时候社区的治理不能依靠简单的投票。好的社区治理,需要考虑分层决策,让有能力的人有动力去做更重要的决定。因此项目在投票机制设计时可以制定不同的投票权重,赋予专家和项目长期利益相关者更高的投票权重。

现在部分项目引入的授权式投票方式,允许不想参与每一轮投票的参与者将投票权授权给理念相近且值得信赖的个体或机构,提升了投票效率。

(3)去中心化

PoW挖矿中出现的算力集中化风险,在PoS机制中也无法避免。强者恒强效应将导致节点的固化以及外来新生资源的进入欲望减弱,当参与节点比新建公链更贵的时候,这个固化机制是对整体公链生态的一种伤害。此外,在社区治理中,节点可能会出于自身利益而不是公链长期发展的考虑,去推迟制衡使自己收益下降的社区决议,这将导致治理机制失灵最终损害到系统价值。因此投票机制的去中心化设计也非常重要。

很多PoS项目会致力于将节点出块、验证程序做得足够简单,依赖的设备随手可得，让持币人能简单地参与到项目权益中来，也会使得项目更进一步地去中心化，而不会因为无技能、无设备而导致无法参与网络运行。

此外，为了防止大户更大的情况出现，很多项目会在激励上做文章，比如单一节点的总量超过整体总量的一定比例时，超出部分将获得较少的奖励，或者不会获得奖励，这样可以有效地控制 PoS 中的大户恒大的问题。Cosmos 的官方客户端会针对头部验证人做出警示提醒，或是降低平均收益率，Tezos 里面的接受委托和权益质押息息相关，自己没有权益质押，则无法获得奖励。这些都是防止强者恒强的手段，虽然影响不到根基，但是有一定的作用。

(4) 可进化性

随着区块链的发展，更多新的技术会被带入到现有区块链中来，这些新的技术又会带来新的问题，导致当前良好运转的区块链停止运行，甚至崩溃，届时就需要引入新的解决办法。因此随着技术的演进和新治理模式的创生，系统的投票机制也需要具备与时俱进的自举能力，建立一套能够帮助系统完成无缝迭代、自治升级的制度体系。这就要求治理的"宪法"在某些触发条件下是可以被修改的，为避免随意修改影响项目的正常发展，触发条件的门槛不能太低。

区块链项目加入投票系统后，大都做了改良，如 Tezos 的升级投票治理，Cardano 的流动性民主，Dfinity 的 AI 大脑等，都是将投票这套方案做了改良，增加了代理性投票、专家参与、结果奖励等方案，这些功能都直接或者间接地解决了上述投票问题。在设计全新的投票架构前，需要好好考虑一下治理投票的参与度、参与质量、去中心化和可进化性等问题，提出属于自己的解决方案，并结合 PoS 中通证权利的使用，才能给出较为合理的治理方案。

8.5 明星治理项目案例

8.5.1 Polkadot

Polkadot 创造了一个非常前沿创新的治理机制模型,使自身的网络可以更健康良好地适应用户的需求。这个治理机制模型的设计旨在通过区块链技术的透明化和可追溯性的特点来实现快速、有效的社区自治效果。

在过去,对分布式协议进行升级和调整,需要花费大量的协调工作,会产生高昂的管理成本。无论一个修改提议是否具有争议,去批准提议的新功能修改是一件很困难的事情。

可进化性是区块链和其他任何有用的产品非常重要的特点。因为是去中心化生态,任何一个决定了区块链网络产品未来发展方向的决策都是重要的。因此,治理机制就变得格外的重要。合理有效的治理机制可以确保区块链项目有序且正确地发展。去中心化的加密货币经济系统会变成未来新互联网世界的常态,而治理机制就是确保这些加密货币经济体系的资源可以正确地服务利益相关方的关键点。

(1) Polkadot 治理概述

一个可以被清楚梳理出来的治理机制可以让参与者清楚地了解到批准一个改进建议的方法、要求和相应步骤。一个规范化且在链上代码化的系统可以确保这些规则会被参与者遵守。针对信息化的系统,使用规范化的规则具有很大的挑战。

Polkadot 会在创世主网上线之后,推出一系列规范化的规则。Polkadot 治理的核心原则是权益加权的投票,DOT 持有者用他们的权益在社区的大选中进行投票。所有在 Polkadot 生态内的修改,都需要权益加权的大多数同意,才可被批准执行。这个治理机制与目前用币投票的早期链上治理的区块链项目的机制有很大的不同。

需要注意的是,这些在Polkadot早期定好的规则,可能会在后期随着生态的发展,在社区实践学习中做进一步的修正和优化,使得这个庞大的生态网络建设得更好。

(2)Polkadot治理中的参与者

Polkadot治理中的主要参与者是其生态通证DOT的持有者。

Polkadot治理的内核是DOT通证,凭此来修改建议,可以以低摩擦、直接交互的方式让社区来制定和审批。DOT通证的持有者用持有的DOT来投票选择相应的修改提议,他们可以通过延长投票通证的锁仓时间的方式,来增加投票的权重。

DOT通证持有者可以使用DOT通证在Polkadot生态中做以下相关的事情:

- 提议一次公投
- 公投顺序的优化
- 在所有公投中投票
- 给理事会成员投票
- 选举成为理事会的成员之一

DOT通证也可以让参与者将DOT通证质押,来验证Polkadot网络,并参与竞选成功网络中的验证者。这个过程类似于"推选"。

(3)Polkadot治理理事会

去中心化公链网络曾经尝试过的规范化投票制度,往往会出现参与投票的人非常少的问题。这也是传统治理系统中经常会出现的问题。除非向所有用户做非常大力度的推广,否则公投往往不太可能获得很好的投票结果。

为了代表那些不活跃、可能不能在每次公投都参与投票的利益所有者,Polkadot推出了理事会:一个由6~24名成员组成的会获得Polkadot网络优先投票权的组织。

理事会由选举产生,旨在使得公投能够推出合理的修改建议,而理事会成员都需要运用在发展、维护和使用去中心化网络中的专业经验。

理事会成员有权利否决一些未来的修改提议。在一个冷却时间段结束之后,这些曾被否决的提议可以被重新提交,且之前否决过这些提议的理事会成员无法再次行使否决权。

理事会成员选举由一个不断演进的选举制度执行,每两周会有理事会成员从候选人列表中选举产生。每个理事会成员的当选期限由理事会的规模大小来决定,未来会根据 Polkadot 治理机制而进行相应调节。这意味着每个理事会成员的当选期限可以由理事会成员数量来决定。比如,理事会现在有 6 名成员,每个成员的当选期限就是 6 乘以 2 等于 12 周。

DOT 通证持有者通过投票选择理事会成员来实现他们的利益诉求。Polkadot 推出了一个"损失加权"的功能,来给予那些积极的竞选者好处。因此,那些长期自荐做候选人的竞选者,可以享受到来自社区持续的支持。

潜在的理事会成员会努力推选自己进入理事会候选人名单中。每两周,使用了最大数量 DOT 通证来参与竞选的竞选者会被选为理事会成员。在接下来的竞选轮,理事会候选人仍可以保持他们上轮竞选的投票,只要 DOT 持有者不改变他们的投票选择。

与此同时,那些使用了 DOT 通证参与投票但是未被选上的竞选者,可以积攒这些"浪费"了的 DOT 价值,进入下一轮的竞选。

图 8.1 显示了第一轮选举的示例,图 8.2 显示了两周后下一次选举中每位准理事会成员的权重。

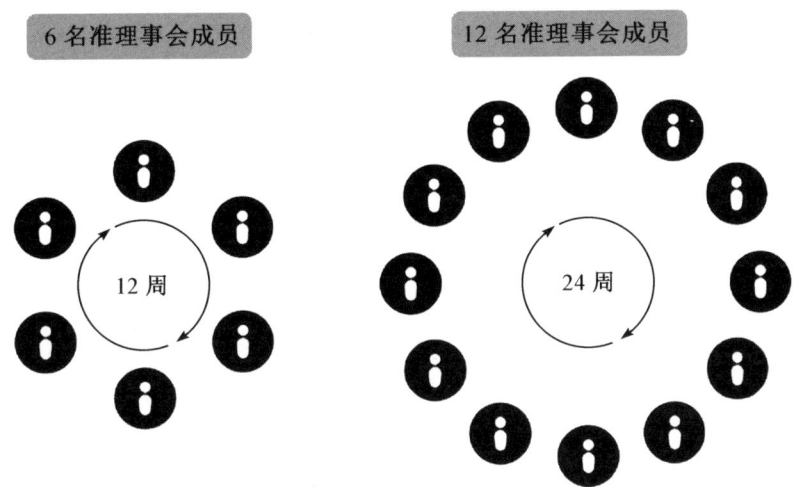

图 8.1 第一轮选举示例图

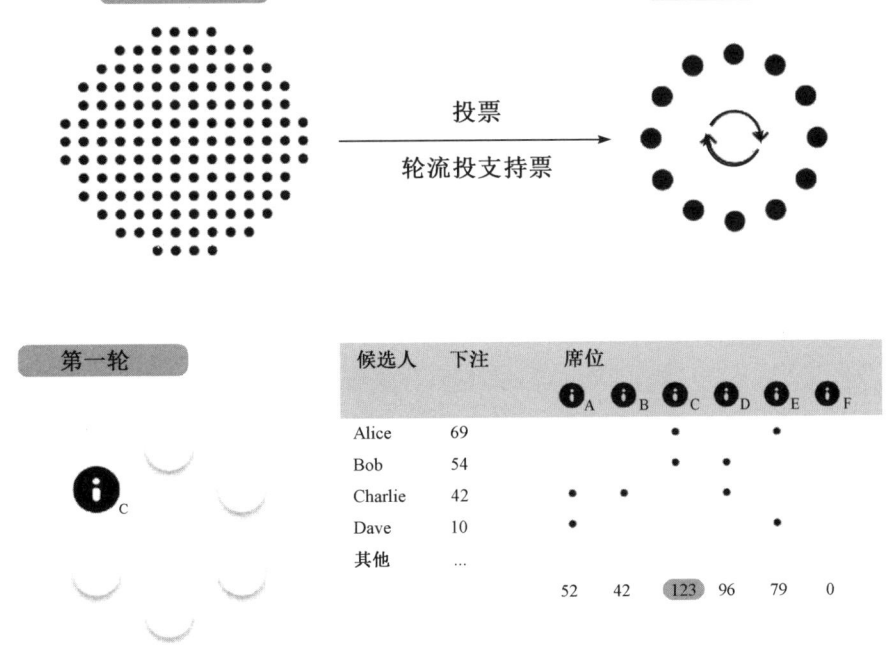

图 8.2 第二轮选举示例图

竞选者赢得了第一轮的竞选,从候选人名单中移除。在第二轮,那些第一轮投票了但是没有让竞选者获选的 DOT 持有者,拥有了一定的投票权重。

用于投票竞选理事会成员的 DOT 通证没有被锁定,并且可以在竞选期间的任何时间被 DOT 通证持有者赎回或改变。然而,那些在之前竞选轮失败而带来的投票,会在投票者更改了他们的投票对象时被重置。

(4)Polkadot 治理中的公投

每个在 Polkadot 生态中的修改提议,都需要公投来完成。公投包含了一个重要的代码功能:set_code。这个 set_code 功能是 Polkadot 系统中最强大的功能,因为它可以改变任何的功能,包括治理机制本身。

公投可以被以下三种方式提议推动,每一个方式都有不同的批准路径:

- 匿名理事会
- 大多数理事会
- 公投

在理事会中没有获得大多数成员投票通过的提议不能进入到公投决议中。在没有产生一致意见的情况下,修改提议会有利于少数投票者。这一点在下面的"自适应性投票人数偏向(adaptive quorum biasing)"进行具体描述。只有当大多数的理事会成员投票同意这个提议时,大众必须以多数同意的原则,来批准这个提议。

公投可以被任何 DOT 通证持有者提议,并由 DOT 持有者来支持通过。平台预计会有很多提议由公众提出。平台通过优先处理那些有最大权益权重的提议的方式来减轻垃圾提议刷屏的问题,并确保最有价值、需求最强烈的建议会被优先投票批准。

(5)Polkadot 治理中的投票机制

Polkadot 治理中的主要投票机制为自适应性法定人数偏向。

为了解决投票结果加总后可能不是 100% 的问题,Polkadot 推出了"自适应性法定人数偏向"的机制。法定人数在传统中被定义为通过一个有效投票决议的最少参与投票人数。但是这个机制带来的问题已经在过去几个世纪中不断发生。少数群体使用法定人数来推迟或阻止投票的发生,并且一些历史人物甚至通过弃权的方式来防止达到法定人数。相关研究表明,严格的法定人数会减少选民的参与意愿。所以,很重要的一个问题是如何确定达到法定人数所需的最低票数。如何使得可能有争议的决策在没有达到法定人数的情况下做出决定呢?

没有最少投票人数限制的投票系统探索了一些通过奖励投票者或者惩罚不投票的民众的方式来刺激投票的参与度。研究表明,这些机制会带来更高的投票参与结果,但是也会降低参与投票者的投票质量,出现很多无知群众胡乱投票的现象。

Polkadot 的"自适应性法定人数偏向"机制会根据投票者的参与数量比例,来改变需要超级大多数来通过公投提议的情况。

一个标准的投票参与度偏向需要一个绝大多数投票者都投支持票来通过一个低投票参与度的公投,当投票参与度增加至接近 100% 时,则变成了一个简单的大多数投票通过的情况。

一个倒置的投票参与度偏向需要一个绝大多数投票者都投否定票来拒绝一个低投票参与度的公投,当投票参与度增加至接近 100% 时,则变成了一个简单的大多数投票通过的情况。

当一个有利于理事会的提议被理事会以非一致性意见投票选出时,这个机制会从倒置投票偏向中获得价值。然而,公投必须通过使用标准曲线的方式。这样做是为了减轻被恶意提议的攻击。

(6)延迟批准

延迟批准是 Polkadot 治理中一个重要的功能。每一个被批准的公投需要经过一段时间才可以真正上到链上。这样可以让那些不同意公投提议的参与者离开网络,而参与了投票支持这个公投提议的 DOT 持有者,他们的 DOT 通证会被锁仓,直到修改提议被批准。

投票者应该谨慎地投票选择支持他们认可的提议,同时要清楚这些公投中的提议会对整个 Polkadot 的网络生态产生怎样的影响。

（7）锁仓数量与锁仓时间的投票机制

Polkadot设计的锁仓时间投票机制，是一个允许DOT持有者增加他们某一些提议投票权重的创新机制。

所有的投票者都按照以下两个维度来获得权重：

①DOT数量

即DOT通证持有者的DOT数量。

②时间

公投结束之后DOT通证保持质押锁仓的时间长度有5种选择：4周、8周、16周、32周和64周。锁仓时间越长投票权重越大。

为了投票，投票者需要锁仓DOT通证至少4周的时间，另外还有公投结束后延迟批准的时间。这样设计是为了确保投票者有一定经济投入来减少买票和贿选的情况。

根据这个机制，我们可以知道，一个愿意用5个DOT通证但只锁仓一个最短时间周期来参与投票的投票者和一个愿意用1个DOT通证但是愿意锁仓最长时间周期来参与投票的投票者拥有同样的投票数。

不仅如此，投票者可以选择完全不锁仓通证，但他们的投票权重将会降低90%。也就是说，一个投票者如果没有锁仓自己的通证，那么需要拥有100个通证来获得锁仓情况下10个通证相同的投票权重。

（8）授权式投票

Polkadot即将要被开发出来的新功能叫作"授权式投票"，也叫"流动的民主"。这个功能设计的目的是让那些不想参与每一轮投票的参与者，可以将他们的投票权授予与其理念相近且值得相信的个人或者群体。

目前Polkadot的Alexander测试网络到了POC第四阶段，升级并使用了上面所描述的部分治理机制功能。很多上面被提到的功能，包括自适应性法定人数偏向、公投投票、民主和理事会的功能模块已经上线。

8.5.2 Tezos

Tezos 与以太坊的最大不同点在于其可以进行自我修复的链上治理模式的设计。Tezos 可以通过其通证 XTZ 的持有者的批准而进行自我升级,各个节点可以通过变更自己的代码来决定项目未来的发展方向。这个设计在一定程度上避免了某些区块链社区的分裂问题,例如曾经遭遇"DAO 事件"的以太坊,以及多次因社区共识破裂而不断硬分叉的比特币。

Tezos 自我修复的链上治理模式意味着系统升级不需要对区块链进行分叉,因为它具有自我修复功能。Tezos 的链上治理模式也意味着 XTZ 持有者能对区块链的发展方向进行投票,投票为代码变更提供了正式的流程。同时,Tezos 使用 LPoS 共识模型,每个利益相关者都可以参与验证网络上的交易并获得相应的奖励。

(1) Tezos 治理概述

Tezos 采用 LPoS 的共识机制,虽然这类机制被归纳于 DPoS(代理权益机制)中,但仍存在其独特性。在 LPoS 中,委托质押是可选的,本质上可降低散户价值被稀释的风险。同时,对准入条件做了限制,规定参与者至少持有 10 000 XTZ(一卷)并且交纳持有通证的 8.5% 的保证金。

如果个人持有 XTZ 数量低于一卷,那最好的选择是支付手续费将拥有的 XTZ 委托给至少拥有一卷的生态参与者,或者邀请其他社区参与者将别人的 XTZ 委托给自己。通过这种方式,个人积累到一卷后就可以参与生态治理。

(2) Tezos 治理中的参与者

①XTZ 持有人

用户可以通过众筹、二级市场或 OTC 交易获得 XTZ。XTZ 持有人可以将 XTZ 用于多种目的,最常见的就是转账、抵押、委托、支出或持有。

②"面包师"(矿工)

"面包师"在 Tezos 中是"烘焙"块的参与者的称谓。"烘焙"是一个过程,指

的是网络中的完整节点在 Tezos 区块链上创建新的块。虽然其过程与挖矿一样,但是其通过 PoS 算法而不是工作量证明进行。"面包师"的资格与其持有 XTZ 的比例和数量有关,持有 10 000XTZ 才能成为"面包师"。实际交易过程中,个人拥有的 XTZ 越多,被选中验证下一个组块的机会就越大。

"面包师"相当于 Tezos 网络里的价值搬运工,为 Tezos 打工。Tezos 按一个区块 512 个 XTZ 的工资发给"面包师"。"面包师"可以用这笔奖励来配置电脑,配置 24 小时待岗人员、运营节点等。另外,节点需要随时等候系统的任命,来生成区块。

"面包师"的主要职能是最初的提案提交或提出治理建议,提案期内提案数上限不超过 20 件,有且只有一件提案可进入试验阶段。一旦提案期结束,且单个提案获得最高票数,面包师即可投票进行提案测试。提案满足至少 80% 的通过率,方可正式进入验证期。

Tezos 生态通证有 5.4% 的增发率,在初始运行阶段,"面包师"决定将大部分奖励分散给用户。如果参与者不"烘焙"就没有奖励,奖励取决于"面包师"愿意分多少给用户。首先面包师要弥补自己的成本,剩下才来决定分红给用户。

③委托人

委托人指那些不愿意成为面包师但想参与"烘焙"的人,他们可以通过委托其通证给其他的"面包师"进行"烘焙"。理论上讲,委托人可以根据授权比例,从"面包师"所产生的总奖励中获得相应比例金额。作为回报,被委托的"面包师"将收取一定比例的费用作为服务费。

(3) Tezos 基金会

Tezos 基金会是 Tezos 生态系统的组成部分,与开发者、科学家、网络验证者和资助者一起,通过部署资源来支持 Tezos 的长远发展。

Tezos 基金会理事会由成功的专业人士组成,该理事会负责领导基金会,支持 Tezos 协议和生态系统。在各自的领域运用专业知识和发表见解的成员共同组成了有独特背景和了解世界各地经验的理事会。

Tezos 基金会有问责制:由六位声誉卓著的成员组成理事会,并由瑞士联邦监管局负责监督,确保基金会的资产得到合理使用。此外,普华永道瑞士担任基金会财务和运营的独立外部审计师,以提供信任机制和问责制。

同时,Tezos 基金会有评估机制。

所有申请必须在 RFP 中指定的日期之前提交,基金会生态系统补助金(低于 50 000 美元)的截止日期通常在每季度的最后一天结束。

所有通过初步审核的申请都将发送至技术咨询委员会(TAC)进行技术审核。TAC 由来自顶级机构、Tezos 开发人员、资深企业家及其他社区成员的科学家和研究人员组成。TAC 的审核大约需要两个工作周,通常以委员会会议结束,讨论并最终确定结果。Tezos 基金会的代表将出席 TAC 会议,并参与到 TAC 的决议讨论。

(4) Tezos 社区治理机制

①挖矿和签名奖励

在 Tezos 系统中,平台提供一个债券和现金奖励的二元激励体系。债券是矿工所购买的安全存款,当出现双重签名时,这些债券将会被收回。一段时间以后,矿工和背书人除了债券以外还将获得现金奖励,作为他们机会成本的补偿。债券和现金奖励是系统安全的最主要保证,而它们的价值将仅占全部价值的一小部分。债券的真正目的是减少奖励的总量,并利用人们普遍对损失的抗拒心理来提高网络的安全性。

②治理细则

根据原始协议,每挖一个块将获得 512 枚 XTZ 现金奖励及 1 536 枚 XTZ 的债券。每个区块签名将获得 $32\Delta T$ 个 XTZ 的奖励(ΔT 代表以分钟为单位的区块和先前区块之间签名的时间间隔)。每个区块至多有 16 个签名,但签名不需要持有债券。假设出块率为每分钟一个区块,那么有 8% 的最初通证供应量在第一年后应该以安全债券的形式被持有。

社区奖励计划设定为 5.4% 的通货膨胀率(总区块奖励仍然将以约每年 5% 的通货膨胀率开始,但需要给通证总量增加一个渐近上限。如果治理模式与通证持有者的利益相一致,则方案可行。但是这种做法影响到另外一部分通证持有者的利益,所以应当慎重考虑),这个名义上的通货膨胀是中性的,不会让有的人变富,有的人变穷。

该奖励机制将给矿工33%的债券回报(参数不断调整适应)。该回报在初期必须足够高,因为矿工和签名者需要共同持有一整年易波动的债券资产。但是,随着Tezos的成熟,这个回报可以被逐渐降低到一个同期的主流利率水平,并长期维持低于1%的名义通胀率,但是Tezos这样做的合理性还需要进一步论证。

③丢失币种处理机制

为了减少货币基数变化所带来的不确定性,所有没有任何动作的地址和地址上所包含的币超过一年(由时间戳决定)都会被销毁。

④协议修改规则及流程

协议修改的生效时间取决于选举周期,每个周期的长度为131 072(2的17次方)个区块时间。考虑到区块间隔是1分钟,因此这个间隔是91天。这个选举的周期将32 768(2^{15})个区块分成4个阶段。

这个周期相对比较短,这主要是为了激励早期协议的改善。随着未来不断修正,这个周期最终将变长。在第一年,协议升级投票会频繁得多,以便快速迭代。作为一种安全措施,Tezos基金会将有否决权。12个月后期满,直到基金会排除了投票程序中的任何缺陷可能,基金会将放弃一票否决权。

选举结果的生效需要满足一定的法定人数。法定人数初期为$Q=80\%$,但会为了反映平均参与度而动态适应。

以下为协议修改的4个阶段:

a.第一阶段:建议修改协议需要提交一个代表新协议的.ml和.mli文件的打包的哈希。持币人一般会批准任意数量的提交协议。这也就是批准投票,是一个完善的投票过程。

b.第二阶段:在第一阶段获得最多批准的修改案基础上进行投票。投票人可以投票反对或者弃权。投弃权的人计算在法定人数内。

c.第三阶段:如果达到法定人数(包括弃权人数),并且修改案达到了80%的支持率,那么修改案就会被批准,并替代测试协议。否则它将被否决。

假设法定人数达到值为 q，按如下方式更新最小法定人数 Q：

$$Q=0.8Q+0.2q$$

采用以上算法是为了避免因为丢失通证的问题延缓投票过程。最小法定人数是达到原定选举法定人数以上的滑动平均指数。

d.第四阶段：假定修改案被批准，在第三阶段之初开始测试网络运行该修改案。通证持有者将进行第二次投票来确认他们确实想要支持测试协议替代主协议。这要求一定的法定人数，以及80%的绝大多数投票者支持。但是投票人可以自由地去选择对自己有利的修改案，并且对该修改案进行适度的调整。

（5）LPoS（流动权益证明）治理核心机制

Tezos 协议在区块之间增加了最小延迟。原则上，任何一个通证持有者都可能挖出块。但是，就一个特定的块而言，每个通证持有者都将受到一个随机的最低延期的制约。最高优先级的通证持有者很可能会在上一个块出现一分钟后挖出下一个。优先级第二的通证持有者可能在两分钟后挖到下一个块，以此类推。

这将保证在一个分叉中持有股权较少的通证持有者拥有较低的出块率。否则，一个针对 CPU 的 DDos 攻击将可能欺骗节点，导致其确认一个较长的自称高得分的链。

为了随机选取通证持有者，Tezos 引入一个跟随通证机制：follow-the-coin 过程。这个方法最初出现在比特币中，称为 follow-the-satoshi。该过程假设每一个挖出来的"聪"单位的比特币都有唯一的序列号。"聪"按照创建时间进行排序，通过区块链对其操作和追踪。算法持续追踪每一组和密钥相关联的间隔。每个间隔表示"聪"区间的范围。

（6）公开谴责机制

为了避免区块上的双挖和双签问题，矿工可以在他的区块中加入公开谴责机制。

该公开谴责机制采取双重签名的形式。每个生产通证的签名或者块的签名都签入区块高度,构成恶意行为的证据。这种方法让不良行为很难隐藏。尽管可以允许任何人来谴责不良行为,但没有人比矿工更适合。事实上,矿工可以简单地复制不良行为的证据并将其作为自己的发现转达给其他人(零知识证明允许任何人从谴责不良行为中获益,但获益多少并不十分明确)。而一旦发现有双挖或者双签,那么其债券将被没收。

8.5.3 Cosmos

Cosmos 是一个全新的区块链网络架构,涵盖众多区块链网络,学名"空间"。空间在 Tendermint Core 支持下运行,是一个类似实用拜占庭容错的安全共识引擎,兼具高性能、一致性等特点,而且在其严格的分叉责任制保证下,能够防止恶意参与者做出不当操作。Tendermint Core 的拜占庭容错共识算法非常适合用来设计权益证明机制下的公共区块链。

Cosmos 的网络中心及各个空间可以通过区块链间通信(IBC)协议进行沟通,这种协议就是针对区块链的虚拟用户数据报协议(UDP)或者传输控制协议(TCP)。在 Cosmos 网络中,通证可以安全快速地从一个空间传递到另一个空间,两者之间无须体现汇兑流动性。相反,空间内部所有通证的转移都会通过 Cosmos 中心,它会记录每个空间所持有的通证总量。这个中心会将每个空间与其他故障空间隔离开。因为每个人都将新空间连接到 Cosmos 中心,所以空间今后也可以兼容新的区块链技术。

Tendermint 拜占庭容错股份授权证明机制(Tendermint-BFT DPoS)和其他区块链共识系统不同。Tendermint 提供的是即时、可证明安全的移动客户端支付验证方式。因为 Tendermint 的设计完全不支持分叉,所以移动钱包就可以实时接收交易确认,从而在智能手机上真正实现可信支付。

(1) Cosmos 治理参与者

Cosmos 中的验证人(其扮演的角色类似比特币矿工,但是与之不同的是,他们采用加密签名来进行投票)必须是专门用来提交区块的安全机器。非验证人可以将权益通证(也称 Atom)委托给其他验证人来赚取一定的区块费用以及 Atom 奖励。但是如果验证人被黑客攻击或者违反协议规定,那么就会面临被惩罚(扣除)的风险。Tendermint 拜占庭共识的可证明安全机制,以及利益相关方(验证人和委托人)的抵押品保证,为节点甚至是轻客户端提供了可证明、可计量的安全性。

Cosmos 中心是多资产分布式账本,不过它也有本地通证,叫作 Atom。Atom 是 Cosmos 中心唯一的权益通证。Atom 是持有人投票、验证或委托给其他验证人的许可证,就像以太坊的以太币一样。Atom 也可以用来支付交易费以减少电子垃圾。额外的通胀和区块交易费用就作为验证人及委托人(委托给其他验证人)的奖励。燃烧 Atom 交易可以用来恢复储蓄池中任意比例的通证。

①验证人的数量上限

Tendermint 区块链和比特币之类的工作量证明区块链不同,由于通信复杂度提升,验证人增加,所以速度会更慢。但是,Tendermint 可以支持足够多的验证人来实现全球稳定的分布式区块链,使其拥有较短交易验证时间。

此外,在提升带宽、内存以及电脑计算能力的情况下,Tendermint 未来可以支持更多验证人的参与。在创世块诞生那天,验证人数量最多将设置为 100,之后十年每年的增长率将为 13%,最终达到 300 位验证人。

如果 Atom 持有人还没有成为验证人,那么可以通过签署提交 BondTx 交易来成为验证人,其中作为抵押品的 Atom 数量不能为零。任何人在任何时候都可以作为验证人,除非当前验证组的数量超过了最大值。这样的话,除非 Atom 数量比最小验证人持有的有效 Atom(包括受委托的 Atom)还要多,否则交易无效。如果新验证人通过这种方式取代了现有验证人,那么现有验证人就被中止活动,所有 Atom 和受委托的 Atom 都会进入解锁状态。

②针对验证人的惩罚

针对验证人必须有一定的惩罚机制,防止他们有意无意地偏离已批准的协议。有些证据可以立即采纳,比如在同样高度和回合的双重签名,或者违反"预投票锁定"规则(这一规则在 Tendermint 共识协议中有列出)。这类证据将导致验证人损失良好信誉,而且其锁定的 Atom 和其储备池内一定比例的通证份额将会减少。

有时,因为地区网络中断、电力故障或者其他原因,验证人会无法连通。如果验证人在区块链中提交的投票没有超过设定数量,那么验证人将会被中止活动,并且从权益中扣除一定的验证人超时罚款(validator time out penalty,默认为 1%)。

如果 Cosmos 中心由于超过 1/3 的投票权在线下合并而出现了中止情况,或者说超过 1/3 的投票权合并来审查进入区块链的恶意行为,这时候中心就必须借助硬分叉重组协议来恢复。

(2)激励黑客

Cosmos 中心的安全模块是一组函数,涉及底层验证人的安全和委托人的委托选择。为了鼓励发现并及时报告缺陷,Cosmos 中心允许黑客通过 Report HackTx 交易来"邀功"。

主要设计方式是"这个节点已被攻击,请将奖金发到这个地址",通过这类自我炫耀式的功绩广播,验证人和委托人的行为将被中止,而黑客赏金地址可以收到每个人 Atom 中按攻击奖励比率(hack reward ratio,默认为 5%)算得的赏金。此时,验证人必须通过使用备份密钥来恢复剩余的 Atom。

为了防止这个特征被滥用于转移未授权的 Atom,Report HackTx(黑客报告交易)前后验证人和委托人手中的两类 Atom 的比例(授权的与未授权的)将保持不变,而黑客的赏金将包含未授权的 Atom。

(3)社区投票机制

Cosmo 中心通过分布式组织运行,这类组织要求有一套完备的管理机制,从而协调区块链上的各类变动,比如系统变量参数,以及软件更新、规章更改等。所有验证人对所有提案的投票负责。如果没能及时对提案做出投票,那么验证人就会在一段时间内自动失去活动权利,这段时间叫作缺席惩罚期(absenteeism penalty period,默认为一周)。委托人自动继承委托验证人的投票权,这一投票可能会被覆盖掉,而未绑定的 Atom 没有投票权。

每个提案都需要一定的通证保证金,即最低提案保证金(minimum proposal deposit),这个可以是通证组合也可以是其他通证。对每一个提案,投票人可能会投票来取走保证金。如果超过一半的投票人选择取走保证金(比如,由于提案是垃圾信息之类),那么保证金就会进入储备池,除非有 Atom 被燃烧。

对于每一个提案,投票人可能会投以下选项:

- 同意
- 强烈同意
- 反对
- 强烈反对
- 弃权

决定采纳(或不采纳)提案需要严格的多数投"同意"或"强烈同意"("反对"或"强烈反对"),但是超过 1/3 的人投"强烈同意"或"强烈反对"的话就可以否决大多数人的决定。如果大多数人的票都被否决,那么每个人都会受到惩罚,即损失否决惩罚费用块(veto penalty fee blocks)那一部分的 Atom,默认是一天的区块值,税费除外),而否决大多数决定的那一方也会受到额外的惩罚,即损失否决惩罚 Atom(veto penalty atoms,默认为 0.1%)。